**ERNEST DICHTER**

# SO FÜHREN MANAGER IHR UNTERNEHMEN ZU SPITZEN LEISTUNGEN

## AUF DER SUCHE NACH DEN ERFOLGSFAKTOREN DER FÜHRUNG

2., unveränderte Auflage

verlag moderne industrie

Cip-Kurztitelaufnahme der Deutschen Bibliothek

**Dichter, Ernest:**
So führen Manager ihr Unternehmen zu Spitzen-
leistungen: auf d. Suche nach d. Erfolgsfaktoren
d. Führung / Ernest Dichter, 2., unveränderte Auflage —
Landsberg am Lech:
Verlag Moderne Industrie, 1984.
ISBN 3-478-32922-1


Gesamtherstellung: Salzer - Ueberreuter, Wien
Schutzumschlag: Hendrik van Gemert
Printed in Austria 320 922/1284203
ISBN 3-478-32922-1

# Inhaltsverzeichnis

Gewidmet meiner Frau Hedy,
die mich zu Spitzenleistungen motiviert hat.

Meinen besonderen Dank möchte ich Frau Eva Üblein und Herrn Hans D. Thierbach für ihre großzügige Hilfe und exzellente Übersetzung aussprechen.

# Einleitung

Management ist eine Umschreibung dafür, wie man Ziele erreicht, andere Menschen leitet, Befehle gibt und ausführt. Die modernste Beschreibung ist, wie man Spitzenleistungen erreicht!

Es gibt gezieltes, verpflichtendes und auf gemeinsamer Zustimmung basierendes Management.

Ein Diktator, ein Präsident eines Landes, ein Abteilungsleiter, sie alle sind Manager. Jemand, der einen Teil seines Lebens erfolgreich hinter sich bringt, ohne im Gefängnis zu landen, überfahren zu werden oder an der Pest zu erkranken und der einige der Ziele, die er sich gesetzt hat, erreicht, ist ein Manager.

Man kann zumindest drei Arten von Zielen unterscheiden: Objekte, Menschen und Philosophien. Alle drei setzen voraus, daß man diese Ziele wirklich beeinflussen kann. Dies ist eine der großen Illusionen der Menschheit. Ohne sie würden wir uns nur von unserem Schicksal leiten lassen. Viele Kulte und Religionen glauben an »Kismets«. Es ist oft bequemer, sich von solchen passiven Überzeugungen beeinflussen zu lassen. Wir geben ihnen alle möglichen Namen: Mantra, Gott oder Götter.

Ich nehme an, daß der Leser daran glaubt, daß er sich selbst und sein Leben beeinflussen und wenigstens teilweise gestalten kann. Seine Entschlußkraft und sein Wille können gebrochen werden und er kann sich dann dafür entscheiden, daß Glück, Passivität und Vorherbestimmung kluge Wege sind, die Schicksalsstürme des Lebens ohne zuviele Abschürfungen durch Unfälle und große oder kleine Ereignisse zu überstehen.

Wer jedoch ein wirklicher Manager ist oder sein will, der wird alles daran setzen, Widerstand zu leisten, er wird kämpfen und sein psychologisches Geschick einsetzen, um sein Schicksal selbst zu bestimmen. Er wird an die Zukunft glauben, an den Fortschritt und an seine Fähigkeit zu wachsen und sich anzupassen. Herausforderungen sind seine Belohnung. Er akzeptiert Hilfe, Glück und seine Begabung als willkommene Partner.

Ein Manager, speziell ein Topmanager, ist oft allein und einsam. Er muß entscheiden und planen können, Herr seiner Emotionen und kreativ sein, motivierend in einem Team arbeiten und sich mit seinen Mitarbeitern richtig verständigen können.

Auf diesen sieben Funktionen bzw. Fähigkeiten haben wir dieses Buch aufgebaut. Natürlich überschneiden sich diese Funktionen. Man kann nicht richtige Entscheidungen treffen, ohne zu planen, man kann nicht richtig planen, ohne seine Emotionen kontrollieren zu können. Ebenso bedingen Team-Arbeit und Kommunikation einander.

Für jede dieser Management-Fähigkeiten, die helfen, Spitzenleistungen zu erreichen, haben wir eine Reihe von Tests, sogenannte »Projektiv-Tests«, entwickelt. Herkömmliche psychologische Tests sind oft zu durchsichtig.

Es gibt hierbei keine richtigen oder falschen Antworten. Sie sollten jedoch nicht versuchen, die Antworten bewußt zu beeinflussen. Je ehrlicher Sie sind, desto mehr Wert haben die Tests für Sie.

Wo immer es möglich war, haben wir versucht, den Zweck der Tests zu verschleiern. Man fragt zum Beispiel den Anwärter auf eine Stellung als Verkäufer, ob er lieber mit Menschen zusammen oder allein ist. Wenn er die Stellung haben will, weiß er, welche die nützlichere Antwort ist. Diese angebliche Wahl ist jedoch nicht unbedingt die richtige. Wir stellen ihm zwar keine Falle, aber wir haben die Fragen so formuliert, daß wir der Wahrheit näher kommen.

Anstatt den Mitarbeiter zu fragen, ob er oft Aufgaben verschiebt, erklären wir zuerst, was mit diesem allzuhäufigen menschlichen Zug verbunden ist und konstruieren den Test so, daß es leichter ist, diesen Fehler zuzugeben.

Wir stellen Ihnen die Aufgabe, sich in verschiedene Situationen zu »projizieren«. Sie sollten, von einer Selbstanalyse ausgehend, versuchen, sich in die beschriebene Situation zu versetzen. Bei moralischen Alternativen sollten Sie nicht jene Antworten wählen, die Sie in einem besseren Licht erscheinen lassen. Wenn Sie diese Tests dazu verwenden, Mitarbeiter auszuwählen oder zu trainieren, dann hat dieser Hinweis besondere Bedeutung. Wenn Sie ehrlich mit sich sind, dann können Sie das gleiche von anderen erwarten.

Wir haben am Ende jedes Abschnittes so viele praktische Anwendungen wie möglich erwähnt, um Ihnen zu helfen, Spitzenleistungen zu erreichen und Ihre Rolle als Topmanager besser zu spielen. Die meisten dieser Tests sind bei Topmanagern bereits ausprobiert worden, um Klarheit und Verständlichkeit sicherzustellen.

In über 45 Jahren, in denen wir uns mit menschlichen Motivationen beschäftigt haben, fanden wir, daß Antworten auf eine »Warum«-Frage nicht immer an der Oberfläche liegen. Der Grund, warum Frauen Lippenstifte verwenden, Männer ihre Bärte liebkosen und es gute oder schlechte Manager gibt, hat oft eine tiefer liegende Erklärung.

Hätten wir jeden Anwärter auf eine Management-Position zwei Jahre lang auf eine Couch gelegt, dann hätten wir vielleicht noch tieferes Verständnis und größere Hilfe offerieren können. Ein »Ein-Minuten-Training« zu versprechen, ist so verführerisch wie ein Jungbrunnen oder eine Wunderpille, die ewiges Leben versprechen.

Dieses Buch erfordert etwas Arbeit. Deshalb hoffe ich, daß es einen länger andauernden Effekt haben wird. Es bietet mehr als billige, schillernde Bühnenkulissen. Natürlich brauchen Sie nicht alle Tests auf einmal durchzuarbeiten. Sie sollten die wählen, die Sie am meisten interessieren.

Sie sollten ferner an zwei Gruppen denken, wenn Sie Ihre Geschicklichkeit als Topmanager weiterentwickeln wollen: Denken Sie an Ihre Vorgänger und an Ihre Mitarbeiter.

Ihre Vorgänger hatten ihre eigenen Methoden und waren wahrscheinlich auf ihre Art erfolgreich. Übergehen Sie diese angesammelten Erfahrungen nicht leichtfertig. Ein kluger Manager beginnt damit, seinen Vorgänger zu loben. Er weiß auch, daß Management keine Einbahnstraße ist. Es besteht nicht darin, daß man weiß, wie man befiehlt. Sogar Napoleon konnte keine Schlachten ohne die Unterstützung seiner Truppen gewinnen. Denken Sie bei Ihren Mitarbeitern nicht an Untergeordnete, sondern an Partner.

Ihr Erfolg hängt von Ihrer Fähigkeit ab, respektiert und verstanden zu werden. Dazu braucht man zumindest zwei Personen.

Dieses Prinzip werden Sie in diesem Buch durchgehend wiederfinden. Wir wollten erreichen, daß der Topmanager sich seiner Rolle bewußt ist. Er muß Psychologe, Freund, Ratgeber sein, der auch unbewußte und versteckte Motive versteht.

Es gibt jetzt eine Reihe von Büchern, die sich mit der Suche nach Spitzenleistungen, mit Topmanagement und ähnlichen Problemen beschäftigen. In meiner eigenen Arbeit habe ich mich mit zwei Motivationen beschäftigt. Ich fragte: »Warum benehmen sich Menschen so, wie sie es tun?« und »Wie kann man sie beeinflussen, damit sie sich in einer wünschenswerten Weise verhalten?«, also: *warum* und *wie*.

Zu wissen, welche Faktoren eine Firma erfolgreich machten, ist eine wichtige Grundlage. Wenn wir aber nicht wissen, wie man die Betriebsleiter, die bei diesem Erfolg mitgeholfen haben, findet und erzieht, bleiben die Ermahnungen hohl und bloße Anekdoten.

Dieses Buch versucht einige Stufen darüber hinauszugehen. Wir wollen die Predigten in praktische Tests und Ratschläge umsetzen. Management kann nicht in einem Vakuum praktiziert werden. Wir müssen uns auch über die ethischen und sozialen Umstände klar sein, sonst werden die Versuche, anderen und uns selbst zu helfen, vergebens sein.

Management ist Erziehung. Es hat dann seine besten Chancen, wenn es den Menschen hilft, ihr größtes Potential zu erreichen. Sie müssen von Motiven geleitet sein, die nicht nur die finanziellen, sondern auch die noch wichtigeren ethischen Gewinne zum Ziel haben.

# 1 Entscheidungsfindung

## 1.1 Welcher ist Ihr Entscheidungsstil?

Entscheidungen und Risiko sind eng miteinander verbunden. Wenn die Alternativen und deren Endresultate klar sind, kann man von echten Entscheidungen sprechen. Es ist dann ziemlich klar, welches die richtige Entscheidung ist. Im Leben eines Unternehmens und auch im persönlichen Leben gibt es viele Weggabelungen. Soll ich nach rechts oder nach links gehen? Wenn ich das Ziel oder das mögliche Endresultat klar vor mir sehe, dann handelt es sich eigentlich nicht um ein Entscheidungsproblem.

Wenn meine Verkäufe durch eine Preissenkung steigen, dann braucht man keine Gewandtheit bei der Entscheidungsfindung. Je größer jedoch die Ungewißheiten sind, desto mehr muß man die Alternativen richtig abwägen können. Dann wird der Stil der Entscheidung ganz besonders wichtig.

Jedes Mal, wenn wir uns überlegen, ob der linke oder der rechte Weg der richtige ist, spielen wir Gott. Das gehört zum Abenteuer, zum Glücksspiel. Wir versuchen die Schlagzeilen der morgigen Zeitung vorauszusehen.

Natürlich gibt es viele Situationen, in denen sich ein Manager blindlings in eine zweifelhafte Situation und Entscheidung stürzt. Er war vielleicht müde oder sah keine vernünftigen Alternativen.

In anderen Fällen waren vielleicht zu viele Möglichkeiten im Spiel. Unterbewußte Faktoren spielen oft eine besonders wichtige Rolle. Es kann vorkommen, daß ich zu der Entscheidung neige, die meinen Mitarbeiter verärgert oder ihm Freude bereitet.

Wir haben zumindest drei Arten von Entscheidungsstilen gefunden.

*Der spekulative Manager:* Wir werden ihm in Zukunft mehr und mehr begegnen, da die Zukunft selbst zunehmend unsicherer wird. Der spekulative Manager muß den Sprung ins Ungewisse machen können.

*Der übervorsichtige Manager:* Er trifft seine Entscheidungen nur dann, wenn bei einem neuen Produkt oder beim Einstellen von Mitarbeitern nicht viel schiefgehen kann, selbst wenn er eine falsche Entscheidung trifft.

*Der abwartende Manager:* Er trifft seine Entscheidung nur dann, wenn die Alternativen ziemlich ausgewogen sind.

Es gehört zu unserer Entscheidungs-Philosophie, dem Manager klarzumachen, wie oft halb bewußte oder Persönlichkeitsfaktoren einen Einfluß auf seine Entscheidungen haben können. Er verwendet sie, um seine Entscheidungen zu verteidigen.

Der spekulative Manager kennzeichnet seinen Stil mit dem Glauben an Wachstum, mit positivem Denken. Ein wesentliches Merkmal nennt er jedoch nicht, nämlich das Suchen von Chancen.

»Ich will nachts schlafen können«, erklärt der übervorsichtige Manager. Er würde nie zugeben, daß ihm der Mut fehlt, in den reißenden Fluß des Lebens zu springen.

Der abwartende Manager hält sich für besonders klug. Er wird nicht für Verluste verantwortlich gemacht werden und mit etwas Glück kann er sogar für sich und seine Firma Geld verdienen.

Es gibt fast ebensoviele Beispiele für erfolgreiche wie für nicht erfolgreiche Entscheidungen, die auf der einen oder anderen Stilart basierten. Wirkliche Schwierigkeiten entstehen aber dann, wenn ein Manager seine Methode anderen aufoktroyiert.

Noch schwieriger ist es, wenn es einen internen Konflikt gibt. Es kann sein, daß ich dazu überredet wurde, das Geld meiner Firma in Aktien zu investieren, ohne daß ich von der Solidität der anderen Firma überzeugt war.

Wenn dann etwas schief geht, muß ich mir selbst die Schuld geben oder dem »Teufel«, der mir die Aktion nahelegte. Der Teufel könnte jemand in der Firma sein, ein guter Verkäufer oder überzeugender Vorgesetzter.

Entscheidungen gehören zu den wichtigsten Funktionen eines Managers, ob im geschäftlichen oder politischen Bereich.

Seinen eigenen Stil richtig zu verstehen, kann viel helfen.

In dem folgenden Test haben wir versucht, die durchsichtigen Antworten zu tarnen. Es gibt in Wirklichkeit keine richtigen oder falschen Antworten. Versuchen Sie es. Genauso wie es einen Lebensstil gibt, zeigen wir oft einen uns eigenen Entscheidungsstil. Man kann diesen Stil durch Training ändern. Oft ist es aber besser, eine Aktivität zu finden, die diesem Stil am besten entspricht.

## Test

1. Die Verkaufszahlen Ihrer Firma sind drastisch gefallen. Es muß ziemlich bald etwas geschehen. Die Analyse der Gründe für diesen Abfall ergeben nur Widersprüche. Verschiedene Erklärungen und verschiedene Lösungen wurden besprochen. Welche davon gibt Ihnen das beste Gefühl?

   a) Es war nur ein Gebiet, das für diesen Niedergang die Schuld trug. In anderen Gegenden sollte es keine Probleme geben. ☐
   b) Es war der Verkaufsleiter, der nicht richtig vorgeplant hatte. Wir müssen ihn ersetzen. ☐
   c) Unsere Produkte entsprechen nicht mehr dem veränderten Geschmack der Kunden. Wir sollten unsere Produktlinie ändern. ☐
   d) Es liegt an der Moral unserer Mitarbeiter. Wir sollten sie durch Prämien und andere Fördermaßnahmen verbessern. ☐
   e) Warten wir doch. Diese negative Episode kann ja nicht ewig dauern. Sie wird sich schließlich von selbst bessern. ☐

2. Es läuft alles sehr gut. Sie sind der Konkurrenz voraus. Die meisten Mitarbeiter sind zufrieden. Welche Zukunftspläne liegen Ihnen am nächsten?

   a) Lassen wir doch alles ruhig so weiter laufen. ☐
   b) Wir sollten herausfinden, was für unseren Erfolg verantwortlich war und dann auch in Zukunft nach dieser Methode arbeiten. ☐
   c) Vielleicht war es das Resultat unseres fortschrittlichen Denkens. Ich werde mich nach weiteren neuen Ideen umschauen. ☐
   d) Ich werde die Personen, die zum Erfolg beigetragen haben, belohnen und befördern. ☐

3. Die Konkurrenz bringt überraschend eine neue Version Ihres Artikels auf den Markt. Sie hat großen Erfolg damit. Welche der unten angeführten Strategien liegt Ihnen am nächsten?

a) Ich appelliere an die Loyalität meiner jetzigen Kunden und hoffe, daß der Sturm an uns vorbeigeht. ☐
b) Ich bespreche mit meinen Mitarbeitern, wie das geschehen konnte und was wir sofort machen könnten. ☐
c) Wir entwickeln selbst ein neues Produkt, ohne zunächst zu analysieren, wieso die Konkurrenz Erfolg hatte. ☐
d) Wir machen eine sorgfältige Marktanalyse, um die Gründe für unseren Fehler festzuhalten, dann entscheiden wir uns für die Gegenmaßnahmen. ☐

4. Die Preise für eine Warengattung müssen erhöht werden. Es ist ein Risiko. Wie befürchtet, reagiert das Publikum nicht sehr positiv. Die Preise müssen wieder herabgesetzt werden. Wie wurde die ursprüngliche Entscheidung getroffen?

a) Ich habe unsere ganze Gruppe nach ihrer Meinung gefragt. ☐
b) Ich habe allein entschieden. Ich bin ja der Manager. ☐
c) Ich habe alle vor dem Risiko gewarnt, aber ich schloß mich der Meinung der anderen an. ☐
d) Ich habe meine Opposition deutlich ausgesprochen. Als meine Voraussage eingetroffen war, sagte ich: »Ich habe es euch ja gesagt.« ☐

5. Wenn ich in einem Meeting bin und in einer Situation zu entscheiden habe, dann

a) warte ich, bis jeder seine Meinung ausgesprochen hat und versuche dann, mich der Mehrheit anzuschließen. ☐
b) Ich versuche die Verzögerungen, den Gordischen Knoten zu zerschneiden. Ich werde ungeduldig und verwende meinen Einfluß, um eine Entscheidung zu erreichen. ☐
c) Ich empfehle, daß jeder anonym seine Meinung mit den entsprechenden Argumenten auf ein Blatt Papier schreibt. Wir entscheiden dann demokratisch. Ich stimme mit der Majorität, auch wenn ich nicht derselben Meinung bin. ☐
d) Ich versuche immer einige Zeit vergehen zu lassen, bevor ich mich entscheide und empfehle den anderen, dasselbe zu tun. Am nächsten Tag oder zwei Tage später, wenn es die Zeit erlaubt, treffen wir uns wieder und entscheiden dann. ☐

**Auswertung**

Die folgenden Antworten beschreiben Sie als einen spekulativen Manager:
1a, c, d; 2b, c, d; 3b, c; 4a, d; 5b;
Sie sind hingegen eher ein zaghafter Manager, wenn Ihre Antworten die folgenden waren:
1c; 2, a; 3a; 4c und 5d;
Der abwartende Manager ist durch die folgenden Antworten charakterisiert:
1b; 3d; 4c; 5a; 5c;

Es ist schwierig, über die verschiedenen Management-Arten zu debattieren. In vielen Fällen ist Spekulation äußerst wichtig für größere Produktivität eines modernen Unternehmens. Zaghaftigkeit ist oft einer gewissen Mutlosigkeit gleichzustellen. Wir können es auch Vorsicht nennen, dann klingt es besser. Oberflächlich gesehen ist der Abwartende natürlich der Gescheiteste. Andererseits war gerade das der Fehler, der die amerikanische Automobil-Industrie viel Geld gekostet hat. Sie wartete zu lange, bevor sie ein Klein-Auto in Konkurrenz zu den Japanern erzeugte.

Ein wirklicher Unternehmer muß sich trauen, etwas zu unternehmen. Ein wirklicher Topmanager muß progressiv denken und spekulieren können, auch wenn ein Risiko dabei ist.

Es gibt natürlich auch die Möglichkeit, daß die drei Stilarten in einer Person vorhanden sind.

Man kann sich trainieren, zunächst einmal bei unwichtigeren Entscheidungen etwas mutiger zu sein. Es gibt Firmen, die ihre Manager dazu erziehen, Fehler zu akzeptieren. Man kann ihnen erlauben, bis zu einem bestimmten Betrag Verluste zu erleiden. Natürlich muß der Manager dabei aber zeigen, daß er aus kostspieligen Lektionen die nötigen Lehren zieht.

## 1.2 Entscheiden Sie mit dem Kopf oder mit dem Herzen?

Entscheidungen auf dem Gebiet des Managements hängen auch oft vom Grad des Mutes ab. Es gibt raffinierte Systeme, sogar mit Hilfe des Computers, die dem Manager und dem Leiter eines Unternehmens helfen, sein Vorrecht, den richtigen oder falschen Weg zu wählen, auszuüben.

Entscheidungsbäume werden skizziert mit vielen Verzweigungen und Ästen, die jede mögliche Alternative, jedes Risiko und jeden Vorgang, der mit dem Problem zusammenhängt, in Betracht ziehen. Es gibt Computerprogramme, die durch entsprechende Software Antworten auf sogenannte »Was wäre wenn«-Fragen geben. Es kann sich darum handeln, welche Medien ein Werbeleiter verwenden soll, welchen Effekt eine Preisreduzierung am Markt haben könnte, oder ob man neue Waren und Produkte einführen soll. Ungeachtet, wie klug diese Hilfen sein mögen, der Hauptfehler, der oft gemacht wird, ist, daß man in das Entscheidungsdilemma Emotionen und tieferliegende psychologische Faktoren, also Probleme des Herzens, nicht miteinschließt. Eine Entscheidung zu treffen, ist nicht immer, vielleicht überhaupt nie, ein rein nüchternes, rationales Vorgehen. In einer Studie für Detroit fanden wir, daß viele Amerikaner schon 1965 Kleinwagen wollten. Der Topmanager, der zu entscheiden hatte, ob die Autofirma sich auf kleinere Wagen konzentrieren sollte, weigerte sich, diesen schon damals sehr deutlichen Trend zu akzeptieren. Er erklärte weiterhin, daß dieser Markt eigentlich von der ausländischen Konkurrenz erschlossen werden sollte. Wenn er genügend vorbereitet sein würde, dann erst sollte der amerikanische Erzeuger einsteigen.

Wir wissen alle, was geschehen ist.

Seine Entscheidung berücksichtigte nicht seine eigenen Gefühle, seine geheime Ablehnung von Kleinwagen. Er versäumte ferner, die Wünsche der Kunden, die sich bereits damals bemerkbar machten, zu akzeptieren. Wir alle wissen heute, daß er die falsche Entscheidung traf, weil sein Herz ihn dazu verleitete.

Als Topmanager müssen wir vorsichtig sein und in unsere Entscheidungsgleichung unsere innersten Gefühle, die sehr oft fast unbewußt sind, einschließen. Wir manipulieren oft sogar Daten, Beobachtungen und Ziele in einer solchen Weise, daß sie mit unseren geheimen Wünschen übereinstimmen, ohne daß wir uns dessen bewußt sind oder es uns oder anderen gegenüber zugeben. Wenn Sie also mit einer komplexen Alternative konfrontiert sind, dann sollten Sie sich vergewissern, daß Sie auch Ängste, Wunschträume und heimlich erhoffte Resultate in Ihren Entscheidungen berücksichtigen. Mit anderen Worten, stellen Sie sich immer die Frage, ob Ihre Entscheidung mit dem Herzen oder mit dem Kopf getroffen wurde.

Wir geben Ihnen jetzt eine Reihe von Alternativen, mit denen Sie oder Ihre Mitarbeiter zu tun haben könnten. Aufgrund unseres Tests sollten Sie herausfinden, ob die Faktoren, die Ihre Entscheidung beeinflussen oder beeinflussen sollten, eine wirklich komplette Liste darstellen.

## Test

1. Sie sind Erzeuger von Qualitätskuchen. Sie erfahren, daß eine Firma zu kaufen ist, die einen verbesserten Orangensaft entwickelt hat. Es ist eine verhältnismäßig kleine Investition erforderlich, um diese Softdrink-Firma zu erwerben.
   Hier sind die Fakten, die Ihre Entscheidung, diese Firma zu kaufen, beeinflussen könnten:

   a) Sie würden Ihrer Firma zusätzliches Einkommen verschaffen, wenn Sie Ihre gegenwärtigen Produkte, die Qualitätskuchen und den Orangensaft, der ebenfalls von hoher Qualität ist, vereinigen könnten. ☐
   b) Sie zweifeln daran, daß Softdrinks wirklich Ihr »Ding« sind. Sie haben unter Ihren Mitarbeitern keine wirklichen »Aficionados«, die etwas für Softdrinks übrig haben. ☐
   c) Sie könnten natürlich einen Softdrink-Experten einstellen. Nach einiger Zeit würden Sie selbst auch Interesse für dieses Produkt entwickeln. Es ist ja ebenfalls ein Qualitätsprodukt. ☐
   d) Sie haben das Gefühl, daß Sie eigentlich Ihrem Kuchen untreu sein würden. ☐

2. Einer Ihrer Mitarbeiter scheint geradezu bestimmt zu sein, sich in ein Problem nach dem anderen zu verwickeln. Andererseits hat er aber ausgezeichnete Qualitäten. Er kann aber seine Neigung zum »Unheil« nicht loswerden. Obwohl dies sehr oft mit seinem Privatleben zu tun hat, beeinflußt es doch auch seine Arbeit. Sie müssen sich entscheiden, was Sie mit

ihm oder ihr tun sollen. Sie haben die folgenden Überlegungen. Welche liegen Ihnen am nächsten?

a) Wir können uns keine psychotherapeutische Klinik leisten. Wir haben oder ich habe eine Firma zu leiten. Ich muß ihn leider gehen lassen. □

b) Vielleicht sollte ich ihn tatsächlich zu einem Berater oder Psychotherapeuten schicken. Er könnte doch noch ein wirklich wichtiges Mitglied unserer Organisation werden. □

c) Ich denke an eine Fristsetzung. Wenn er während dieser Periode wieder in Ordnung kommt, dann kann er bleiben. Wenn nicht, muß ich ihn leider gehen lassen. □

d) Ich werde ihn gehen lassen, ihn aber ihn für eine andere Stelle bestens empfehlen. Vielleicht funktioniert er dort richtig. Es könnte sein, daß es unser Firmenklima ist, das wirklich für seine Probleme verantwortlich ist. □

3. Eine Ihrer Fabrikabteilungen hat neue Maschinen gekauft. Sie entdecken zu spät, daß zuviel bezahlt wurde. Genauer gesagt, war es die Person, die den Einkauf dieser Maschinen befürwortete, der dieser Fehler unterlief. Sie machen ihm seinen Irrtum klar. Welche seiner Erklärungen würden Sie gefühlsmäßig am ehesten akzeptieren?

a) Der Verkäufer der Maschinen war wirklich deprimiert. Ich wollte ihm mit meiner Bestellung helfen. □

b) Es tut mir wirklich leid, ich werde selbst für die Preisdifferenz geradestehen. □

c) Ich war überzeugt, daß es sich wirklich um bessere Maschinen handelte. □

d) Er war wirklich ein netter Kerl. Ich bin überzeugt, daß bessere Dienstleistung den höheren Preis wettmachen wird. □

4. Sie wissen, daß die Frau eines Ihrer Kunden ein spezielles Design von Porzellanwaren liebt. Es lohnt sich aber für Ihre Firma nicht, dieses Muster weiter zu führen, obwohl sie es immer wieder bestellt. Wie würde Ihre Entscheidung sein?

a) Sie informieren den Kunden, daß, so leid es Ihnen tut, Sie dieses Design nicht mehr für seine Frau herstellen können. □

b) Sie sind sich klar darüber, daß die Frau unglücklich sein wird, wenn sie das Porzellanservice nicht mehr mit diesen Ersatzstücken ergänzen kann. Sie werden es für sie ohne Rücksicht auf die Kosten weiter herstellen. ☐

c) Sie werden die Kosten für die Erzeugung dieses Designs einfach als Promotionskosten abschreiben. ☐

d) Sie werden den Kunden höflich ersuchen, für die zusätzlichen Spesen aufzukommen. ☐

5. Einer Ihrer Mitarbeiter hat eine schwere Operation hinter sich. Er ist jetzt für die Firma leider weniger wertvoll als vorher. Er kann nicht mehr reisen, er kann auch nicht lange Stunden im Büro arbeiten. Wie würde Ihre Entscheidung sein?

a) Leichtere Arbeit für ihn finden und ihm seine Stelle erhalten. ☐

b) Ihn gehen lassen, obwohl er Ihnen leid tut. Aber Sie können es sich nicht leisten, ihn weiter zu behalten. Er könnte sich auch anpassen. ☐

c) Ihm eine vorzeitige Pension offerieren. ☐

d) Ihn weiter arbeiten lassen. Es würde die Moral der übrigen Mitarbeiter heben. Der gute Wille, den Sie damit schaffen, würde sich lohnen. ☐

## Auswertung

| 1. | 2. | 3. | 4. | 5. |
|---|---|---|---|---|
| a) 1 | a) 1 | a) 4 | a) 1 | a) 3 |
| b) 2 | b) 4 | b) 1 | b) 4 | b) 1 |
| c) 3 | c) 3 | c) 2 | c) 3 | c) 2 |
| d) 4 | d) 2 | d) 3 | d) 2 | d) 4 |

Wir haben die Bewertung um so höher gemacht, je mehr Sie die Antworten ankreuzen, die zeigen, daß Ihr Herz eine größere Rolle bei Ihren Entscheidungen spielt als der Kopf.

Das heißt also, wenn Sie eine Gesamtbewertung zwischen 16 und 20 Punkten haben, beweisen Sie damit, daß Sie öfter von Ihrem Herzen beeinflußt werden. Eine Bewertung zwischen 5 und 8 zeigt, daß Ihr Kopf, Ihre Rationalität, Ihre Vernunft in den meisten Fällen bei Ihren Entscheidungen den Vorrang haben. Wir haben diesen Test von etwa hundert Topmanagern ausfüllen lassen. 1. a) wurde am häufigsten angekreuzt, in 60 Prozent der Fälle. Wenn ein Mensch und sein Schicksal mit der Entscheidung verbunden waren, wie z.B. in 2. b), wurde diese Antwort in 40 Prozent der Fälle angekreuzt. Nur 1,6 Prozent stimmten mit der nüchternsten Entscheidung 2.a) überein.

Im Test Nr. 3 entschieden sich 40 Prozent für c), und im Test Nr. 5 wurde a) bei rund 50 Prozent der Testpersonen gewählt. Mit anderen Worten, jedesmal wenn ein Mensch mit der Entscheidung zusammenhängt, scheint das Herz das Übergewicht zu haben.

Es ist schwierig, jemandem zu raten, welche Form der Entscheidung besser ist. Es ist natürlich schön zu wissen, daß, wenn das Schicksal eines Mitarbeiters eine Rolle spielt, mehr Leute ihrem Herzen erlauben, den Ausschlag zu geben. Andererseits könnte dies eine gefährliche Form von Entscheidung sein, wenn letztlich der Erfolg einer Organisation auf dem Spiele steht.
»Herzensentscheidungen« schaffen oft größere Loyalität in bezug auf den gesamten Mitarbeiterstab, und das Image einer Firma ist höchstwahrscheinlich besser, von außen und von innen gesehen. Wenn die Mitarbeiter glücklich sind und wissen, daß ihr Schicksal und nicht nur ihre Arbeitstüchtigkeit innerhalb des Unternehmens Gewicht haben, dann sind sie nicht nur eher bereit, mit dem Management im ursprünglichen Sinne des Wortes zu kooperieren, sondern sie sind dann auch produktiver.

## 1.3 Zu leicht »ja« zu sagen, kann kostspielig sein

Nicht nur eine Dame kann in Schwierigkeiten geraten, wenn sie zu rasch »ja« sagt, sondern auch der Manager oder der Angestellte.

Man muß immer über die Konsequenzen einer solchen Ja-Antwort nachdenken. Man sollte sich immer die möglichen Resultate, die mit einer zu raschen, positiven Antwort zusammenhängen, im Detail ausmalen.

Man akzeptiert zum Beispiel eine Einladung, einen Vortrag zu halten, und denkt nicht viel darüber nach, da das Datum noch einige Monate entfernt ist. Man ist bereit, ein neues Produkt einzuführen, ohne sich klarzumachen, daß diese Aktion mit anderen Prioritäten in Widerspruch kommen könnte.

In einem französischen Film sagt der Mann rasch »ja« zur Heirat, obwohl er immer geschworen hatte, daß er ledig bleiben würde. Als die Braut vor dem Altar versucht, seine Krawatte in Ordnung zu bringen, flieht er aus der Kirche und läßt seine Braut stehen. Das Letzte, das wir von ihm im Film sehen, ist, wie er am Horizont verschwindet.

Es wurde ihm plötzlich klar, daß er eingefangen werden sollte. Man kann im Publikum, zumindest bei den Männern, einen heimlichen Applaus hören und Sympathie mit ihm und seinem Mut spüren.

Wenn man sich im Detail vorstellt, was aus einem oft so leichtfertigen »Ja« resultieren kann, oft auch erst nach Wochen oder Monaten, dann kann man viele Komplikationen und Schwierigkeiten vermeiden. Der moderne Manager sollte jedesmal, wenn er eine Entscheidung trifft, systematisch alle möglichen Details dieser Antwort niederschreiben. Das Problem ist, daß es oft viel bequemer ist, gleich »ja« zu sagen, als erst lange Überlegungen anzustellen. Es gibt Finanzfirmen, die, wenn sie einem Hausbesitzer eine zweite Hypothek offerieren, ihm klarmachen, daß er das Risiko läuft, evtl. sein Haus zu verlieren, wenn er nicht zahlen kann. Eine andere Methode, die wir als nützlich empfunden haben, ist, eine Art von Tagebuch zu führen, anhand dessen wir im nachhinein feststellen können, welche Konsequenzen unsere Entscheidungen hatten. Wie oft kommt es vor, daß wir sagen »Wenn ich es nur vorher gewußt hätte«? Wir können zwar nicht immer genau voraussagen, was die Resultate einer Ja-Antwort sein könnten, aber wir können gewisse Tests durchführen, die uns klar vor Augen halten, was geschehen könnte. Hier sind einige Tests, die Ihnen helfen können, sich zu trainieren, die Konsequenzen von Ja-Antworten so oft wie möglich in Betracht zu ziehen.

**Test**

1. Sie fragen Ihren Mitarbeiter, ob er bereit sei, nach Übersee zu gehen, um dort einen Posten als Manager einer Zweigstelle Ihrer Firma anzunehmen. Gute Arbeitsbedingungen und Beförderungen sind selbstverständlich. Hier sind seine mög-

lichen Reaktionen. Streichen Sie diejenige an, die Ihnen am sympathischsten ist.

a) Ich muß mich zuerst mit meiner Familie, meinen Freunden oder Verwandten beraten. ☐
b) Ich möchte lieber ablehnen. Es bedeutet zuviel Wirbel für mich. ☐
c) Natürlich würde ich eine solche Stelle annehmen. Es klingt wie eine ausgezeichnete Gelegenheit. ☐
d) Es hängt alles von den Umständen ab. Ich werde darüber nachdenken. ☐

2. Denken Sie an die letzten zwei Jahre, und versuchen Sie, sich an Ihre Entscheidungen zu erinnern. Wieviel davon würden Sie jetzt anders treffen?

a) 1 bis 3 ☐
b) 4 bis 8 ☐
c) 9 bis 12 ☐
d) 13 oder mehr ☐

3. Wenn Sie oder Ihre Mitarbeiter die Konsequenzen der verschiedenen Entscheidungen vorher gewußt hätten, welche hätten Sie anders getroffen?

a) Ich hätte andere Leute engagiert. ☐
b) Ich hätte mich nicht mit einer anderen Firma verbunden. ☐
c) Ich hätte verschiedenen Klienten kein Geld geliehen. ☐
d) Ich hätte andere Waren geführt. ☐

4. Was tun Sie oder Ihre Mitarbeiter Ihrer Meinung nach, bevor Sie bzw. Ihre Mitarbeiter eine Entscheidung treffen?

a) Intuitiv und rasch handeln. ☐
b) Sich die Entscheidung immer lange überlegen. ☐
c) In Gedanken oder auf einem Papier alle möglichen Konsequenzen niederschreiben. ☐
d) Alle Möglichkeiten mit Ihren Mitarbeitern und engen Freunden besprechen. ☐

**Auswertung**

| | | | |
|---|---|---|---|
| 1. a) 2 | 2. a) 4 | 3. a) 1 | 4. a) 1 |
| b) 4 | b) 3 | b) 2 | b) 3 |
| c) 1 | c) 2 | c) 4 | c) 4 |
| d) 3 | d) 1 | d) 3 | d) 2 |

Addieren Sie jetzt die Punkte für alle vier Tests. Je höher das Resultat ist, desto weniger sind Sie in den meisten Fällen bereit, zu leicht »ja« zu sagen. Die höchstmögliche Punktzahl ist 16, die niedrigste 4. Wenn Sie die Antworten angekreuzt haben, die ihre Bereitschaft zeigen, rasche Entscheidungen zu treffen und rasch »ja« zu sagen, dann sind Sie in der Gruppe zwischen 12 und 16. Die mittlere Gruppe liegt zwischen 8 und 11. Wir haben die Frage Nr. 3 nach der Wichtigkeit der Entscheidung bewertet. Einem Kunden kein Geld zu leihen, haben wir mit 4 bewertet, weil die Gefahr besteht, wirkliche Verluste zu erleiden.
Eine Gesamtzahl zwischen 4 und 7 reiht Sie in die Gruppe der Manager ein, die oft zu rasch handeln und »ja« sagen.

Viele Menschen könnten Bände unter dem Titel »Wenn ich es nur vorher gewußt hätte« schreiben. Viele Manager sind oft nicht bereit, alle möglichen Konsequenzen einer zu raschen Ja-Antwort zu berücksichtigen. Oft stimmen sie zu, weil Sie aus einem Dilemma rasch herauskommen wollen. Es gibt zwar wirklich oft eine rasche Lösung, aber diese kann sehr kostspielig sein. Den Gordischen Knoten zu durchschneiden, sieht auf den ersten Blick so aus, als ob man ein entschiedener Mensch sei. Aber in Wirklichkeit kann es sich eher um einen Mangel an Selbstdisziplin handeln. Ja-Sager sollten lernen, eine Liste aller möglichen Konsequenzen der verschiedenen Entscheidungen, die im Geschäftsleben und auch im Privatleben möglich sind, anzulegen. Ganz besonders dann, wenn es sich um juristische Probleme handelt, wie z. B. Geld zu verleihen. Oft ist der Anwalt nicht scharf genug oder interessiert genug, dem Manager, der mit solchen Dingen zu tun hat, alle Möglichkeiten vor Augen zu führen. Ein Kunde, der Geld schuldig ist, kann seine Zahlungsunfähigkeit erklären, er kann Wucherei zur Verteidigung anführen. Es wäre höchst interessant, wenn man in einem Buch nachschlagen könnte, in dem nicht nur die Konsequenzen juristischer Entscheidungen, sondern auch die Gefahren der verschiedenen möglichen Probleme, die im Geschäftsleben vorkommen, aufgezeigt sind. Leider gibt es ein solches Buch noch nicht. Es ist daher die Aufgabe des modernen Managers, sich selbst ein solches Buch anzulegen. Man kann an einfacheren Alternativen oft die Fähigkeit, nicht leichtfertig »ja« zu sagen, entwickeln. Grundstücks- und Häusermakler empfehlen oft, wenn sie ehrlich sind, daß man sich ein zweites oder drittes Mal das Haus ansieht, das man zu kaufen beabsichtigt. Oft bemerkt man erst bei diesem wiederholten Besuch und der eingehenden Inspektion, daß der erste Eindruck gar nicht der richtige war. »Ich werde es mir noch einmal überlegen« ist oft eine gute Methode, falsche und übereilige Entscheidungen zu vermeiden. Wenn der Test Ihnen gezeigt hat, daß Sie zu den Typen gehören, die rasch aus einer Konfliktsituation durch eine Ja-Antwort herauskommen wollen, dann sollten Sie lernen, besonders vorsichtig zu sein, z. B. wenn ein Verkäufer Druck auf Sie auszuüben versucht, indem er Ihnen erzählt, daß die Preise ab nächster Woche steigen werden und daß er Ihnen ein besonderes Angebot noch heute oder bis zum Ende der Woche machen kann. Die meisten von uns glauben, daß wir gegen solche »falschen Tricks« gewappnet sind. Der Verkäufer weiß aber andererseits, daß wir nur zu oft auf diese Kniffe hereinfallen.

Genauso wie es Verkäufer-Training gibt, sollte man auch Methoden lehren, mit denen man sich wehren kann. Viele unserer falschen, politischen oder sogar militärischen Entscheidungen hätten durch ein solches Training vermieden werden können. Vielleicht würde so manches in unserer Geschichte anders aussehen, wenn die Politiker und Generäle ein bißchen mehr gelernt hätten, in die Zukunft zu sehen. Genau gesehen, ist jeder Manager, jeder Generaldirektor einem führenden Politiker oder Generalstabsoffizier vergleichbar.

## 1.4 Sind Sie ein Zauderer?

Man nennt es auch Prokrastination, die Gewohnheit zu sagen, »Ich werde es morgen machen«. In Mexiko und anderen lateinamerikanischen Ländern nennen sie es »mañana«. Ist es eine Krankheit, eine schlechte Angewohnheit oder gibt es tiefere Wurzeln? In den meisten Fällen ist Zögern allein nicht ernsthaft genug, um einen Psychoanalytiker herbeizuholen. Manchmal wünschen wir uns, daß wir etwas nicht verschoben hätten, in anderen Fällen, und das ist dann eine besonders gute Entschuldigung, sind wir froh, wenn wir etwas nicht zur richtigen Zeit getan haben. In einer Studie über Wohltätigkeits-Spenden fanden wir, daß, wenn man die Spende bis zum letzten Moment zurückhält, die Menschen einen Zusatzwert erhalten. Man bemüht sich dauernd um sie. Wenn sie aber einmal ihren Obolus entrichtet haben, dann werden sie oft buchstäblich von der Liste gestrichen, nach dem Motto: »Von dem haben wir bereits unser Geld erhalten, konzentrieren wir uns auf die anderen.«

Haben Sie einen chronischen Zauderer unter Ihren Mitarbeitern, oder sind Sie es vielleicht selbst? Oft ist es nicht der wirkliche Grund, wenn er angibt, daß er nicht genügend Zeit hat, um alle Sachen so rasch wie möglich zu erledigen. In Wirklichkeit sucht er nach Liebe und Aufmerksamkeit. Freud würde ihn einen »analen« Charakter nennen. Er versucht, seinen Schatz, in welcher Form auch immer, solange zu behalten wie möglich. Wenn man ihm versichert, daß er gemocht wird und ihm andere Formen von Belohnungen verschafft, dann hilft das oft.

Eine solche Verzögerungsneurose fängt oft bereits in der Kindheit an. Es klingt vielleicht etwas weit hergeholt, aber Verzögerungen im Reinheitstraining führen im späteren Leben zu Prokrastination in der Erledigung verschiedener Aufgaben. Kinder verstehen bereits, daß sie, wenn sie endlich stubenrein sind, ein gewisses Interesse der Mutter verlieren. Im gleichen Sinn kann es sein, daß man Angst hat, das Interesse des Vorgesetzten zu verlieren, wenn man alles pünktlich erledigt.

Wenn ich nicht weiß, wie ich über ein Hindernis, eine Problemmauer hinwegkomme, weil sie zu hoch erscheint, dann setze ich mich hin und warte. Ich hoffe insgeheim, daß die Mauer zusammenbrechen wird oder daß mir jemand mit einer psychologischen Leiter helfen wird, über sie hinwegzukommen.

Ein anderer Typ des Zauderers ist der, der auf den Magier, den Therapeuten, den Guru wartet.

Niemand verschiebt alle Aufgaben. Einige von uns sind Gourmets, die angenehme Dinge gleich machen, gewissermaßen die Rosinen herausholen, aber ihre Schritte verlangsamen in bezug auf andere Aufgaben. Sie schieben sie zur Seite, decken sie zu oder versuchen sie überhaupt zu vergessen. Die Dinge, die man verschiebt, sind meistens schwierig oder unangenehm. Wenn man erst so weit ist, zu wissen, warum man eine Aufgabe verschiebt, dann ist der Kampf bereits gewonnen.

Es gibt noch einen anderen Typ, der seinen Streß dadurch beseitigt, daß er alle ungelösten Probleme sofort in Angriff nimmt. Er erklärt, daß es ihm ein gutes Gefühl gibt. Es ist wie ein neuer Anfang, wenn er sich immer wieder beweisen kann, daß er es schaffen kann. Er liebt die Herausforderung. Es kann aber auch so sein, daß die Angst, ein Zögerer zu werden, so groß ist, daß alle Entscheidungen sofort getroffen werden und an alle Aufgaben unmittelbar herangegangen wird. In einem solchen Fall haben wir es mit einer anderen Form von Entscheidungsneurose zu tun. Versuchen Sie in den folgenden Tests herauszufinden, ob Sie und welcher Typ von Zauderer Sie wirklich sind. Sind Sie ein Masochist, der das Mysterium und das Leiden, das mit dem Verschieben verbunden ist, in Wirklichkeit liebt? Sind Sie ein frustrierter Liebhaber, der glaubt, daß, solange er genügend ungelöste Aufgaben vor sich herschiebt, man sich um ihn kümmert? Sind Sie ein Gourmet, der mit Aufgaben spielt, oder ein Aktivist, der alles sofort aus dem Weg räumen will? Sie können diesen verschiedenen Typen welche Namen auch immer geben. Es ist wichtig, daß Sie die Motive, die dahinterstecken, wirklich verstehen. Dann können Sie auch die richtige Therapie für sich selbst und für andere entwickeln.

## Test

1. Sie haben endlich einen Bericht, der schon längst fällig war, fertiggestellt. Welche der folgenden Beschreibungen paßt auf Ihre echten Gefühle am besten? Bitte kreuzen Sie nur eine an.

   a) Warum hat man soviel Wirbel gemacht? ☐
   b) Hallelujah! ☐

c) Jetzt wünschte ich, daß ich nicht so rasch gehandelt hätte. ☐
d) Na ja, jetzt warte ich einfach auf die nächste dringende Aufgabe. ☐

2. Ein guter Freund, der Sie sehr gut kennt, erklärt Ihnen, daß die wirklichen Gründe, weshalb Sie Aufgaben und Entscheidungen verschieben, sind:

a) Sie wollen gern das Zentrum der Aufmerksamkeit sein. ☐
b) Sie fürchten sich wirklich vor dem Problem. ☐
c) Sie könnten diese schlechte Gewohnheit leicht ablegen, wenn sie es wirklich wollten. ☐
d) Sie hoffen insgeheim, daß jemand anders in der Zwischenzeit das Problem lösen wird. ☐

3. Sie müssen Vorbereitungen für eine Reise, einen Urlaub, ein Meeting, eine Verkaufspräsentation oder einen finanziellen Report treffen. Welche von diesen Notwendigkeiten würde Ihnen das größte Schuldgefühl geben, wenn Sie sie verschieben müßten?

a) Finanzieller Bericht ☐
b) Urlaubsvorbereitungen ☐
c) Ein Direktoren-Meeting zusammenzurufen ☐
d) Einen Angestellten zu entlassen ☐

4. Wie ist Ihr Gefühl, wenn Sie endlich das getan haben, was Sie so lange verschoben haben?

a) Etwas enttäuscht ☐
b) Begeistert ☐
c) Nächstes Mal werde ich es nicht verschieben ☐
d) Höchstwahrscheinlich werde ich es beim nächsten Mal wieder verschieben ☐

5. Es gibt verschiedene Zauderertypen. Manche Leute wollen immer einen reinen Schreibtisch und keine noch zu erledigenden Aufgaben haben. Andere hingegen haben dabei das Gefühl, daß ein vollkommen leerer Schreibtisch eine Folge zwanghaften Handelns ist. Kreuzen Sie die Antwort an, mit der Sie sich wirklich am ehesten verbunden fühlen.

a) Ich weiß durch meine eigenen Beobachtungen, daß es so ist. ☐

b) Stimmt, aber man kann von einem solchen Charakterzug nicht seine Aktivitäten beherrschen lassen. ☐

c) Mit etwas Mühe kann man eine Persönlichkeit stark ändern. ☐

d) Das sind alles Ausreden. Das Verschieben von Arbeiten ist bloß eine schlechte Angewohnheit. ☐

6. Sie haben einen dauernden Kampf mit einem Ihrer Kollegen. Ganz egal wieviel Zeit Sie ihm geben, eine Arbeit fertigzumachen, er ist immer einige Tage im Verzug und desorganisiert die ganze Abteilung. Hier sind einige Erklärungen, die er Ihnen gibt, wenn Sie ihn zur Rede stellen. Welche dieser Erklärungen klingt für Sie akzeptabel?

a) Ich kann nicht alles tun. Ich muß entscheiden, was am wichtigsten ist. ☐

b) Ich glaube, ich hatte wirklich Angst vor der Aufgabe. ☐

c) Sie haben vollkommen recht, ich werde es dieses Mal ernsthaft versuchen. ☐

d) Warum das große Geschrei? Ein paar Tage Verspätung macht doch nichts aus, solange die Arbeit erledigt wird. ☐

## Auswertung

| | | | | | |
|---|---|---|---|---|---|
| 1. a) 2 | 2. a) 3 | 3. a) 4 | 4. a) 1 | 5. a) 4 | 6. a) 3 |
| b) 3 | b) 2 | b) 2 | b) 3 | b) 3 | b) 2 |
| c) 4 | c) 1 | c) 3 | c) 2 | c) 2 | c) 1 |
| d) 1 | d) 4 | d) 1 | d) 4 | d) 1 | d) 4 |

Je höher die Bewertung, desto mehr wird das Verschleppen verteidigt.

Addieren Sie jetzt alle Zahlen. Wenn Ihr Ergebnis zwischen 18 und 24 liegt, dann müssen Sie sich als Zauderer sehen, der verschiedene Erklärungen und Entschuldigungen verwendet. Eine Bewertung, die zwischen 12 und 17 liegt, kann aus verschiedenen Details bestehen. Test 2.c) zum Beispiel, wo es lautet »Ich könnte mich ändern, wenn ich wirklich wollte«, wurde von 60 Prozent unserer Pre-Test-Gruppe positiv beantwortet. Im Test 3.a) fühlten sich 40

Prozent schuldig, wenn sie die Vorbereitung eines finanziellen Berichts verschieben müßten. Im Test 4.c) stimmten 50 Prozent damit überein, daß sie das nächste Mal nicht warten würden. Alles zusammengenommen sehen wir in dieser Gruppe ein Gefühl der Reue. Eine Gesamtbewertung von 6 bis 11 beschreibt Zauderer, die wirklich Hilfe und Ansporn brauchen.

## 1.5 Wie man das Verschleppen von Aufgaben bekämpfen kann

Wenn man die wirklichen Gründe dafür, daß man Aufgaben verschiebt oder zur Seite legt, sucht, dann ist man bereits auf dem besten Weg, das Problem zu lösen. Sogar die ärgsten Zauderer tun Dinge sofort, wenn man sie unter wirklichen Druck setzt und buchstäblich ein Feuer unter ihnen anzündet. Das ist ein Weg, aber nicht der beste.

Bei den Gourmets, die augenscheinlich die Aufmerksamkeit und sogar den Adrenalinfluß lieben, die mit dem Verschleppen und der dadurch hervorgerufenen Angst zusammenhängen, kann man unter Umständen durch die folgende Aussage erfolgreich sein: »Wir werden Sie, nachdem Sie ihre Aufgabe erledigt haben, genauso gern haben, wie jetzt, wo wir ungeduldig warten, daß Sie es endlich tun.« Wir haben diese Methode in verschiedenen Wohltätigkeits-Aktionen verwendet. Wir haben den potentiellen Spendern mit Wort und Tat versichert, daß sie auch nach dem Spenden weiterhin geschätzt werden.

Bloße Drohungen und das Erzeugen von Angst vor den negativen Konsequenzen sind meistens nicht besonders wirksam. Hingegen hilft es, wenn man den, der an dieser Verzögerungsneurose leidet, Unterstützung gibt, z.B. durch den Hinweis, wie er seine große Aufgabe in kleine Aufgaben zerlegen kann, die er dann leichter lösen kann.

In einem Fall behandelte ich einen jungen Mann, der sich auf sein Doktorat vorbereiten sollte. Er hatte alle Bücher, die er dazu brauchte, auf einem Regal aufgereiht. Dies spornte ihn jedoch nicht an, sondern machte ihm Angst. Ich nahm ihm die Bücher weg und gab ihm jede Woche bloß ein Buch, das er, wie er sofort selbst behauptete, mit Leichtigkeit bewältigen konnte. Es gelang ihm dann auch rasch, seine Promotion hinter sich zu bringen.

Leute, die verschieben, protestieren oft dagegen, daß sie von Ereignissen, die anscheinend außerhalb ihrer Kontrolle stehen, beherrscht werden. Wenn man ihnen verspricht, daß sie selbst die Kontrolle übernehmen können, gibt es ihnen ein positives Gefühl. Man kann es auch so erklären, daß, wenn man selbst die Kontrolle übernimmt, man der Ereignisse Herr wird.

Verschieben ist in gewissem Sinn nur eine andere Form, eine Entscheidung zu treffen, obwohl es eine negative ist. Wenn ich mich nicht rasch entscheiden kann, dann tue ich überhaupt nichts. Ich habe insgeheim die Hoffnung, daß durch Zufall oder durch andere äußere Umstände das Problem gelöst wird. Prokrastination ist Verschieben einer Entscheidung aus Furcht vor den Konsequenzen und Folgen, die aus einer endgültigen Entscheidung für die eine oder andere Alternative resultieren könnten. Solange man nicht entschieden hat und nur verschoben hat, bleiben alle Möglichkeiten noch offen.

Wir können auch lernen, in ökonomischen Begriffen zu denken. Die Zeit, die wir sparen, indem wir uns nicht entscheiden, wird oft in dreifachem oder vierfachem Maße nachher verloren, wenn dann doch irgendwann die Würfel fallen müssen. Die meisten von uns hörten irgendwann in der Schule von dem Dilemma des Julius Cäsar. Er hatte zu entscheiden, ob er den Rubikon überschreiten sollte oder nicht. Er tat es und machte dann den berühmten Ausspruch: Alea jacta sunt – Die Würfel sind gefallen. Einfach ins Wasser zu springen oder einen Fluß zu durchqueren, ist eine Art, Verschiebungen zu vermeiden. Andere Methoden sind folgende:

Im Gegensatz zu den normalen Ratschlägen, eine Entscheidung erst vorher richtig zu überlegen, kann man, wenn man an dieser Verzögerungskrankheit leidet, sich angewöhnen, in gewissen Fällen einfach zu springen und sich nachher Sorgen über die Konsequenzen zu machen. Schwimmlehrer verwenden diese Methode sehr oft. Natürlich müssen sie sich vorher vergewissert haben, daß der Schüler schon mehr oder weniger schwimmen kann. Zögert er immer noch, dann werfen sie ihn einfach ins Wasser und verlassen sich darauf, daß sein Instinkt ihn nicht untergehen läßt.

Sich ein Ziel zu setzen und Freunde oder Mitarbeiter davon zu benachrichtigen, sogar mit dem Datum, wann die Entscheidung getroffen sein wird, kann einen zusätzlichen Druck ausüben. Dies ist eine Methode, die gut funktioniert, z. B. wenn man sich das Ziel gesetzt hat, mit dem Rauchen aufzuhören.

Sich selbst schrittweise zu verführen, ist eine weitere Methode. Wenn Sie einmal in Marokko oder in einem anderen arabischen Land versucht haben, einen Teppich zu kaufen, dann werden Sie wissen, daß der geschulte Verkäufer diese Methode verwendet. Er fordert Sie auf, Ihre Schuhe auszuziehen, damit Sie die Weichheit und Bequemlichkeit des Teppichs wirklich einschätzen können. Haben Sie bereits die Schuhe ausgezogen, führt er Sie schließlich weiter, bis er Sie soweit gebracht hat, daß Sie tatsächlich den Teppich kaufen.

## 1.6 Wie sehen Ihre Arbeitsgewohnheiten aus?

Sie haben gerade mit jemandem ein Einstellungsgespräch geführt. Sie haben alle seine Qualifikationen genau geprüft. Trotzdem ist es möglich, daß Sie einen der wichtigsten Faktoren ausgelassen haben, nämlich seine Arbeitsgewohnheiten. Arbeitet er besser allein oder in einer Gruppe? Ist er jemand, der auf die Resultate seiner Bemühungen warten kann, oder muß er sie immer sofort sehen? In dem Roman »Ferien vom Ich«, der vor einigen Jahrzehnten veröffentlicht wurde, wurde ein Experiment beschrieben, das auch heute noch Aktualität hat. Leute, die irgendwelche Probleme hatten, kamen auf eine Farm. Sie wurden 24 Stunden lang alleingelassen und sollten während dieser Zeit alles, was sie von ihrem Leben und ihrer Arbeit erwarteten, niederschreiben. Heute würde man einen Kassettenrecorder dazu verwenden. Dann trafen sie sich mit einem Psychologen, der alle positiven und negativen Aspekte, Arbeitsgewohnheiten, Vorteile und Nachteile mit ihnen diskutierte.

Was gefunden wurde, war, daß einige von diesen Anwärtern oder, wenn wir sie so nennen wollen, Patienten, visuell orientiert waren, andere taktil, und wieder andere wurden mehr durch ihren Geruchssinn motiviert. Zusätzliche Unterschiede bei den Arbeitsgewohnheiten waren, daß einige Menschen eher in abstrakten Begriffen denken konnten und andere alles eher konkretisiert haben wollten oder mußten. Die wichtigsten Faktoren, die man ziemlich leicht messen konnte, waren, ob sie bevorzugten, allein zu arbeiten oder in einer Gruppe, und ob sie auf die Resultate ihrer Arbeit warten konnten oder sie unbedingt sofort beobachten wollten. Wir haben diese zwei Faktoren speziell für unsere Tests verwendet. Sie können Ihnen helfen, Ihre eigenen Arbeitsgewohnheiten besser zu verstehen und, was noch wichtiger ist, es zu vermeiden, Ihren Mitarbeitern falsche Aufgaben zu stellen.

Wenn man weiß, daß man lieber allein arbeitet anstatt in einer Gruppe, Resultate sofort sehen muß, so kann man daraus Konsequenzen bei der Wahl des richtigen Aufgabenbereichs innerhalb einer Organisation ziehen. Viele Aufgaben werden tatsächlich am besten von Menschen durchgeführt, die lieber allein arbeiten. Andere können gar nicht erledigt werden, wenn nicht eine ganze Gruppe damit beschäftigt ist. Die Landung der Astronauten auf dem Mond wäre unmöglich gewesen, wenn nicht buchstäblich Hunderte von Menschen dabei mitgeholfen hätten. Der Künstler, der Schriftsteller wiederum tut seine Arbeit lieber allein.

Einige von uns sind Einzelgänger. Sie haben Schwierigkeiten, Aufgaben zu delegieren und anderen zu überlassen. Manchmal sind sie auch überzeugt davon, daß nur sie allein diese Dinge am besten machen können.

Es kann auch sein, daß wir es als unbequem empfinden, unseren Erfolg oder unseren Mißerfolg mit anderen Leuten teilen zu müssen. Versuchen Sie durch unsere folgenden Tests herauszufinden, in welcher Situation Sie oder Ihre Mitarbeiter sich am wohlsten fühlen. Sich dieses Arbeitsstils bewußt zu werden, kann Sie dazu bringen, entweder ihre gegenwärtigen Arbeitsbedingungen zu ändern oder, wenn Sie keine andere Wahl haben und es notwendig ist, zu lernen, allein zu arbeiten oder mit anderen Menschen und Mitarbeitern in einer Gruppe auszukommen.

## Test

1. Sie sehen ein Schild auf dem Schreibtisch eines Kollegen, auf dem steht »Tue es lieber allein«. Wie ist Ihre Reaktion?

   a) Genauso fühle ich auch. Er ist mein Typ. ☐
   b) Er ist arrogant. Ich würde wirklich gerne wissen, wieviel Dinge er tatsächlich allein durchführen kann. ☐
   c) Er meint ja nicht wirklich, was auf dem Zeichen steht. Er ist aber eine stolze Person; ich bin sicher, daß er Hilfe akzeptiert und auch ganz gerne hat. ☐
   d) Es ist wirklich manchmal der rascheste Weg. ☐

2. Sie haben an einem sehr erfolgreichen Projekt mitgearbeitet. Was macht Sie am ehesten stolz?

a) Meine Ideen waren richtig. Ich habe die meisten Lösungen selbst ausgearbeitet. ☐
b) Ich habe eine Menge meiner Kollegen kennengelernt und auch viele Freunde gewonnen. ☐
c) Wir haben das Problem alle gemeinsam gelöst. Es war ein wunderbares Team. ☐
d) Wir hatten Geduld und haben uns einander angepaßt. ☐

3. Wenn Sie ein Musiker wären, als was würden Sie sich selbst am liebsten sehen?

a) Dirigent ☐
b) Mitglied eines Trios oder Quartetts ☐
c) Mitglied eines großen Orchesters ☐
d) Solist ☐

4. Sie bewundern die Pyramiden in Ägypten als ein großes Werk der Weltarchitektur. Woran, glauben Sie, würden Sie am ehesten denken, wenn Sie sich dieses Wunder ansehen?

a) Was für ein phantastischer Architekt und Ingenieur, der dieses Projekt entworfen hat. ☐
b) Er mußte wohl wissen, wie man eine Arbeit organisiert, um die Mitarbeit von Tausenden von Menschen zu gewinnen. ☐
c) Stellen wir uns doch einmal vor, wieviele Menschen an dieser Aufgabe mitgearbeitet haben müssen, um sie zu vollenden. ☐
d) Wieviel Jahre waren doch notwendig, um dieses Wunderwerk zu vollenden. ☐

5. Man gibt Ihnen die Aufgabe, entweder das Verkehrssystem für Vororte richtig zu organisieren, oder ein Haus umzubauen, oder die Werbeabteilung in Ihrem Betrieb neu zu organisieren. Was würden Sie zuerst tun?

a) Ich schließe mich in mein Büro ein und denke das Projekt durch, und dann übergebe ich die Aufgabe jemand anderem. ☐

b) Ich hole meine Mitarbeiter und ersuche sie, mir ihre Ideen zu geben, und sie mit mir zu diskutieren. ☐

c) Ich organisiere den Job, unterteile ihn in verschiedene spezielle Aufgaben und Geschicklichkeiten und mache dann eine Person verantwortlich für jede Spezialaufgabe. ☐

**Auswertung**

| | | | | |
|---|---|---|---|---|
| 1. a) 2 | 2. a) 1 | 3. a) 2 | 4. a) 1 | 5. a) 1 |
| b) 3 | b) 3 | b) 3 | b) 3 | b) 2 |
| c) 4 | c) 4 | c) 4 | c) 4 | c) 3 |
| d) 1 | d) 2 | d) 1 | d) 2 | |

Wir haben die höchste Bewertung aufgrund unseres Pre-Tests den kooperativen Arbeitsmethoden gegeben, wie z. B. 1.c), 2.b) oder c), 4.c) und 5.b).

Mit anderen Worten, als wir über hundert Leuten diesen Test gaben, haben die meisten als den wünschenswertesten Arbeitsstil die Kooperation angekreuzt. Die einzigen Ausnahmen waren 3.a), der Dirigent, was in 28 Prozent angekreuzt wurde, und 4.a) in 31 Prozent. Hier wurde die Einzelleistung am meisten bewundert, und zwar waren es im Fall der Pyramiden 33 Prozent, die 4.c) angekreuzt und damit die notwendige Zusammenarbeit betont haben. Im Test 5 haben 66 Prozent c) angekreuzt.

Wir müssen also daraus schließen, daß Zusammenarbeit mehr und mehr als moderne Managementtheorie vertreten wird. Das war nicht bei jedem Manager der Fall. In Wirklichkeit ist es eigentlich ein Widerspruch zu unserem westlichen Denken, wo Konkurrenz und Exzellenz, dem anderen voraus zu sein, am ehesten belohnt werden. In kommunistischen Ländern oder speziell in Japan ist es die Gruppe, die die Belobigung anstelle des individuellen Arbeiters erhält. Wir müssen also Schritt für Schritt die praktische Übersetzung dieser neuen Arbeitsgewohnheiten, mehr Zusammenarbeit, die wenigstens theoretisch anscheinend akzeptierbar sind, in die Realität übersetzen. Wir müßten die Gruppenleistung stärker anerkennen als bisher.

Es ist natürlich möglich, solche Auszeichnungen mit der Anerkennung für die Einzelperson zu kombinieren. Dies wäre vergleichbar mit dem Lehrer, der für die Leistungen seiner Schüler beglückwünscht wird, wie es in musikalischen Konkurrenzen üblich ist. Es wird dann z. B. erwähnt, daß Herr Yaron der Schüler von Herrn Haifetz ist und daß er gleichzeitig an der Juilliard School of Music studiert hat. Der Lehrer, der Schüler und die Gruppe, die alle zusammengearbeitet haben, erhalten die Lorbeeren.

## 1.7 Wie man seine Arbeitsgewohnheiten verbessern, verändern oder auswerten kann

Wenn jemand unbedingt sofort die Resultate seiner Arbeit sehen muß, um sich befriedigt zu fühlen, dann könnte man ihm ähnlich wie auf der Farm, die wir beschrieben haben, öfter Aufgaben erteilen, bei denen er als Training eine angehäufte Menge, wie z. B. Heu oder Sand, von einer Stelle zur anderen transportieren muß. Er sieht dann, wie der eine Haufen kleiner und der andere größer wird. Auf der Farm wurde es so durchgeführt, daß man auch den Intellektuellen Arbeiten gab, wie z. B. einen Haufen Mist von einer Stelle zu einer anderen zu bringen. Das klingt etwas lächerlich, hatte aber doch den Erfolg, daß der Beauftragte seine Frustration los wurde, die der Schriftsteller oder der Werbemann und die vielen anderen Berufssparten zeigten.

Der Beteiligte bekam erst Monate später die Resultate seiner Arbeit zu sehen. Ebenfalls Geduld erforderte z. B. das Pflanzen von Samen.

Man mußte wochenlang warten, bis man die ersten Pflänzchen zu sehen bekam. Natürlich kann man genausogut einfach seine Arbeitsgewohnheiten beibehalten und sie nutzen. Manchmal ist es lediglich notwendig für einen geistigen Arbeiter, der lange auf das Resultat warten muß, zwischendurch manuelle, unmittelbar das Ergebnis sichtbar machende Aufgaben einzuschalten.

### *Zusammenarbeit*

Warum ist es schwieriger zu sagen »Wir haben es getan« als »Ich habe es getan«? Partnerschaften brechen oft auseinander, weil die Menschen nicht zusammenarbeiten können. Der eine Partner hat vielleicht das Gefühl, daß das Lob zu teilen, einen persönlichen Verlust für ihn bedeutet. Wie uns manche Leute sagten, wird die Arbeit auf das Niveau des schlechteren Arbeiters herabgedrückt. Wenn Sie mit einer anderen Person zusammenarbeiten, dann erzielen Sie beide meistens ein besseres Resultat oder dasselbe in der Hälfte der Zeit. In Wirklichkeit sollte das Lob doppelt so groß sein, damit es für beide Personen reicht. Die meisten von uns sind überzeugt, daß sich Zusammenarbeit lohnt. Wir heiraten ja, wir formen Assoziationen, Partnerschaften, Gesellschaften. Wir müssen aber trotzdem mehr über Zusammenarbeit lernen. Sogar ein Konzertsolist hängt von der Zusammenarbeit mit den anderen ab. Dazu gehören auch das Publikum, die Musikkritiker, die Presseagenten und sogar die Bühnenarbeiter.

Man kann Konkurrieren und Kooperieren kombinieren. Jeder hat irgendwo spezielle Talente. Es ist fast wie in einem chemischen Laboratorium, hat jemand einmal geschrieben. Man kann seine Eigenheiten und besonderen Qualitäten beibehalten und sie mit anderen, wie bei einer chemischen Mischung, kombinieren. Erfolgreiche Manager, die Spitzenleistungen erreichen, tun dies oft von selbst.

In einem Trainingsprogramm für angehende Topmanager kann man oftmals kooperative Projekte so organisieren, daß jeder Mitarbeiter die Vorteile, die ihm durch die Zusammenarbeit erwachsen, deutlich sieht. In den meisten Fällen sind personelles oder individuelles Prestige und Spitzenleistung eben von der Fähigkeit, jedem seine Eigenheiten zu belassen, abhängig. Prokrastination und Arbeitsgewohnheiten hängen irgendwie zusammen. Vor einigen Jahren hatte ein Student, der an einer Managerschule einen Kursus machte, eine Arbeit zu dem Thema eingereicht, wie man durch richtige Organisation über Nacht Briefe und Pakete überall hin, zumindest innerhalb der Vereinigten Staaten, befördern könnte. Die Idee entsprang einer individuellen kreativen Leistung. Sein Professor gab ihm eine sehr schlechte Note für diese Dissertation. Heute leitet er eine der erfolgreichsten Firmen, Federal Express. Der Gründer dieser Firma hat jetzt ganz enge Kooperation und reichhaltige Belohnungen inklusive Aktienbesitz für seine Mitarbeiter eingeführt. Als Juniormanager hatte er eine geniale Idee, die damals nicht richtig erkannt wurde. Er hat dann, als der Erfolg kam – teilweise war es mit der Grund seines Erfolges – Kooperation in höchstem Grade in seinem Betrieb eingeführt.

Zu oft sehen wir leider auch das Verzögern von Aufgaben als eine positive Methode an. Anrufe nicht zu beantworten, es zu erlauben, daß unbeantwortete Briefe sich auf dem Schreibtisch anhäufen, ist eine Art, anscheinend unwichtige Probleme zu lösen. Nach dem zweiten oder dritten Anruf werden die Leute müde, oder das Problem löst sich irgendwie von selbst.

Das ist natürlich nicht eine allgemein akzeptierte Managementmethode. Sie kann dazu führen, daß die ganze Produktionslinie verstopft wird. Zusätzlich werden natürlich auch Mißmut und Rachegefühle erzeugt.

Druck und strikte Kontrolle können helfen, Arbeitsmethoden zu ändern oder zu verbessern. Manchmal ist das Verhalten aber auch Teil einer gesamten Kultur. Obwohl es wahrscheinlich überhaupt nichts mit der Wirklichkeit zu tun hat, gab es das Sprichwort von der »polnischen Wirtschaft«. Im allgemeinen werden Deutsche oder Menschen deutscher oder nordischer Abstammung eher als pünktlich oder verläßlich angesehen, während die Bürger der Dritten Welt, Araber, Afrikaner, Orientalen, Südamerikaner, als schlampig und unzuverlässig gelten. Es ist nie genau untersucht worden, wie weit diese Vorurteile, und das sind sie meistens, wirklich stimmen. Wenn es diese Eigenschaften gibt, kommen sie vom Klima her, von der Arbeitsethik oder einfach von über Generationen hin weitergegebenen Arbeitsgewohnheiten. Dies sind oft Managementprobleme, die bei der Beschäftigung von Gastarbeitern in europäischen Ländern eine Rolle spielen. Diese Arbeitsmethoden, soweit sie den Betrieb behindern, zu ändern, ist eine der wichtigsten Aufgaben für den Topmanager von heute.

Eine amerikanische Architekturfirma beschäftigte in Mexiko einheimische Arbeiter. In einer Studie für sie fanden wir nun, daß die Hauptbeschwerde war, daß diese immer zu spät kamen, daß man sie nicht einmal veranlassen konnte, die Toiletten richtig zu benutzen und daß sie dadurch sanitäre Vorschriften verletzten. Der amerikanische Manager, dessen Aufgabe es war, sie zu führen, hatte endlich Erfolg, als er gute Arbeiter mit den schlechten mischte. Er schuf also Vorbilder, die die anderen nachahmen konnten. Wichtig war aber dabei, daß diese Vorbilder auch Mexikaner waren. Er erreichte damit die Einsicht, daß es sich eben nicht um angeborene Arbeitsgewohnheiten handelte, sondern daß man sie ändern konnte. Dabei stellte sich ebenfalls heraus, daß die schlechten Arbeiter in Wirklichkeit sehr gerne erfolgreich sein wollten. Sie hatten es nur nie gelernt. Sie waren nie für gute Arbeit belohnt worden.

Bekannt ist natürlich die Methode, Prämien zu offerieren. Sie ist besonders erfolgreich, wenn man sie einer ganzen Gruppe gibt. Die

Mitglieder einer solchen Gruppe üben dann Druck aufeinander aus, um die zusätzliche Bezahlung und Belohnung zu verdienen.

Arbeitsgewohnheiten können natürlich auch mit Persönlichkeitstypen zusammenhängen. Wenn man einem Arbeiter eine Aufgabe gibt, die seiner Persönlichkeit nicht liegt, dann ist es oft besser, einfach die Arbeiter oder die Arbeit selbst zu wechseln. Mitarbeiter sind nicht immer unzureichend qualifiziert. Es kommt öfter vor als man glaubt, daß sie mehr können als die Arbeit erfordert. Sie sind überqualifiziert und haben das Gefühl, sie brauchen sich nicht besonders zu bemühen. Es ist gewissermaßen unter ihrer Würde, sich wirklich einzusetzen. Jeder Topmanager sollte also darauf bedacht sein, nicht nur die Erfahrung, die technischen und anderen Qualifikationen eines Mitarbeiters genau zu analysieren, sondern auch herauszufinden, wie denn eigentlich die Arbeitsmethoden des Anwärters aussehen.

## 1.8 Wie Sie bessere Entscheidungen treffen können

Wir legen Ihnen in diesem Kapitel einige Tests vor, die Ihnen helfen sollen, für sich selbst herauszufinden, wie gut Sie als Topmanager sind. Entscheidungen zu treffen, ist eine der wichtigsten Funktionen eines guten Managers, schon deshalb, weil Entscheidungen Konsequenzen haben. Man liest immer wieder, wie eine Firma nahe an den Bankrott gebracht wurde, weil die falschen Produkte erzeugt wurden, die Qualität nicht richtig kontrolliert wurde oder man in falschen Märkten operierte. In jedem dieser Berichte wird der Topmanager angeklagt, obwohl es in den meisten Fällen nicht nur seine Schuld war. Die Verantwortlichkeit liegt natürlich beim gesamten Unternehmen und vielen anderen Personen, aber es ist, wie auch in der Politik, der Topman, der die Verantwortung trägt.

Sie können sich ganz ähnlich fühlen. Eine Unterschrift kann Jahre hindurch Konsequenzen haben. In der Geschichte ist es genauso. Wenn die Amerikaner die Franzosen zur Zeit von Bienpenphou unterstützt hätten, wäre es wahrscheinlich später nicht zum Krieg in Vietnam, der für Amerika so verhängnisvoll war, gekommen.

Wenn man eine Entscheidung trifft, dann fühlt man auch seine Macht. Es kann sein, daß Sie für ein großes Unternehmen arbeiten. Aber für den

Augenblick, in dem Sie »ja« oder »nein« zu einer Alternative sagen, sind Sie ein einsamer Entrepreneur.

In der Zukunft werden moderne Firmen mehr und mehr aus kleinen Gruppen von Entscheidenden oder Entrepreneurs bestehen. Die Angst und die Drohung, die in dem Konzept des anonymen Wesens verankert ist, wird verschwinden.

Kann man, richtige Entscheidungen zu treffen, lernen? Natürlich. Unsere Empfehlung ist, sich zunächst seines eigenen Stils bewußt zu werden. Damit ist schon der erste Schritt getan.

Des weiteren sollten wir uns auch klar darüber sein, daß es eine Reihe von unbewußten oder halbbewußten Einflüssen gibt, die unser Pro und Kontra beeinflussen. Mehr und mehr Firmen empfehlen, daß Intuition als ein legitimer Faktor in der Entscheidungsfindung erkannt und berücksichtigt wird.

Zusammenfassend können wir festhalten, daß sich aus unseren Tests und Diskussionen eine Reihe von Feststellungen ergibt:

1) Sie müssen sicher sein, daß emotionelle Faktoren in Ihre Entscheidungen eingeflossen sind. Vielleicht lieben Sie die Aufregung, das Risiko und die spekulativen Elemente. Vielleicht neigen Sie zu solchen Alternativen, die das Adrenalin zum Fließen bringen. Das ist notfalls Ihre Wahl, aber wählen Sie zumindest in voller Kenntnis Ihrer Neigung.

2) »Was wäre wenn«, auf englisch »What if«. Man kann dieses Konsequenzenspiel sehr gut mit einem Computer durchführen. Es bedeutet einfach, daß man, zumindest theoretisch, alle möglichen Auswirkungen durchspielt.

Sie übernehmen eine Firma, die auf dem Namen des Gründers basiert. Was geschieht, wenn er stirbt? Wir hatten mit diesem Problem zu tun, als wir für die Duncan Hines Co. eine Studie durchführten. Es wurde dadurch gelöst, daß wir den Eigennamen zwar verwendeten, aber eher von einer Duncan Hines-Philosophie sprachen als von einem wirklich lebenden Namen. Diese Entscheidung wurde noch vor dem Tod des Herrn Hines getroffen und erwies sich als korrekt. Später wurde die Firma von einem anderen Konzern gekauft.

3) Nehmen Sie an, Sie nehmen in Zeiten guter Verkäufe und Gewinne einen Kredit für Ihr Unternehmen auf. Jetzt passiert aber folgendes: Der

Markt ändert sich, der Geschmack ändert sich, und sie können nicht mehr genügend verkaufen um Ihre Schulden zu bezahlen. Es könnte also passieren, daß Sie die ganze Firma durch Ihre falsche Entscheidung fatal geschädigt haben. Hätte Ihre Entscheidung die Möglichkeit der Geschmacksänderungen der Kunden berücksichtigt, dann hätten Sie anders entschieden.

4) Keine Risiken auf sich zu nehmen, ist wahrscheinlich immer eine sichere Entscheidung. Wenn in der Zwischenzeit Ihr Konkurrent jedoch mehr Mut zeigt, dann wird er den Markt erobern. Ihr Produkt hingegen wird veralten und sich nicht mehr verkaufen lassen. Das Risiko in Ihre Entscheidung einzubeziehen, wäre die gescheitere Entscheidung gewesen.

5) Sie müssen lernen, sich gegen Selbstanklage zu immunisieren. Nehmen Sie das Gefühl, eine falsche Entscheidung getroffen zu haben, vorweg. Es wird vielleicht in Wirklichkeit gar nichts passieren, wenn doch, dann haben Sie bereits die Agonie in Ihrem Geist vorerlebt. Diese Art von Antizipation kann oft zu mutigeren und besseren Entscheidungen führen.

6) Diskutieren Sie die Situation mit verläßlichen Mitarbeitern oder engen Freunden und verlangen Sie Kritik. Dadurch versichern Sie sich, daß Sie keine wichtigen positiven oder negativen Details ausgelassen haben. Wenn trotzdem die endgültige Entscheidung nicht funktioniert, dann können Sie wenigstens sagen, daß Sie alles probiert haben, was notwendig war. Sie fühlen sich dann nicht so schuldig.

# 2 Planung

## 2.1 Wie man mit der Langeweile, der Zeit und seiner Arbeit fertig wird

Richtig zu managen heißt, daß man die Probleme der Zeitorganisation richtig bewältigt. Sogar ein Topmanager hat immer begrenzte Ressourcen. Wie er sie verwendet, entscheidet letztlich darüber, ob er Spitzenleistungen erbringt oder nicht. In diesem Kapitel können Sie herausfinden, welche Bereiche Ihrer Arbeit Sie am besten beherrschen.

*Die Kontrolle behalten*

Drei Telefone gleichzeitig beantworten zu müssen und ein voller Schreibtisch mit Briefen, Bestellungen oder Rechnungen, die jeden Tag dringlicher werden, kann uns in Panik versetzen. Wir wollen davonlaufen oder uns verstecken. Doch ein Topmanager kann sich das nicht leisten. Er muß den Helden spielen, der kühl bleibt und die Dinge meistert. Wir sind Antifatalisten geworden. Wir bekämpfen Runzeln, Schmerz und Unfälle. Was uns jedoch zur Strecke bringt, ist die verlegte Akte, der vergessene Termin, der Stoß von Briefen, der beantwortet werden muß, und sich weigert kleiner zu werden. Die Franzosen haben ein Sprichwort: »Jamais deux sans trois« – »Unglück kommt immer zu dritt«. In solchen panischen Momenten glauben wir den Franzosen, ohne uns darüber klar zu sein, daß wir oft das dritte Unglück selbst herbeiführen. Ein grundlegendes Training von Managern sollte panische Situationen miteinschließen. Versuchen Sie die folgenden Tests oder geben Sie sie Ihren Bewerbern oder Mitarbeitern. Panik ist höchst ansteckend, noch mehr als Erfolg. Sich unter Kontrolle zu haben, ist eine Erklärung des männlichen oder weiblichen Machismo, macht aus Frauen eifrige Mitglieder von Fitness-Clubs und motiviert die Männer, zu Pferderennen zu gehen.

Der Manager ist überzeugt, daß er etwas erreicht hat oder wenigstens den Tag ohne Unglück überlebt hat, wenn er seine Gelassenheit nicht verloren hat und im Sattel geblieben ist.

*Langeweile ist eine weitere schleichende Krankheit*

Langeweile kreiert den längsten Tag in der Woche und die längste Woche im Monat. Wir brauchen dauernd Herausforderungen, Widerstände, die wir bewältigen können. Topmanager sprühen vor Aufregung, Gelangweilte sind fast dauernd wie unter dem Einfluß von Beruhigungsmitteln. Was immer sie anfangen, »es wird schon schiefgehen!« Oft wissen wir nicht, daß Langeweile der Virus ist, der unser System infiltriert hat. Gelangweilte Manager müßten ein »High« erleben. Drogen sind natürlich falsch. Alkohol ist manchmal die Antwort. Meistens ist es jedoch ein stiller Kampf gegen einen Berg von Quark.

Spitzenleistungen erfordern echte Motivation und Interesse. Der erfahrene professionelle Manager kann oft mit halb geschlossenen Augen und halb geschlossenem Gehirn noch funktionieren.

*Zeit konstruktiv verschwenden*

Napoleon sagte einmal: »Ich kann euch alles geben, außer Zeit.« Eine der häufigsten Beschwerden, die die meisten Topmanager anführen, ist Mangel an Zeit. Sie haben bereits alle Regeln befolgt: Unnötige Telefonanrufe werden ausgeschaltet, man delegiert Aufgaben, man tut die wichtigsten Dinge zuerst. Man kann sogar seine eigenen Haltungen in Betracht ziehen, wie der Morgenmensch, der schwierige Sachen am Morgen durchführt. Trotz alledem hat man meistens nicht genügend Zeit. Die Erklärung könnte sein, daß man die Relativität der Zeit nie richtig berücksichtigt hat. Man wartet auf einen verspäteten Flug, und die Zeit scheint endlos zu sein. Bei anderen Gelegenheiten ist Aufregung dabei. Der Tag ist vorbei, bevor man ihn begonnen hat. Modernes Zeitmanagement wird diese subtilen Faktoren in Betracht ziehen müssen.

Ich versuchte einmal, einen Chip in meinen Computer einzubauen. Der sogenannte »Experte« der Computerfirma wußte nicht, wie man das anstellt. Ich setzte mich mit der Chip-Firma in Verbindung und nahm die detaillierten Instruktionen Schritt für Schritt auf Band auf. Ich hatte eine neue Geschicklichkeit entdeckt. Ich konnte sehr rasch diesen Chip erfolgreich einbauen. War es eine gute Verwendung meiner teuren Zeit? Wahrscheinlich nicht. Aber dieser Erfolg machte mich in bisher unbekannter Weise stolz. Die »Innereien« des Computers und des Printers machten mir keine Angst mehr. Ich hatte Respekt gewonnen und verloren vor den sogenannten »Experten«. Dieser Stolz überflutete dann auch meine anderen Aufgaben. Es schien, als ob ich sie alle jetzt in der Hälfte der Zeit erledigen konnte. Motivationen und Emotionen sind also wichtige Faktoren im Zeitmanagement. Wir können zwanzig Jahre leben und dasselbe tun und in der Monotonie unserer Arbeit austrocknen. Wenn wir aber zwanzig interessante Dinge in einem Jahr tun, dann ist das, zumindest psychologisch, fast ein Äquivalent dafür, zwanzig Jahre gelebt zu haben.

Erledigen wir Aufgaben, die uns bekannt sind, wirklich rascher? Zweifel daran sind angebracht. In einen herausfordernden oder sogar schwierigen Job verwickelt zu sein, verkürzt die Zeit, die wir glauben zu erleben, und auch die Zeit, die wir dazu brauchen, um unser Ziel zu erreichen.

In den folgenden Tests versuchen wir, diese drei Faktoren, die wir bis jetzt besprochen haben, die Kontrolle zu behalten, Langeweile zu meistern und Zeit konstruktiv zu verwenden oder zu verschwenden, zu testen. Versuchen Sie es doch, und sehen Sie, wie Sie abschneiden.

**Test**

*Kontrolle*

1. Stellen Sie sich vor, daß Ihre Arbeit und Ihr Unternehmen eine Pyramide ist. Welche dieser drei Illustrationen paßt am besten zu Ihrem Gefühl?

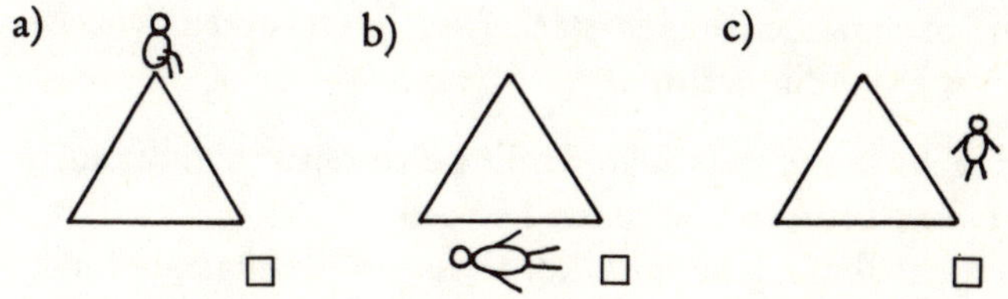


2. Denken Sie an Ihre Arbeit während des letzten Monats. Welche Gefühle kommen Ihnen da in den Sinn:

a) Ich war immer meiner Aufgabe voraus. ☐
b) Ich habe es kaum geschafft. ☐
c) Die Aufgaben schienen sich mehr und mehr aufzuhäufen. ☐
d) Meistens habe ich alles gut erledigt. ☐

3. Setzen Sie Ihre Arbeit in Beziehung zu sich selbst. Ein Würfel sind Sie, der andere ist Ihre Arbeit.

a) Sie Arbeit ☐
b) Sie Arbeit ☐
c) Sie Arbeit ☐

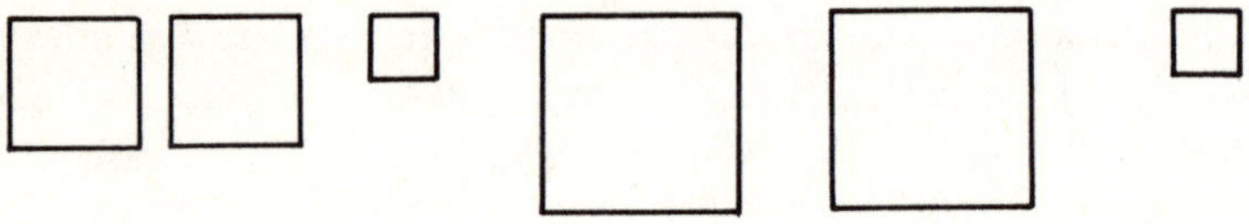

*Langeweile*

4. Welches Gefühl kommt den vier beschriebenen Haltungen in bezug auf die Länge eines Arbeitstages am nächsten?

a) Jeder Tag scheint fast 16 Stunden zu haben. ☐
b) Ich bin froh, wenn der Tag vorbei ist. ☐
c) Es gibt nie genügend Stunden am Tag, um alles fertigzukriegen. ☐
d) Ich finde immer etwas Stimulierendes. ☐

5. Hier sind einige Möglichkeiten, um Ihre Mitarbeiter für deren Job und Leistungen stärker zu interessieren. Welche davon würden Sie wählen?

a) Ich gebe ihnen freie Zeit, damit sie an separaten, oft auch privaten Projekten arbeiten können. ☐
b) Ich gebe ihnen eine stark kontrollierte Arbeitseinteilung. ☐
c) Ich versuche, sie untereinander konkurrieren zu lassen. ☐
d) Ich überrasche sie mit interessanten Aufgaben. ☐

6. Welche Prinzipien verwenden Sie bei der Organisation Ihrer Arbeit?

   a) Ich tue die schwierigsten und unangenehmsten Dinge zuerst. □
   b) Ich tue die Dinge, die ich am liebsten mag, zuerst. □
   c) Ich wechsle zwischen leicht lösbaren und unbequemen Problemen. □
   d) Ich tue das, was sich ganz zufällig als erste Aufgabe präsentiert (das erste auf dem Berg zu erledigender Arbeiten etc.). □

7. Wieviel Zeit glauben Sie, haben Sie in der letzten Woche während der normalen Arbeitszeit verschwendet und wofür?

   a) Nicht eine Minute. □
   b) Ungefähr eine Stunde pro Tag an unnötige Details. □
   c) Vielleicht einen halben Tag oder mehr. Ich habe mich in ein angenehmes Gespräch oder in ein Hobby vertieft. □
   d) Ich habe unnötige Dinge getan, aber ich glaube nicht, daß das verschwendete Zeit war. □

8. Welche von diesen Regeln verwenden Sie für Ihr Zeitmanagement nach Ihrer Selbstanalyse?

   a) Ich mache immer Listen von Prioritäten, aber gewöhnlich nur für einen Tag. □
   b) Ich habe eine Liste von Prioritäten. Ich tue die Dinge zuerst, die mich näher an die Erfüllung dieser Prioritäten heranbringen. □
   c) Ich versuche, meinen Tag zu organisieren. Ich habe eine Uhr neben meinem Telefon oder Zettelchen in meinem Büro, um mich an meine dringendsten Aufgaben zu erinnern. □
   d) Ich bin schlampig mit meiner Zeit, aber ich hasse es, in einer zeitmäßigen Zwangsjacke zu stecken. □

9. Welche Zeiteinteilung würden Sie sich selbst und Ihren Mitarbeitern zubilligen?

a) Eine Stunde für Träume. ☐

b) Eine Stunde Ich sein und nichts tun. ☐

c) Eine oder mehr Stunden pro Tag für Fitness-Übungen während der Arbeitszeit vorsehen. ☐

d) Etwas Zeit für Gespräche mit Mitarbeitern reservieren. ☐

## Auswertung

*Kontrolle*

| | | |
|---|---|---|
| 1. a) 3 | 2. a) 4 | 3. a) 2 |
| b) 1 | b) 2 | b) 1 |
| c) 2 | c) 1 | c) 3 |
| | d) 3 | |

Wir haben die höchste Punktzahl den Antworten gegeben, die andeuten, daß Sie wirklich das Gefühl der Kontrolle haben. Die beste Bewertung ist 10, die niedrigste ist 3.

Wenn Sie zwischen 8 und 10 erreicht haben, dann gehören Sie zu den Menschen, die selten die Kontrolle verlieren. Ein Ergebnis von 5 bis 7 reiht Sie, wie die meisten von uns in den Durchschnitt ein. Sie versuchen mit den Anforderungen, die auf Sie zukommen, mehr oder weniger fertig zu werden.

Eine Bewertung zwischen 3 und 4 ist niedrig. Entweder organisieren Sie Ihre Zeit nicht richtig (bitte beachten Sie den Zeitmanagement-Test), oder Sie sind nicht besonders an Ihrer Arbeit interessiert (beachten Sie den Langeweile-Test).

*Langeweile*

| | |
|---|---|
| 4. a) 1 | 5. a) 4 |
| b) 2 | b) 1 |
| c) 3 | c) 3 |
| d) 4 | d) 2 |

Wir haben die höchste Punktzahl den Antworten gegeben, die zeigen, daß Sie Langeweile negativ ansehen und sie bei sich und bei anderen zu vermeiden suchen. Die beste Bewertung ist 8, die niedrigste ist 2. Ein Ergebnis zwischen 6 und 8, speziell wenn es mit einem hohen Ergebnis in bezug auf Kontrolle vereint ist, bezeugt eine gute Einstellung zu Ihrer Arbeit. Eine Bewertung von 3 bis 5 beweist, daß Sie etwas mehr Enthusiasmus für Ihre Arbeit aufbringen sollten. Eine Bewertung von 1 oder 2 zeigt, daß Ihre Arbeit und Ihr Job nicht genügend Herausforderung bringen und nicht genügend Interesse wecken.

*Zeitmanagement*

| | | | |
|---|---|---|---|
| 6. a) 4 | 7. a) 2 | 8. a) 2 | 9. a) 3 |
| b) 3 | b) 3 | b) 3 | b) 4 |
| c) 2 | c) 1 | c) 4 | c) 2 |
| d) 1 | d) 4 | d) 1 | d) 1 |

Wir haben die höchste Bewertung den Antworten gegeben, die zeigen, daß Sie die moderne Ansicht akzeptieren, daß manchmal sogenannte verschwendete Zeit auch produktiv sein kann. Die beste Bewertung könnte 16 sein, die niedrigste 4. Wenn das Gesamtergebnis zwischen 13 und 16 liegt, dann beweisen Sie damit, daß Sie eben auch sogenannte Zeitverschwendung hie und da akzeptieren. Ebenso, daß es manchmal auch akzeptabel ist, nicht vollkommen von einer straffen Zeiteinteilung beherrscht zu sein. Sogar Träumen kann manchmal hilfreich sein.

## 2.2 Wie man Kontrolle, Langeweile und Zeitmanagement nutzbringend anwenden kann

Ein Topmanager muß immer das Gefühl haben, daß er der Pilot ist. Jeder Beruf ist den wilden Wogen des Ozeans der Ereignisse unterworfen. Wenn man das Schiff ohne Panik durch die Stürme bringt, kann man sich als guten Kapitän sehen.

Langeweile kann eine schwere Belastung sein, wie Blei, das an unseren Gliedern, an unserem Körper hängt. Ohne andauernde Herausforderung wird nicht nur der Job, sondern das Leben selbst bedeutungslos. Ein Mitarbeiter, der die Lust an der Arbeit verloren hat, kann nicht richtig funktionieren. Er ist ein »impotenter Liebhaber«.

Zeit ist das Rohmaterial, das der Manager zur Verfügung hat. Wenn eine zu straffe Zeitorganisation ihn beherrscht, dann wird er überfahren von den schweren Rädern der Zeituhr. Er ist ein Gefangener. Deshalb sind alle drei Aspekte, die wir getestet haben, die Kontrolle, die Langeweile und das Zeitmanagement stärker von der Freiheit und der Imagination abhängig als von der Reglementierung.

Was kann der Topmanager tun, um sich von diesen Hindernissen zu befreien?

1) Man kann die Biographien der Manager, die Spitzenleistungen im Beruf, in der Politik und im Leben vollbracht haben, genau studieren. Churchill war ein Amateurmaler, er baute Mauern aus Ziegelsteinen und war geschichtlich gesehen ein Retter für sein Land. Aber trotz der schwersten Blitzangriffe auf London machte er doch jeden Tag sein Nickerchen. Einstein spielte Geige.

Lektion: Schaffen Sie Platz in Ihrer Arbeit für Entspannung, für Änderungen.

2. Erfinden Sie immer wieder neue Herausforderungen und Aufgaben. Betonen Sie für sich selbst und andere die Notwendigkeit von neuen Zielen. Wie wir in unserem Test über Ziele und Wünsche erklärt haben, sollten Sie kreative Unzufriedenheit praktizieren. D. h. Sie sollten nie das Gefühl haben, daß Sie bereits alles erreicht haben, was Sie erreicht haben sollten. Vermeiden Sie, in eine Sackgasse zu kommen, auch wenn andere dies vielleicht Erfolg nennen.

3. Eliminieren Sie das Wort »Ich bin nicht daran interessiert« aus Ihrem Vokabular. Nehmen Sie an, Sie verstehen die technische Sprache nicht, dann lernen Sie sie eben. Ich verbrachte einmal einige wunderbare Stunden mit einem chinesischen Wissenschaftler, der zufällig während einer langen Flugreise neben mir saß. Er begann, mir einige der fundamentalen Prinzipien der chinesischen Schrift zu erklären. Der Flug war nur halb so lang.

4. Wenn sich zu viele Dinge ansammeln, die Sie zu erledigen haben, und Ihnen Streß verursachen, dann entfernen Sie eben die angesammelten Briefe, Bücher, und erledigen Sie ein Detail nach dem anderen.

5. Teilen Sie Ihre großen Aufgaben in kleine Aufgaben. Ich engagierte einmal einen Bulldozer-Fahrer. Er sollte einen Auto-Parkplatz vorbereiten. Dieser Platz lag aber auf einem ziemlich steilen Abhang

gelegen. Er weigerte sich. Ich änderte dann meine Anweisung dahingehend, doch seinen Platz, auf den er seinen Bulldozer stellen könnte, am Rande des Abhangs, auszugraben. Das tat er auch. Jetzt stand seine Maschine plötzlich horizontal und nicht mehr so gefährlich schräg. Es war danach ziemlich einfach, ihm klarzumachen, daß er eigentlich diesen kleinen Parkplatz für seinen Bulldozer nur noch zu vergrößern brauchte. Nachdem er eine ganz andere Sicht hatte und gerade dastand, war die Angst völlig verschwunden. In diesem und vielen anderen Fällen kann man oft Furcht, Langeweile und speziell die Angst, die Kontrolle zu verlieren, dadurch abbauen, daß man die Perspektive ändert. Sobald es wieder eine normale Situation war, war der Fahrer sicher und beruhigt.

## 2.3 Fürchten Sie sich vor der Zukunft?

Die Zukunft macht uns immer Angst. Sie ist ein dunkler Graben, eine Tür, die nur in einer Richtung aufgeht: Nach außen!

Die guten alten Tage! Hoffentlich haben Sie noch viele Jahre vor sich. Wenn Sie aber die Zeitungen lesen oder die Nachrichten in Radio oder Fernsehen verfolgen, haben Sie sicherlich manchmal das Gefühl, daß Sie von diesem Planeten weg wollen und irgendwo ein wirklich friedvolles, ruhiges Leben finden mögen, wo Sie von all diesen Problemen, von denen Sie täglich hören, loskommen.

Stellen Sie sich das Jahr 2010 vor. Wird die Welt besser sein? Werden wir gelernt haben, friedlich miteinander zu leben? Wie wird die Wirtschaft dastehen? Wie werden die Betriebe aussehen? Wieviel neue Produkte wird es auf dem Markt geben? Welche Industrien werden eingegangen sein? Wieviel neue werden sich entwickelt haben?

Wir alle würden gerne in die Kristallkugel schauen. Für einen Topmanager ist ein bißchen Futurologie fast eine Notwendigkeit. Das Gefühl, das viele von uns haben, daß es nämlich in der guten alten Zeit besser war, ohne sich wirklich um die Tatsachen zu kümmern, entsteht oft aus einer Furcht vor der Zukunft. Wir wollen keine Änderungen.

Andererseits gibt es auch Optimisten, die fest daran glauben, daß die Wissenschaft in einigen Jahren eine ganze Reihe unserer Probleme gelöst haben wird. Optimismus zwingt uns zum Handeln, Pessimismus ist eine bequeme Entschuldigung stillzusitzen. Gutes Management, besonders

Spitzenleistungen, erfordern Hoffnung, Glauben an die Zukunft und dynamisches Denken. Wir haben einige Tests entwickelt, die darauf zielen, Ihnen zu helfen, Ihre Einstellung zur Zukunft zu eruieren und zu messen:

## Test

1. Sie lesen einen Bericht vom »Club of Rome«, in dem vorausgesagt wird, daß die Welt überbevölkert, die Luft verschmutzt sein wird, daß es mehr und mehr Kriminalität geben wird, daß alles automatisiert sein wird und daß die Menschlichkeit, wie wir sie jetzt noch teilweise haben, in einigen Jahren durch Grausamkeit ersetzt wird. Wie ist Ihre Reaktion? Wählen Sie einen der vier Punkte:

   a) Gewaltig übertrieben. ☐
   b) Alles ist möglich. ☐
   c) Diese »Club of Rome«-Leute haben vollkommen recht. ☐
   d) Sie lieben Sensationen – in Wirklichkeit werden die Dinge besser sein. ☐

2. Wenn Sie 20 Jahre vorausdenken, wie glauben Sie wird die Welt aussehen?

   a) Ich kann nur hoffen, daß ich noch am Leben sein werde – wunderbare Dinge werden in der Zukunft geschehen. (Es wird weniger Krankheiten geben, mehr Freizeit, man wird Gene manipulieren können, es wird keinen Hunger mehr auf der Welt geben, keine Kriege, wir werden mit Raketen reisen, in einer Stunde können wir in Amerika sein, etc.). ☐
   b) Die Welt wird durch einen Nuklearkrieg zerstört worden sein – wenn nicht, dann wird es zumindest Überbevölkerung geben, wenig wird von der Natur übriggeblieben sein, riesige Städte werden große Flächen der Welt bedecken. ☐
   c) Die Dinge werden ziemlich gleich sein, aber wir werden gelernt haben, wissenschaftlichen Fortschritt dazu zu verwenden, viele Probleme zu lösen. Analphabeten wird es keine mehr geben. Nationalismus wird nur Symbol-Cha-

rakter haben. Es wird keinen Nuklearkrieg geben, die UNO wird eine größere Rolle spielen und Konflikte lösen können. ☐

3. Welche dieser symbolischen Zeichnungen entspricht der Welt von heute?

a) b) c) d)

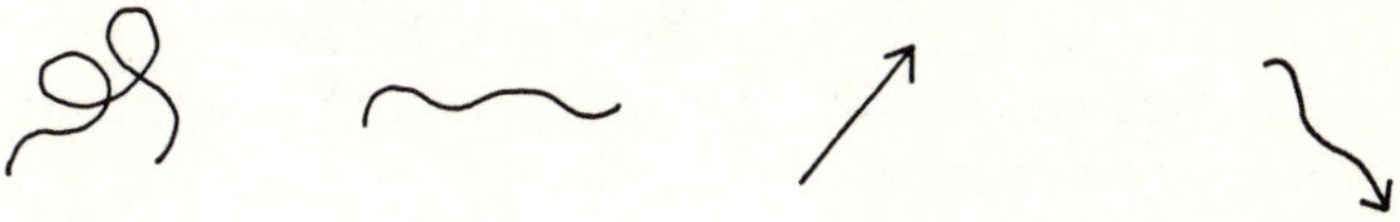

☐ ☐ ☐ ☐

4. Welche dieser Zeichnungen entspricht der Welt von morgen?

a) b) c) d)

☐ ☐ ☐ ☐

5. Welche der folgenden Voraussagen werden Ihrer Meinung nach in der Zukunft eintreffen?

a) Wir werden nur Pillen schlucken, um unsere Nahrung zu ersetzen. Wir werden komprimiertes Gemüse haben, Fleischpillen, Tee- und Kaffee-Tabletten. ☐
b) Es wird mehr Individualismus geben. Jeder wird sein »Ding« tun wollen. Weniger Produkte für den Massenmarkt, mehr Interesse für psychologisch und soziologisch unterschiedliche Marktsegmente. ☐
c) Wir werden regelmäßig Raum-Fahrten aus Spaß und zur Forschung haben, zugänglich für den Durchschnittsmenschen. ☐
d) In Städten wie Mexico-City wird die Luft so verunreinigt sein und es wird so viel Verkehr geben, daß sie in sich zusammenstürzen und unbewohnbar sein werden. ☐

6. Es wird Änderungen in unserem Lebensstil, der Moral und Politik geben. Welche davon sehen Sie in der Zukunft?

   a) Die Menschen werden nur vier Tage in der Woche arbeiten, vielleicht sogar nur drei. Sie werden sich dann eben mehr und mehr der Freizeit erfreuen. ☐
   b) Heirat wird ein persönliches Arrangement ohne legale oder religiöse Sanktionen sein. Wir werden einfach zusammenleben oder temporäre Partner haben. ☐
   c) Es wird weniger Hierarchie in den großen Organisationen und Firmen geben. ☐
   d) Angestellte werden nach ihren psychologischen Neigungen, nach ihrer Stimmung, auch danach, ob sie unmittelbar Resultate sehen wollen oder länger warten können, ob sie intro- oder extrovertiert sind, ausgewählt werden. ☐

7. Wie wird der Markt und die Welt der Ökonomie in zehn Jahren aussehen?

   a) Mehr neue Märkte, neue Ideologien und mehr Freizeit. ☐
   b) Mehr Inflation, sehr hohe Zinsraten. ☐
   c) Mehr Arbeitslosigkeit, verursacht durch Roboter, durch Automatisierung. ☐
   d) Mehr Einschränkungen, mehr Regierungskontrolle oder Handelsbarrieren. ☐

8. Wie werden die Menschen sich als Mitarbeiter und Manager ändern?

   a) Große Firmen werden in kleine, mehr oder weniger unabhängige Einheiten aufgespalten werden. Nur Service-Abteilungen, wie Buchhaltung, juristische Abteilung, Werbung, werden zentralisiert sein. ☐
   b) Gewerkschaften werden noch mächtiger und mehr und mehr am Management teilhaben. ☐
   c) Es wird weniger gearbeitet, die Produktivität wird weiter abfallen. ☐
   d) Deutschland wird in bezug auf Innovation und Produktivität wieder anderen Ländern voraus sein, aber viele Dinge mit anderen Ländern teilen. ☐

9. Was wird politisch und militärisch geschehen?

a) Eine der zwei Supermächte wird die Welt beherrschen, entweder durch Erpressung, durch Bequemlichkeit des Gegners oder durch einen militärischen Sieg. ☐

b) Die beiden Philosophien des Kommunismus und des Kapitalismus werden sich irgendwo in der Mitte treffen. Es wird keinen Konflikt geben, aber Revisionen und Kompromisse auf beiden Seiten. ☐

d) Es wird einen »pax mundi« geben. Wir werden alle frei, ohne Pässe und Grenzen, überallhin reisen können, ohne uns Sorgen machen zu müssen über die politische und militärische Macht des einen oder anderen Landes. ☐

## Auswertung

| | | | | |
|---|---|---|---|---|
| 1. a) 4 | 2. a) 4 | 3. a) 2 | 4. a) 2 | 5. a) 2 |
| b) 3 | b) 1 | b) 3 | b) 3 | b) 3 |
| c) 1 | c) 2 | c) 4 | c) 4 | c) 4 |
| d) 2 | | d) 1 | d) 1 | d) 1 |

| | | | |
|---|---|---|---|
| 6. a) 4 | 7. a) 4 | 8. a) 4 | 9. a) 1 |
| b) 2 | b) 2 | b) 2 | b) 2 |
| c) 1 | c) 1 | c) 1 | c) 3 |
| d) 3 | d) 3 | d) 3 | |

Je positiver Sie die Zukunft sehen und je öfter Sie die positiven Antworten in bezug auf die Zukunftserwartungen angekreuzt haben, desto höher ist Ihr Ergebnis. Das höchste Ergebnis ist 35, das niedrigste ist 9.

Wenn Ihre Gesamtbewertung zwischen 27 und 35 liegt, dann haben Sie eine eindeutig positive Haltung gegenüber der Zukunft und fürchten sich nicht vor ihr, sondern begrüßen sie sogar. Sie glauben nicht, daß die Welt auseinanderbricht. Es ist klar, daß eine solche Haltung besonders wichtig für einen Manager ist, der vorausplanen muß. Eine Gesamtbewertung von 21 bis 26 reiht Sie noch immer unter die positiven Futuristen ein. Sie haben allerdings bereits einige Zweifel, abhängig davon, auf welchem Gebiet Sie eine weniger

definitive Ansicht über die nächsten zehn oder zwanzig Jahre gezeigt haben.
Eine Bewertung von 14 bis 20 zeigt, daß Sie wirklich Zweifel an der Zukunft haben und sich vielleicht auch vor ihr fürchten.
9 bis 13 Punkte portraitieren Sie als einen definitiven Pessimisten.

*Wie kann man die Angst vor der Zukunft verlieren?*

1. Sie könnten z. B. »Optimism One« von F. M. Esfandiary, publiziert von W. W. Norton and Comp., Inc., 1970, lesen. Dieser Autor erinnert uns daran, daß die meisten Menschen noch vor 40, 50 Jahren sieben Tage in der Woche arbeiten mußten, daß Kinderarbeit an der Tagesordnung war, daß die großen Städte, wie London, Paris und Berlin, viel mehr verschmutzt waren als jetzt. Pferde und andere Tiere als Transportmittel waren vorherrschend. Er erinnert daran, daß die Exkremente dieser Tiere manchmal tagelang herumlagen und die Fliegen anzogen. Es gab keinen Umweltschutz.

2. Legen Sie sich eine Sammlung von positiven, wissenschaftlichen Fortschritten an. Es wimmelt in den Zeitungen, im Fernsehen und in anderen Medien nur so davon: Genetic Engineering, Buchungen für die erste Raumschiffreise, die Anwendung von Laser-Technologie bei Operationen und viele andere Dinge werden dauernd erwähnt. Sie können dadurch vielleicht die Überzeugung gewinnen, daß die Welt doch besser sein wird.

3. Vergleichen Sie Ihr eigenes Leben, wie es vor zehn oder zwanzig Jahren war. Viel hängt natürlich von Ihrem Alter ab. Die meisten von uns sind besser dran als vor ein, zwei oder drei Jahrzehnten, außer Sie sind ein besonderer Pechvogel. Viele von uns werden auch länger leben. 80 Jahre sind kein besonderes Alter mehr.

4. Stellen Sie einen Fünf- oder Zehnjahresplan mit positiven Zielen auf. In einer konkreten Weise vorauszudenken, ist eine wichtige Qualität, um Spitzenleistungen zu erreichen. Das Planen selbst ist bereits ein positiver Faktor. Sie können dabei ruhig auch träumen und sich die ideale Welt oder den Betrieb ohne Ihr Leben vorstellen.

5. Versuchen Sie, die Dinge, die Sie täglich hören und sehen, von zumindest zwei Seiten her zu sehen. Man kann sich über den Regen ärgern oder daran denken, wie gut er für den Garten ist. Viele Dinge, die uns auf dem Management-Gebiet begegnen, können in einer ähnlicher Weise positiv oder negativ gesehen werden. Der Topmanager, der trainiert, positiv zu denken, ist auf dem Weg zu Spitzenleistungen.

6. Lesen Sie Bücher, aus denen Sie erfahren können, wieviele der Voraussagen des Weltuntergangs, aller möglichen Katastrophen in Wirklichkeit nie eingetroffen sind. Wenn Sie das auf die Zukunft übertragen, können Sie sich vielleicht davon überzeugen, daß auch viele der jetzigen Untergangs-Voraussagen zwar dem Schriftsteller, der solche Bücher schreibt, viel Geld einbringen, er aber mehr einen gewissen Sadismus, an dem wir alle leiden, befriedigt, als den wirklichen Fakten zu entsprechen.

## 2.4 Durchsetzen oder Durchlavieren?

Die neueste Management-Literatur, wie z. B. das Buch »Auf der Suche nach Spitzenleistungen«, wirft die Frage auf, ob Management-Probleme in einer systematischen und sorgfältigen Art zu lösen seien oder ob man sich statt dessen mehr auf Zufall und kreative Desorganisation verlassen sollte. Es ist schwierig zu entscheiden, welche Methode besser funktioniert. Es gibt positive Beispiele für beide Schulen. Wenn man sich selbst und Mitarbeiter richtig leiten will, ist es besonders wichtig, daß man sich klar ist über Neigungen und Fähigkeiten. Der folgende Test ist so konstruiert, daß Sie herausfinden können, mit welcher Methode Sie oder Ihre Mitarbeiter mehr Erfolg haben.

Sie sollten wissen, welche die bevorzugte Arbeitsmethode Ihrer Mitarbeiter ist, und welche Sie selbst bevorzugen. Es besteht immer die Gefahr, zu organisiert und zu systematisch vorzugehen, wenn kreative Entscheidungen zu treffen sind.

Eine der großen Entdeckungen, die berühmte Helixstruktur der DNS, für die James D. Watson den Nobelpreis erhalten hat, kam nach Watsons eigenem Dafürhalten durch eine Mischung von Herumraten und Experimentieren zustande.

Die Atombombe wurde ebenfalls in einer ganz ungewöhnlichen Weise entwickelt. Man führte kein Experiment zu Ende, sondern nahm an, daß dieses bereits zu Ende geführt wurde. Die Methode stand eigentlich in vollkommenem Widerspruch zu dem, was wir im Physikunterricht in der Schule gelernt haben, wo alles brav auf Ursache und Wirkung aufgebaut werden sollte. Bei der Entwicklung der Atombombe und den ersten Nuklear-Experimenten wurden die späteren Forschungsstufen nicht auf realen, sondern auf fiktiven Experimenten aufgebaut.

Bei der NASA wurde ein Deutscher eingesetzt, der nach den Berichten eigentlich kein Wissenschaftler war, sondern ein sehr kluger Mechaniker und Helfer. Er entwickelte die Idee, zwei Raketen gleichzeitig in den Weltraum zu schießen, um sie erst danach zu trennen. Dadurch machte er den ersten Mondflug möglich.

Der folgende Test soll klären, ob Sie exakte Methoden bevorzugen oder sich lieber auf kreatives »Durchwursteln« verlassen.

## Test

1. Ein neuer Impfstoff gegen einen unbekannten Virus wird gesucht. Wissenschaftler in der ganzen Welt versuchen das Problem zu lösen. Endlich ist die Antwort gefunden. Von wem und mit welcher Methode wurde die Lösung entdeckt?

   a) Durch eine systematische schrittweise Analyse aller möglichen Faktoren und durch Laboratoriumsexperimente, bis endlich nach vielen Versuchen das wirksame Vakzin entdeckt wurde. ☐

   b) Volkstümliche Methoden und sogar das Studium primitiver Medizin wurden mitverwendet. Es war dann auch ein Medizinmann, der den richtigen Weg aufzeigte, den man später wissenschaftlich bestätigte. ☐

   c) Eine internationale Gruppe von Biologen, Ärzten und Immunologen hatte sich vergebens um die Lösung bemüht. Dann, durch bloßen Zufall, hat einer dieser dieser Gelehrten einige Tropfen einer Flüssigkeit, die zunächst überhaupt nichts mit der Untersuchung zu tun hatte, in die Viruskultur fließen lassen und entdeckte so, daß die Viren sofort zerstört wurden. ☐

2. Wenn man statistisch die Hauptgründe für Erfolg im Geschäft und in der Entwicklung von neuen Produkten und Ideen analysieren würde, was glauben Sie, würde man finden?
Bis zu 80 Prozent der wirklichen Neuentwicklungen in der Welt, die zu finanziellem Erfolg führten, wurden von Männern und Frauen realisiert, die

a) fast Fanatiker waren und an ihren endgültigen Erfolg glaubten. ☐
b) Hartnäckigkeit und wirkliches Know how kombinierten. ☐
c) in ihrer Garage oder Werkstätte mehr oder weniger spielerisch versucht haben, die Lösungen zu finden. Sie hatten aber keinen wirklichen Plan und haben durch Unermüdlichkeit die Antwort gefunden. ☐
d) gut trainierte Wissenschaftler und gleichzeitig kreativ waren. ☐

3. Sie sehen auf einem Schreibtisch ein kleines Schild, auf dem steht »Ein ordentlicher Schreibtisch ist ein Zeichen von Neurose«.

a) Ich würde lachen, es als Witz ansehen. ☐
b) Ich würde denken, da ist etwas Wahres dran. ☐
c) Ich würde das entschieden zurückweisen. ☐
d) Ich würde mich wundern, wenn dies nicht eine Ausrede für Schlamperei wäre. ☐

4. Eine Person, ein Mitarbeiter wird Ihnen in der folgenden Weise beschrieben. Welche dieser Beschreibungen würde Ihnen das angenehmste Gefühl geben? Mit welchem dieser Menschen würden Sie sich irgendwie verwandt fühlen?

a) Er ist zwar nicht durchorganisiert, aber irgendwie erledigt er die Dinge, er paßt sich immer den Umständen an. ☐
b) Er macht immer lange Listen und scheint alles genau geplant zu haben. ☐
c) Er ist etwas verrückt, niemand kann sein Verhalten genau voraussagen. ☐

d) Alles wird bis auf die letzte Minute verschoben. Nichts ist wirklich genau ausprobiert. Er verläßt sich auf seinen Instinkt. Meistens hat er Erfolg. □

5. Sie offerieren jemandem in Ihrer Organisation einen neuen Job. Die Titel und die Job-Beschreibungen sind die folgenden. Mit welchem dieser Titel würden Sie oder Ihre Mitarbeiter am glücklichsten sein?

a) Vizepräsident, verantwortlich für Träume. □
b) Systemmanager. □
c) Vizepräsident, verantwortlich für Kundenbeziehungen. □
d) Vizepräsident, verantwortlich für Forschung und Entwicklung. □

**Auswertung**

Wenn Sie eine der folgenden Antworten angekreuzt haben, 1. a), 2. d), 3. c), 4. b) und 5. b), dann sind Sie jemand, der immer daran glaubt, daß man am meisten erreicht, wenn man systematisch und wissenschaftlich an seine Aufgaben herangeht.
Wenn Sie hingegen 1. b), 2. c), 3. b), 4. d) und 5. a) angekreuzt haben, dann glauben Sie an die andere extreme Möglichkeit, daß man sich auf den Zufall verlassen und vielleicht durch Glück am meisten erreichen kann.
Die dritte Möglichkeit ist, daß Sie zwischen den beiden extremen Haltungen schwanken. Sie haben dann möglicherweise 1. c), 2. d), 3. a), 4. a) und 5. d) angekreuzt. Sie sind dann überzeugt, daß die Kombination einer gewissen Lockerheit mit der notwendigen Organisation am ehesten zum Erfolg führt.

## 2.5 Wie man seine Problemlösungsmethode verändern oder verbessern kann

Wir haben bereits angedeutet, daß man Spitzenleistungen im Management eher durch flexible Methode erreicht als durch allzu starre Systematik. Wenn Sie also zur Überorganisation neigen und immer wieder auf Nummer Sicher gehen wollen, dann sollten Sie versuchen, Ihre Gewohnheit langsam zu ändern. Leicht ist es natürlich nicht. Sie könnten aber vielleicht einmal in eine Spielbank gehen und dort versuchen, sich auf Ihr Glück zu verlassen. Eine andere Möglichkeit ist, wenn nicht zuviel auf dem Spiel steht, daß Sie die Möglichkeit zu verlieren akzeptieren. Die Zeitschrift »Esquire« hatte einmal einen Werbeleiter, der seine Leute dazu bringen wollte, etwas mehr Mut zu entwickeln. Er gab jedem eine Zehn-Dollar-Banknote und forderte sie auf, sie in kleine Stücke zu zerschneiden und wegzuwerfen. Es war ein ziemlich krasser Test, der aber seine Wirkung hatte. Er fing mit einer Ein-Dollar-Banknote an und ging dann zu einer Fünf-Dollar-Banknote über und schließlich zu einem Zehn-Dollar-Schein. Eine ganze Reihe der Mitarbeiter scheute zunächst davor zurück. Aber später wurden sie sogar stolz auf den so erworbenen Mut.

Sehr oft kommt es vor, daß ein Manager bei der Entwicklung einer neuen Idee sehr kreativ ist, aber dann in der Ausführung sich nicht sehr um die Details kümmert. Viele der heute erfolgreichen Firmen beginnen mit dem Durchlavieren, was z. B. Alvin Toffler Adhokratie nennt. Es ist aber meist so, daß sich nachher entweder dieselben Manager oder andere um Details kümmern müssen. McDonald und der Gründer der Firma, Crock, haben beide Eigenschaften vereinigt. Sie sind bei ihren Betrieben sehr auf Qualität bedacht. Qualität heißt in Wirklichkeit, sich um jedes Detail zu kümmern.

Die dritte Gruppe, die im letzten Test also 1. c), 2. d), 3. a), 4. a) und 5. d) angekreuzt hat, ist eigentlich diejenige, die am besten den modernen Management-Theorien entspricht.

Je nachdem, ob Sie jetzt mehr zu den systematischen Managern gehören oder zu den lockeren, die sich einfach durchlavieren, sollten Sie entsprechende Trainingsprogramme mitmachen oder für sich selbst konstruieren. Sie könnten z. B. ein Hobby dazu verwenden, diesen Zwiespalt zwischen Durchsetzen und Durchlavieren, zwischen Systematik und größerer Flexibilität an sich selbst auszuprobieren.

Man wirft mir immer vor, daß ich mich zu wenig um Details kümmere. Ich habe dieses Problem teilweise dadurch gelöst, daß ich meinen Garten dazu verwendet habe, diese mir ansonsten fremde Fähigkeit zu entwikkeln. Ich habe zuerst neue Ideen in der sogenannten Quadratmeter-Gärtnerei entwickelt, d. h. mein Garten ist in kleine, nur einen Quadratmeter große Abteilungen eingeteilt, wo die Pflanzen ganz dicht nebeneinander stehen und dem Unkraut keinen Lebensraum geben. Auf der anderen Seite hat, nachdem ich diese neue Idee entwickelt hatte, dies dazu geführt, daß ich mich um die jetzt soviel kleinere, aber dichtere Gartenanlage intensiver kümmern kann.

## 2.6 Wie effizient und unvollkommen sind Sie?

Diese Frage klingt zunächst einmal wie ein Widerspruch. Wir werden es aber gleich erklären. Wenn Sie jemandem eine Stelle anbieten, dann sind Sie oft zu sehr an seinen bisherigen Erfahrungen und allgemeinen Qualifikationen interessiert. Effizienz, Organisationstalent und Erfahrung werden immer noch sehr geschätzt. In seinem Buch »Das Ende unserer Zukunft« verkündet Bruce Nussbaum dagegen, daß eine ganz neue Periode der internationalen Beziehungen bereits begonnen habe.

Er sagt voraus, daß diejenigen Länder, die nicht fähig waren, sich von der Schwerindustrie, die auf billiger Energie und Öl basiert, auf Elektronik und Informationstechnologie umzustellen, zurückfallen werden. Er reiht in die Länder, die dieses Schicksal erleiden werden, unerwarteterweise auch das moderne Deutschland ein. »Einer der Gründe für die Unfähigkeit Deutschlands, rascher voran zu kommen, ist möglicherweise die deutsche Tendenz, alles genau und perfekt zu machen. Das ging sehr gut in einer mechanischen Ära, ist aber jetzt eine Bremse im Zeitalter der Elektronik.« In der Mikroelektronik muß Unvollkommenheit miteingebaut werden. Die Überflüssigkeit (Redundanz) ist in den Mikrochips enthalten, so daß, wenn einige Schaltkreise (circuits) durchbrennen oder nicht funktionieren, andere die Funktion und den Elektronenstrom übernehmen können. Jeder Versuch, den perfekten Chip zu erzeugen, verzögert bloß die nächste Generation von Chips, die vom Fließband kommen soll. Perfektion und Effizienz sind deshalb möglicherweise unvereinbar.

Planung muß Raum für Expansion lassen. Es ist so ähnlich wie bei einem Betonfundament – es muß fest sein, gleichzeitig aber elastisch genug, plötzlichen und unerwarteten Belastungen standzuhalten. Mitarbeiter müssen darauf vorbereitet sein, einsteigen zu können, auch wenn die Aufgabe nicht genau ihrer Stellenbeschreibung entspricht. In der Unvollkommenkeit liegt der Keim der Perfektion. In ihr liegt auch die Motivation zur Arbeit und zum intensiven Nachdenken, wodurch Lösungen gefunden und Spitzenleistungen erreicht werden. Versuchen Sie durch die folgenden Tests herauszufinden, wie unvollkommen und gleichzeitig effizient Sie oder Ihre Mitarbeiter sind.

## Test

1. Sie entdecken, daß einer Ihrer Mitarbeiter einen halbstündigen Terminkalender führt. Wie ist Ihre Reaktion?

   a) Es ist eine gute Idee, wenn man das systematisch durchführt. ☐
   b) Ich beginne auch oft, einen solchen Terminkalender zu führen, gebe es dann aber wieder auf. ☐
   c) Ich glaube, es ist Zeitverschwendung. Die Dinge ändern sich meistens sowieso. ☐
   d) Lächerlich, man hat ja dann überhaupt keine Privatangelegenheiten mehr. ☐

2. Haben Sie einen Kalender?

   a) Nur um oft das heutige Datum zu sehen. ☐
   b) Auch für das nächste Jahr und das Jahr danach. ☐
   c) Mein Kalender ist immer »up to date«, aber nur für einen Monat und nicht mehr. ☐
   d) Ich habe nicht einmal einen Kalender. ☐

3. Wenn Sie die Büros einer anderen Firma besuchen sollen, und Sie haben keine genauen Instruktionen, wie man hinkommt, was machen Sie dann gewöhnlich?

   a) Ich frage nach genauen Angaben und markiere den Weg auf einer Landkarte. ☐

b) Ich fahre mehr oder weniger in die Richtung, wo sich die Büros befinden – ich verliere aber oft meinen Weg. ☐
c) Ich bleibe ein paarmal stehen und frage nach dem Weg. ☐
d) Ich habe einen guten Orientierungssinn. Ich verirre mich selten, auch nicht in fremden Gegenden. ☐

4. Wenn Sie Pläne machen für einen bestimmten Tag oder eine Woche, was geschieht dann?

a) Meine Pläne funktionieren meistens wie vorgesehen. ☐
b) Es ist sehr selten, daß sich meine Pläne so verwirklichen, wie ich es wollte. Manchmal geht alles schief. ☐
c) Ich plane meistens so, daß noch etwas Raum für mögliche Änderungen bleibt. ☐
d) Ich mache kaum Pläne. ☐

5. Sie haben die folgenden Aufgaben zu erledigen. Ordnen Sie sie in der Reihenfolge, in der Sie glauben, alle Aufgaben ohne Pannen in der kürzesten Zeit erledigen zu können.

a) Ein Paket abholen. Es ist schwer. Der Platz, von dem Sie es abholen sollen, schließt um 11 Uhr vormittags. ☐
b) Einen tiefgekühlten Kuchen kaufen, den Sie nach Hause bringen sollen. ☐
c) Sie haben kein bares Geld. Sie brauchen Geld und müssen vorher zur Bank gehen. ☐
d) Ihr Auto hat fast kein Benzin mehr. Sie müssen bei einer Tankstelle vorbeifahren. ☐
e) Sie müssen Ihre Brille reparieren lassen. Der Optiker hat versprochen, sie in einer Stunde fertigzuhaben, wenn Sie sie rechtzeitig zu ihm bringen. ☐
f) Sie sollen einen Kunden an der Bahnstation abholen. Der Zug kommt um 12 Uhr mittags an. ☐
g) Die reparierte Brille muß abgeholt werden. ☐

Machen Sie eine Liste der richtigen Reihenfolge.

**Auswertung**

| | | | | |
|---|---|---|---|---|
| 1. a) 3 | 2. a) 2 | 3. a) 2 | 4. a) 2 | 5. d) 1. |
| b) 2 | b) 1 | b) 1 | b) 3 | e) 2. |
| c) 4 | c) 4 | c) 4 | c) 4 | c) 3. |
| d) 1 | d) 3 | d) 3 | d) 3 | a) 4. |
| | | | | f) 5. |
| | | | | g) 6. |
| | | | | b) 7. |

Die Version 5. erhält 5 Punkte in der Bewertung. Der Vortest zeigte auch andere Alternativen. Für jeden Fehler soll ein Punkt von der Gesamtbewertung des 5. Tests abgezogen werden. Ein solcher Fehler könnte z. B. sein, wenn der tiefgekühlte Kuchen schmelzen kann oder wenn Sie zu lange brauchen, um eine Aufgabe zu erledigen oder wenn Sie einen Termin verpassen.
Die höchste Bewertung liegt zwischen 17 und 21. In einigen Fällen haben wir eine niedrigere Bewertung für eine zu perfekte und fast zwanghafte Lösung gegeben, obwohl sie auf den ersten Blick als die bessere Antwort erschien.
Beispiel: 1. a) Halbstündige Terminkalender sind zu genau. 2. d) hat wiederum eine 3 als Bewertung erhalten, trotz der offensichtlichen Unvollkommenheit. 3. c) erhielt eine Bewertung von 4, weil diese Antwort Bereitschaft zur Ineffizienz signalisiert.
Wir haben diese Tests, wie auch alle anderen, bei ungefähr hundert Topmanagern vorgetestet. Es zeigte sich, daß ein gewisser Grad an Unvollkommenheit als wünschenswert erkannt wird. Wir empfehlen daher, daß Topmanager, die Spitzenleistungen erreichen wollen, sich ein gewisses Maß an Freiheit und Zwanglosigkeit zubilligen.

## 2.7 Haben Sie Geduld?

Management benötigt Zeit. Die Ergebnisse sind oft nicht sofort zu erkennen. Die Angestellten müssen oftmals neu geschult werden, was viel Geduld erfordert. Manchmal aber fällt der Groschen ganz schnell, wenn man ihm vorher genug Zeit gegeben hat.

Geduld ist eine Art des Erwachsenseins. Freud unterschied zwischen dem Lust- und dem Realitätsprinzip. Das Verlangen nach Süßigkeiten und das Unvermögen, warten zu können, bis man sie wirklich verdient, weil man sie gerade jetzt möchte, ist ein Zeichen von Unreife und kindlichem Verhalten. Die Fähigkeit, das Vergnügen zu verschieben und die Früchte erst später zu ernten, ist ein Bestandteil des Realitätsprinzips. Viele Managementexperten behaupten auch, daß das der Unterschied zwischen den Japanern und den Amerikanern sei. Amerikaner konzentrieren sich auf den monatlichen Profit, während die Japaner Realisten sind und auf längere Sicht planen und investieren. Bei der Einstellung von neuem Personal oder der Besetzung des Vorstands wird es immer wichtiger, Leute zu finden, die warten und auf längere Sicht planen können.

Viele Länder werden sich zu »Dritte-Welt-Mächten« entwickeln, weil sie nicht fähig sind, vom Schwerindustrie-Denken und der Kurzzeitplanung auf das neue Gebiet der Elektronik, das nur einen geringen Energieverbrauch mit sich bringt, umzusteigen. Wir werden nie wieder billiges Erdöl haben – folglich leben diese Länder in einer Welt von gestern und schauen nicht weit genug in die Zukunft.

Bei der Einstellung von Personal für Ihren Betrieb sollten Sie die Bewerber auf ihren Realitätssinn testen. Realitätssinn wird hier verstanden als die Fähigkeit, vorauszuschauen, von der Zukunft zu träumen und schließlich einen Weg zu finden, die Träume in Realität zu verwandeln.

### Test

1. Sie warten auf einen wichtigen Anruf. Er kommt nicht. Was tun Sie?

   a) Ich setze mir ein Zeitlimit. ☐
   b) Ich probiere, den Teilnehmer zu erreichen. ☐
   c) Ich gebe auf. ☐
   d) Ich schreibe einen Brief oder ein Telex. ☐

2. Ein Angestellter legt immer wieder Berichte vor, die nicht zufriedenstellend sind. Wie ist Ihre ehrliche Reaktion?

   a) Ich rege mich auf und sende den Bericht zurück. ☐
   b) Ich setze mich mit dem Mitarbeiter zusammen und versuche ihm zu helfen. ☐
   c) Ich gebe jemand anderem den Auftrag. ☐
   d) Ich entschließe mich, den Bericht selbst zu vervollständigen. ☐

3. Welche Faktoren sollten bei der Erstellung des zukünftigen Produktionsplans Ihrer Firma bedacht werden?

   a) Mögliche Verzögerungen durch menschliches Versagen ☐
   b) Die Aktivitäten der Konkurrenz ☐
   c) Katastrophen, Wetter, Streiks ☐
   d) Versagen des Personals und Verzögerungen ☐

4. Welche der folgenden Eigenarten haben Sie?

   a) Sie lesen zuerst das Ende einer spannenden Geschichte und lassen den Text dazwischen aus. ☐
   b) Sie schalten auf ein anderes Fernsehprogramm um, wenn Sie die Handlung einer Sendung nicht interessiert. ☐
   c) Sie überholen ein Auto, auch wenn es gefährlich ist. ☐
   d) Sie stellen sich für Karten an, egal wie lange es dauert. ☐

**Auswertung**

| | | | |
|---|---|---|---|
| 1. a) 3 | 2. a) 1 | 3. a) 3 | 4. a) 1 |
| b) 2 | b) 4 | b) 1 | b) 2 |
| c) 4 | c) 3 | c) 2 | c) 3 |
| d) 1 | d) 2 | d) 4 | d) 4 |

Eine Punktzahl von 12 bis 16 zeigt, daß Sie dazu tendieren, Dinge abzuwarten und Verzögerungen als normal zu akzeptieren.
8 bis 11 Punkte zeigen, daß Sie unruhig sind und versuchen, das Warten so kurz wie möglich zu gestalten.
Eine Punktzahl von 4 bis 7 zeigt, daß Sie sehr ungeduldig – oft sogar mit sich selbst unzufrieden sind.

Geduld ist, in gewisser Hinsicht, mit Leidensfähigkeit verbunden.

Wenn wir älter werden, lernen wir zu begreifen, daß es sich oft lohnt, auf Dinge zu warten. Ungeduldige Manager, die die Dinge überstürzen, laufen größere Gefahr, falsche Entscheidungen zu treffen. Widmet man ernsthaften Problemen einige Tage oder Stunden, kann man die angenehme Überraschung erleben, daß die Aufgabe schneller erledigt wird.

Aufgaben, die gegebenenfalls eingeschoben werden, können helfen, die Frustration des Wartens zu überbrücken.

Listen und Terminkalender können Verzögerungszeiten enthalten. Führen Sie eine Übersicht, die Sie daran erinnert, daß viele Ziele – früher oder später – erreicht werden.

Unterscheiden Sie zwischen Handlungen, die zur schnelleren Erreichung eines Zieles dienen und anderen, die außerhalb Ihres Einflußbereiches liegen.

Verkehren Sie mit geduldigen Menschen. Sie sind oft ruhiger und selbstsicherer.

### *Geduld, Geduld!*

Wir alle haben eine innere Uhr. Die der Bewohner der westlichen Hemisphäre läuft meist zu schnell!

Diese Menschen leiden dann, wenn sie mit einer anderen Kultur konfrontiert werden. Sie erstellen einen Zeitplan, aber niemand hält sich daran.

Ein Manager wurde von Chicago in ein Büro in Lagos, Nigeria versetzt. Jeder Termin war ausgebucht. Aber Mr. Nbobo, der um 9:30 einen Termin gehabt hätte, erschien erst um 11 Uhr. Von da an herrschte ein Chaos von Verzögerungen, Überschneidungen und Verwirrungen. Anstatt selbst zu managen, wurde Mr. Brown gemanagt. Er lernte schnell – und als er nach Chicago zurückkehrte, hatte er die Fähigkeit, sich in Geduld zu fassen, entwickelt.

1) Sehen Sie eine ½ Stunde für Verzögerungen und Planungsaktivitäten vor. Anstatt vergeudeter Zeit wird dies eine »gefundene« Zeit für Sie.
2) Denken Sie zurück an die Zeitspanne, die eine Aufgabe benötigte. Sie werden feststellen, daß weder Sie sich noch sonst jemand an die Verzögerungen erinnert. Diese geben also nicht den Ausschlag.

3) Die Verlangsamung der inneren Uhr und die eigene Aufforderung zur Verlangsamung kann die Frustration verringern, die häufiger Grund für Streß ist.

4) Manchen Menschen hilft es, sich in anderen Bereichen zu betätigen. Da ist das Klischee des werdenden Vaters, der auf und ab geht und im Warteraum der Entbindungsanstalt nervös Zigaretten raucht. Er läuft seine Ungeduld »ab«.

Das Stellen und Erledigen zusätzlicher Aufgaben in Zeiten unvermeidlicher Verzögerungen kann die Ungeduld mindern.

Methoden der Autosuggestion sind ebenfalls empfehlenswert, wie z. B. das Aufstellen einer langsam tickenden Uhr.

## 2.8 Planen Sie intuitiv?

Planung erfordert es, alle möglichen Faktoren in Erwägung zu ziehen. Trotzdem – wie vorsichtig Sie auch immer vorgehen, Sie können eine falsche Entscheidung treffen. Daher verlassen sich einige Manager bei der Zielerreichung mehr auf die Intuition. Sie passen sich an die jeweilige Situation an. Am Ende schneiden sie genauso gut ab. Manchmal ist es notwendig, Pläne während der Ausführung zu ändern. Hat man sich zur Erreichung des Zieles eher auf sein Gefühl verlassen – ähnlich einem Aha-Erlebnis – kommt die Lösung oft in einer Art Eingebung. Ist der Plan zu starr, so ist es möglich, daß wir zögern, die nötigen Änderungen vorzunehmen. Wir sind mehr daran interessiert, auf dem vorgefaßten Szenario zu beharren, als es zu ändern. Ein Plan kann eine Stütze oder auch ein Gefängnis für unsere Aktionen sein.

Viele Geschäfts- und auch wirkliche Kriege wurden verloren, weil die Verantwortlichen nicht zugeben wollten, daß sie unrecht hatten. Sie hofften, daß durch das Festhalten am Plan die Fehler verschwinden würden. Manchmal ist es schwierig, ähnlich wie bei der Planung eines neuen Autos oder eines Gebäudes, auch nur ein kleines Detail zu ändern.

Detroit hatte sich endlich dazu entschlossen, kleinere Autos zu produzieren, und plötzlich wollten die Amerikaner wieder große Autos. Oft werden Trends falsch interpretiert, weil man unterbewußte, psychologische Faktoren nicht beachtet.

Planung involviert automatisch eine gewisse Form der Voraussage der Zukunft. Oft verwenden wir jedoch ein falsches Modell.

Die Nachfrage für Videospiele steigt. Deshalb nehmen wir an, daß diese Nachfrage sich unendlich fortsetzen wird. Wir vergessen die Sättigungserscheinungen.

Die Anwendung von Intuition auf gut Glück kann ebenfalls falsch sein. Es ist notwendig zu wissen, welche Formen der Planung der jeweilige Mitarbeiter bevorzugt. Sie als Vorgesetzter können dann die notwendigen Korrekturen vornehmen.

## Test

1. Ein Vertreter kommt in Ihr Büro und versucht, Ihnen ein neues Kopiergerät zu verkaufen. Er erklärt Ihnen, er hätte ein spezielles Angebot, vorausgesetzt, Sie unterschreiben noch am selben Tag. Obwohl Sie ihm nicht wirklich glauben, sind Sie doch versucht zu kaufen. Wie denken Sie nach dem Erlebnis?

   a) Ich hätte darüber nachdenken sollen. ☐
   b) Das war wahrscheinlich sowieso die richtige Entscheidung. ☐
   c) Es war das beste Angebot, das ich bekommen konnte, selbst wenn ich mich bei anderen Firmen erkundigt hätte. ☐
   d) Mehrere Tage lang habe ich Bedenken – ich wünsche, ich könnte den Vertrag rückgängig machen. ☐

2. Sie erwägen den Kauf verschiedener Computer. Die allgemeine Voraussage ist, daß die Preise für Computer fallen werden. Welche Entscheidung treffen Sie und mit welcher Begründung?

   a) Auch wenn die Preise fallen, kann ich in der Zwischenzeit den Computer nutzen. Die Arbeitsersparnis wird die Geldersparnis ausgleichen. ☐
   b) Ich finde, daß man jede Chance nützen sollte. So gibt es eine Entscheidung weniger zu treffen. ☐
   c) Man kann nicht immer auf die beste Gelegenheit warten. ☐
   d) Ich finde, daß mich meine Intuition richtig handeln ließ. ☐

3. Sie waren für die Einführung eines neuen Produktes verantwortlich. Sie hatten »grünes Licht« von Ihren Vorgesetzten. Aber das Produkt hat sich nicht durchsetzen können. Beschreiben Sie Ihre Gefühle.

a) Ich wünschte, das Topmanagement hätte mich zurückgehalten. □
b) Ich bin dankbar, daß ich die Freiheit habe, Fehler zu machen. □
c) Ich habe mich zu stark von meinem Gefühl leiten lassen. □
d) Dennoch war es der richtige Plan und das richtige Produkt. Vielleicht etwas verfrüht, oder es war nicht genug Zeit für die Marketing-Maßnahmen. □

4. Aus heiterem Himmel wird von der Konkurrenz ein neues Produkt vorgestellt. Es scheint immer mehr Erfolg zu haben. Sie können nicht verstehen, warum Kunden, die bis jetzt Ihren Produkten treu waren, zu dem neuen Produkt überwechseln. Sie können keine wirkliche Verbesserung feststellen. Wie werden Ihre Maßnahmen aussehen?

a) Sie starten eine PR-Kampagne, um die Loyalität Ihrer Kunden anzusprechen. □
b) Sie versuchen, einige negative Punkte bei dem neuen Produkt zu finden, und Sie erzählen Ihren Kunden und Ihren Mitarbeitern davon. □
c) Sie beschuldigen Ihre verantwortlichen Mitarbeiter, nicht rasch genug die Stärke der Konkurrenz erkannt zu haben. □
d) Sie führen eine Überprüfung durch, um den Grund für diese Bedrohung Ihrer Marktlage herauszufinden. Nach dem Ergebnis richten sich dann Ihre Maßnahmen. □

5. »Best Foods« hatte nach eingehender Marktforschung eine neue Kondensmilch entwickelt. Sie schmeckte viel besser als andere Produkte auf dem Markt. Sie wurde für die Herstellung von Babynahrung verwendet. Fast alle Mütter bekannten sich zu diesem Produkt. Dennoch, als das Produkt dann auf den Markt kam, war es ein Fehlschlag. Welche möglichen Gründe gibt es dafür?

Wählen Sie einen Grund für dieses Mißlingen.

a) Die Kondensmilch hat mit der Zeit den Geschmack verloren. ☐
b) Sie war zu teuer. ☐
c) Sie hat den Babies nicht geschmeckt. ☐
d) Die Mütter hatten kein Vertrauen. ☐

6. Eine Grußkartenfirma stellte fest, daß ein großer Abnehmerkreis für die Grußkarten aus älteren Damen besteht, die den Erlös, den sie beim Verkauf der Karten machten, mit der Kirche oder einem Wohltätigkeitsverein teilten. Die Firma verwendete Testimonials, in denen die Frauen von ihrem Erfolg berichteten. Trotzdem konnte der Markt nicht weiter ausgedehnt werden. Was war falsch an der Schlußfolgerung der Firma, und wie sollte sie bei der Markterweiterung vorgehen?

a) Die Profite, die durch die Frauen erzielt werden, erhöhen. ☐
b) Das Design der Grußkarten verbessern. ☐
c) Den wirklichen Grund finden, warum diese Frauen die Karten verkaufen. ☐
d) Sich nach Leuten umsehen, die eine ähnliche Motivation haben, auf diese Weise Geld zu verdienen. ☐

## Auswertung

| 1. | 2. | 3. | 4. | 5. | 6. |
|---|---|---|---|---|---|
| a) 2 | a) 2 | a) 2 | a) 4 | a) 2 | a) 1 |
| b) 4 | b) 3 | b) 4 | b) 3 | b) 1 | b) 2 |
| c) 3 | c) 1 | c) 2 | c) 2 | c) 3 | c) 3 |
| d) 1 | d) 4 | d) 3 | d) 1 | d) 4 | d) 4 |

Die höchstmögliche Punktzahl liegt bei 18–24 Punkten. Sie zeigt an, daß Sie sich mehr von der Intuition leiten lassen als von der Überprüfung der Tatsachen und Sie sind daher fähig, unvorhersehbare Situationen zu bewältigen.
13–17 Punkte zeigen, daß Sie den »goldenen Mittelweg« bevorzugen.
6–12 Punkte zeigen Sie als rationalen Manager, der sich sehr selten auf die Intuition bei der Planung verläßt.

Sie haben sich mit einem Problem abgemüht und es scheint unmöglich, eine Lösung zu finden. Das Ganze einmal mit gewissem Abstand und von einem anderen Blickwinkel aus zu betrachten, erlaubt Ihnen jedoch oft, die richtige Lösung zu finden. Wir nennen es »upside-down«-Denken. »Serendipity« ist der wissenschaftliche Name dafür.

Es gibt dazu sogar Beispiele aus Gebieten, wo man es nicht erwarten würde. Der Architekt hat Schwierigkeiten mit dem Land, auf dem er ein großes Gebäude errichten soll. Deshalb entschließt er sich, von oben nach unten zu bauen. Ein Bauer ist es leid, sich immer beim Melken der Kühe bücken zu müssen. Er läßt sie deshalb auf eine Rampe gehen, um so seine Arbeit leichter verrichten zu können.

Viele Sägemühlen haben jetzt Sägen installiert, die Furnierholz nicht horizontal, sondern von oben nach unten schneiden.

Einer Firma, die Heuballen erzeugt, schlugen wir vor, auf der Zugmaschine einen Rückspiegel anzubringen. So konnte der Fahrer das Bündeln beobachten, ohne sich seinen Hals zu verenken.

Unternehmen haben oft Schwierigkeiten, weil Manager nicht in der Lage sind, Probleme auf eine neue, ungewöhnliche Art zu betrachten. Die Fähigkeit, sich selbst von falschen Modellen und überholten Denkweisen zu lösen, ermöglicht die Lösung des »Gordischen Knotens«.

## 2.9 Wie man die Planung verbessern kann

Was wird morgen sein? Was sollte morgen sein?

Unsere Tests konzentrieren sich auf die Fragen, ob Sie delegieren können, ob Sie sich irgendwie »durchlavieren«, ob Sie effizient arbeiten, Geduld haben, ein intuitiver oder rationaler Planer sind, sich der Zukunft anpassen können oder sich vor ihr fürchten.

Einige dieser Eigenschaften besitzen Sie sicher, aber kein Manager kann auf allen Gebieten vollkommen sein.

## *Delegieren Sie*

Das ist eine Forderung, die allgemein akzeptiert wird. Sollten Sie dennoch Schwierigkeiten damit haben, kann es dafür verschiedene Gründe geben:

1) Ich bin von Idioten umgeben! Eine gute Entschuldigung. Der wahre Grund für diese Äußerung könnte Ihre unterbewußte Angst sein, daß der Mensch, an den Sie delegieren, nicht wirklich so dumm ist, wie Sie glauben. Vielleicht könnte er sogar eine bessere Leistung als Sie erbringen. Er könnte Ihre Position gefährden. Sie fühlen sich bedroht. Er ist vielleicht besonders schlau und läßt Sie die Schachpartie gewinnen, damit Sie sich sicher fühlen. Wie wird man mit solchen Ängsten fertig? Sichern Sie sich rechtzeitig eine bessere Position in der Firma, so daß Sie, wenn Ihr Untergebener aufsteigt, bereits eine höhere Position innehaben und Sie sich die nächste Sprosse der Erfolgsleiter bereits gesichert haben.

2) Schaffen Sie einen Unterschied zwischen Ihrem Aufgabenbereich und dem Ihres Untergebenen. Dann gefährdet er Ihren Job nicht, er ergänzt ihn. Auch Sie lernen von ihm. Er stellt für Sie keine Bedrohung mehr dar, sondern eher eine Horizonterweiterung.

3) Analysieren Sie die Methoden, die vom Untergebenen angewendet werden. Ist er mit Ihnen einer Meinung? Ist er ein Problem anders angegangen, weil er neu auf diesem Gebiet ist oder weil er einfach besser ist?

4) Geben Sie ihm einen neuen Titel. Sein Job ist dann ein anderer, nicht eine Kopie des Ihren.

## *Die Angst vor der Zukunft*

Planung verlangt zumindest eine teilweise Miteinbeziehung der »Kristallkugel«. Das geht von der Gesundheit der Beteiligten bis zu Unruhen, Erdbeben und dem Wetter. Jeder Stammesfürst versucht, das Schicksal zu bestimmen und über das Lesen der Eingeweide, des Teesatzes oder durch

Deutung der Richtung des Rauches vorherzusagen, ob ein neuer Kreuzzug gegen die Barbaren erfolgreich sein wird.

Ein Manager befragt Finanzexperten, Fundamentalisten, technische Berater und eine Reihe von Spezialisten, ob eine Anschaffung gerechtfertigt ist. Wir brauchen und wollen die Schlagzeilen von morgen – und haben gleichzeitig Angst davor. Wir finden Bestätigung für Voraussagen des Weltuntergangs am nächsten Wochenende wie für das aufregende Leben nach dem Jahr 2000. Studiert man die Geschichte, kann man sich trotz einer Reihe von Katastrophen beruhigt fühlen. Andererseits, was geschah mit dem römischen Reich, dem türkischen und dem arabischen?

1) Wenn man die Zukunft als Spirale betrachtet, wird dies helfen, die Angst zu überwinden. Wir waren Individualisten, wurden in eine Organisation gezwungen, und wir entdecken neu den individuellen Mut und die unternehmerische Leistung innerhalb eines gewissen Rahmens – sogar innerhalb dessen von General Motors. Thesen werden mit Antithesen beantwortet, was schließlich zu Synthesen führt. Die Zukunft ist ein Mobile, immer in Bewegung und immer der Veränderung unterworfen.

2) Den »Jüngsten Tag« vorauszusagen, eliminiert jegliche Handlung. Es ist oft eine Entschuldigung für Faulheit. Was hat es für einen Sinn, sich Sorgen zu machen und zu planen, wenn sowieso alles umsonst ist? Im Gegensatz dazu verpflichtet positives Denken. Die Angst vor der Zukunft nimmt den Menschen viele Verpflichtungen. Wenn Sie sich einmal dieser Motivation bewußt werden, können Sie lernen, Ihre Zukunftsangst zu überwinden.

3) Dieselben Technologien, die die vielen Schwierigkeiten der automatisierten Welt verursachen, können auch dazu dienen, uns mehr Freiheit und größere Kreativität zu sichern.

Viele unserer Geräte werden nicht mehr repariert, sondern einfach ersetzt. Die Anschaffung von Computern und anderen technischen Geräten scheint die Arbeitsplätze unserer Mitarbeiter zu gefährden. Meistens wird ihnen aber dadurch die Möglichkeit geboten, mehr »denkende Arbeit« zu verrichten und das andere den »printed circuits« und den »chips« zu überlassen. Es wird nicht nur Zeit gespart, es können auch ganz neue Funktionen erfüllt werden. Die Abnutzung von Mensch und Gerät wird verringert.

4) Die Zukunft wird es dem Management erlauben, viel mehr Augenmerk auf den individuellen Arbeitsstil, ja sogar auf Stimmungen zu legen. Moderne Firmen werden nach Morgen- und Nachmittagsmenschen organisiert werden. Die Lebensqualität wird erhöht und die Arbeitswelt bereichert werden.

5) Das Vorausschauen auf die Jahre 1990 und 2000 im positiven Sinn wird Sie und Ihre Mitarbeiter von den Segnungen und nicht vom Schrekken der Zukunft überzeugen.

6) Legen Sie eine Unterlagensammlung aller neuen Entwicklungen der letzten 20 Jahre an, wie z. B. der Gentechnologie, der Bekämpfung verschiedener Krankheiten, der Lasertechnik, des synthetischen Insulins – und es werden Ihnen die positiven Aspekte der Zukunft bewußt werden.

# 3 Kreativität

## 3.1 Auf welchen Gebieten sind Sie kreativ?

Wir alle sind kreativ, nur eben nicht alle auf dem selben Gebiet. Für den modernen Manager ist die Fähigkeit, unter Einbeziehung aller Faktoren täglich Neues zu schaffen, unerläßlich. Es ist ein Irrtum, anzunehmen, daß nur Künstler kreativ sind und sich dadurch von Wissenschaftlern, Forschern und Managern unterscheiden.

Michelangelo hat die verschiedenen Entwürfe für seine Pietà mindestens zwanzig Leuten gezeigt, bevor er sich für ein endgültiges Konzept entschied. Er ging also zunächst in wissenschaftlicher Weise vor und erst später in künstlerisch-schöpferischer.

Ein Wissenschaftler, der eine neue Hypothese entwickelt, macht es ähnlich: er sammelt Daten, schöpft aus allen ihm zur Verfügung stehenden Quellen, konzentriert sich auf das Problem, zerlegt, faßt zusammen, folgert, überprüft und verwirft. Und erst wenn er wirklich alle Aspekte berücksichtigt, alle Befunde überprüft hat, stellt er eine Hypothese auf.

In modernen Unternehmen werden verschiedene Arten von Kreativität gebraucht.

Hitler hat Speer zu seinem Rüstungsminister gemacht, obwohl dieser eigentlich Architekt war. Hitler meinte, ein Architekt habe gelernt, dreidimensional zu denken, und das sei genau jene Art von Kreativität, die ein Rüstungsminister, ja eigentlich jeder Minister, brauche, um ein Konzept Schritt für Schritt zu verwirklichen, so wie man ein Gebäude Stockwerk für Stockwerk errichtet.

Kreativität hat nur bedingt mit Intelligenz zu tun. Es gibt mindestens vier Haupt-Arten von Kreativität:

1) technische und pragmatische Kreativität
2) intellektuelle Kreativität
3) künstlerische Kreativität
4) bildhafte Vorstellungskraft

Manche Menschen besitzen eine Kombination dieser Formen innovativer Fähigkeiten – andere besitzen nur die eine oder andere.

Die technische Kreativität benötigt man zur Lösung von technischen Problemen, so z. B. zur Entwicklung neuer besserer Verpackungsgeräte.

Intellektuelle Kreativität wird bei der Programmierung von Computern benötigt, z. B. für die Kostenverrechnung.

Künstlerische Kreativität ist die bekannteste. Als Art Director, als Verantwortlicher für das Layout in der Werbung, als Designer muß man sie besitzen.

Die bildhafte Vorstellungskraft wurde als die Fähigkeit beschrieben, sich eine Situation im Geist ohne konkrete Fakten vorzustellen. Es ist eine Art, Dinge mit einem »Gefühl der Annahme« auszuprobieren. Der Erfinder, der Entwickler neuer Produkte oder Verfahren verwendet diese Fähigkeit.

Die folgenden Tests haben kein Punktesystem hinsichtlich »falsch« oder »richtig«. Da sie die Kreativität messen sollen, dienen sie als Maß Ihrer persönlichen Kreativität. Wir haben Ihnen trotzdem ein Punktesystem erstellt, das auf dem Vergleich mit ca. 200 Managern beruht, die wir vorher getestet haben.

## Test

1. Sie sind der Einkäufer eines Warenhauses. Sie haben Fragebogen verschickt, um die neue Herbstkollektion von Blusen und Röcken zu testen. Die Antworten zeigen, daß 100 Leute die Kleidung selbst auswählen wollen. Von 1000 Leuten wollen 400 nur Blusen, 300 nur Röcke, 150 wollen Röcke und Blusen. Der Rest möchte eine andere Art von Kleidung. Wieviel Blusen und Röcke und wieviel andere Kleidungsstücke müssen Sie herstellen lassen?

2. Sie möchten Ihre Abteilung straffer organisieren und die Kosten verringern. Es wird Ihnen helfen, eine kreative Antwort zu finden, wenn Sie vergleichbare führungstechnische Lösungen in Betracht ziehen:

   a) Leute entlassen ☐
   b) Kunden einen Teil der Arbeit machen lassen ☐

c) Den Service verringern ☐
d) Die »Kinkerlitzchen« weglassen ☐

3. Wie können Sie Ihren Angestellten zeigen, daß private und persönliche Neigungen am Arbeitsplatz berücksichtigt werden?

a) Sie fordern die Leute dazu auf, Ausstattung und Maschinen mit Zeichnungen zu versehen. ☐
b) Sie fordern auf, die Maschinen mit Namen zu benennen. ☐
c) Sie erlauben, die Maschinen in einer bevorzugten Farbe streichen zu lassen. ☐
d) Sie geben die Möglichkeit, Möbel in verschiedenen Varianten fürs eigene Büro selbst auszuwählen. ☐

4. Ein italienischer Hersteller von maßgeschneiderten Herrenanzügen stellte aufgrund von Nachforschungen fest, daß mehr und mehr Männer Konfektionskleidung kaufen. Was wäre ein kreatives Marketing-Konzept?

a) Sich dem Trend anpassen und zur Herstellung von Konfektionskleidung überzugehen ☐
b) Einen Vorteil aus der Tatsache ziehen, daß es immer noch viele Männer gibt, die an teuren maßgeschneiderten Anzügen Interesse haben, obwohl der Trend in die entgegengesetzte Richtung verläuft. Sie entschließen sich zur Belieferung des zwar lukrativen aber abnehmenden Marktes. ☐
c) Beide Trends vereinen – und geschneiderte Anzüge aus der Massenproduktion anbieten. Die Basismaße werden einem Katalog mit vorgefaßten Größen entnommen. Aber der Kunde kann dann seine eigenen Wünsche äußern, so, als ob der Anzug maßgeschneidert wäre. Er kommt zu 1 bis 2 Anproben. ☐

5. Sie entdecken, daß fast 50% der Hauseigentümer mit Garage ihr Auto selten in die Garage stellen, sondern es eher im Freien stehen lassen. Wie können Sie diese Entdeckung verwerten, um ein neues Produkt zu verkaufen?

a) Sie entwerfen eine neue Schutzhülle für das Auto und machen einen zusätzlichen Raum aus der Garage. ☐

b) Sie bauen statt der Garage nur einen Autoabstellplatz und schaffen ebenfalls einen zusätzlichen Raum. ☐
c) Sie bauen einen Swimmingpool in die Garage. ☐
d) Sie machen aus der Garage einen Wintergarten mit künstlichem Licht.
In jedem Fall liefern Sie die nötigen Produkte. ☐

6. »Burlington Industries« braucht neue Ideen der Textildesigner. Was tun Sie, um die Kreativität anzuregen?

a) Sie entwickeln ein Sensibilitäts-Seminar, das als Quelle für Design-Ideen dienen kann und alle fünf Sinne schärft. ☐
b) Sie schicken sie in ein Museum, um andere Kulturen und Entwürfe zu studieren. ☐
c) Sie lehren die Designer, zu träumen und ihre Vorstellungskraft zu stärken. ☐

7. Ihre Firma ist auf einem großen Posten von Schirmen sitzengeblieben. Was können Sie damit tun? Denken Sie an ganz andere Verwendungsmöglichkeiten, bleiben Sie aber bei der ursprünglichen Funktion von Schirmen.

a) Schutz für Pflanzen im Garten während der heißen Jahreszeit ☐
b) Kleine Segel für Kanus ☐
c) Dekoration für die Decke in Geschäften und zu Hause ☐
d) Werbemittel, indem man sie beschriftet ausstellt oder verschenkt ☐

8. Sie sind Hersteller von Dachdeckmaterial. Welche verkaufsfördernden Maßnahmen fallen Ihnen ein?

a) Sie verbessern Ihre Dachpappe durch neue Qualitäten, wie z. B. Isolierstoffe. ☐
b) Sie benennen es um, z. B. »Hausschutz«. ☐
c) Sie bieten es in verschiedenen Farben an, um die Individualität der Hausbesitzer anzuzeigen. ☐
d) Sie verkaufen Grundausstattungen oder spezielle Designs, um das Dachmaterial zur Verschönerung des oft vernachlässigten Daches zu verwenden. ☐

9. Sie sind Reifenhändler. Sie haben eine große Anzahl von alten Reifen zurückgenommen. Sie können sie nicht verschenken. Gebrauchen Sie Ihre Phantasie – was könnten Sie machen?

a) Als Blumentöpfe verkaufen, nachdem Sie die Reifen bunt bemalen ließen, oder Sie den Kunden die Farbe liefern. ☐
b) Sie machen Schaukeln daraus und verkaufen Sie nach Vornahme geringer Veränderungen. ☐
c) Sie schlagen vor, die Reifen als »Zaun« oder als »Stoßfänger« in Garagen zu verwenden. ☐
d) Sie machen Polster für drinnen und draußen daraus. ☐

10. Betrachten Sie diese Zeichnungen und verwandeln Sie jede in eine eigene Illustration.
Vielleicht ändern Sie das Quadrat zu einem Würfel; zeichnen Sie etwas hinein, oder fügen Sie außen etwas dazu.

a) b) c) d)

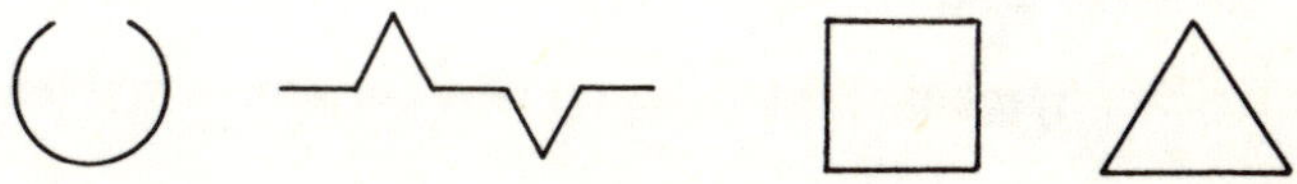

11. Wenn Sie Ihre Angestellten oder Mitarbeiter auf andere Positionen setzen müßten, wer könnte welche Arbeit verrichten? Stellen Sie sich z. B. vor, Sie sind Manager eines Hotels:
Ziehen Sie Linien von den Personen zu den Arbeiten, die sie machen könnten und stimmen Sie die Reihe A auf die Reihe B ab.

| A | B |
|---|---|
| a) Verkäufer | a) Verkäufer |
| b) Mechaniker | b) Mechaniker |
| c) Aufseher | c) Aufseher |
| d) Schweißer | d) Schweißer |
| e) Rezeptionist | e) Rezeptionist |

12. Die Fähigkeit, sich nonverbal zu verständigen, verlangt die Verwendung von Symbolen und das Verständnis der feinen Aspekte des abstrakten und kreativen Denkens. Machen Sie diesen Test:
Wählen Sie 3 Zeichnungen, die am besten zu den 3 folgenden Worten passen. Verwenden Sie als Vergleich Geräusche, Symbole oder die unten angeführten Zeichen:

a) RORO  b) MOOM  c) HOWEVER

13. Es hilft manchmal, die »Seele« eines Produktes zu verstehen. Was glauben Sie, assozieren die meisten Menschen mit diesen Produkten bzgl. Geschlecht und Wirkung.

Boot  Geschlecht: weibl.  Wirkung: Schutz
Kaffee
Ventile und Bewässerungsanlagen ....................
Irischer Whiskey ..................................

14. Welches Symbol würden Sie für den Fortschritt wählen?

a)  b)  c)

15. Geben Sie jeweils eine passende Farbe an:

Gefahr:  Friede:  Gesundheit:
Entfernung:  Vorsicht:  Reinheit:

16. Verbinden Sie ein Wort der rechten Seite mit einem der linken:

Schirm  Haus
Specht  Drache
Entzündung  Verdauung
offener Kamin  Schreibmaschine

17. Es wurde Ihnen ein neuer Job angeboten. Sie sind jedoch mit der

Vorgehensweise der neuen Firma nicht sehr vertraut. Was tun Sie, um sich damit vertraut zu machen:

a) Ich sammle zuerst allgemeine »Background-Information«. ☐
b) Ich erkundige mich nach den spezifischen Problemkreisen und versuche, Antworten auf detaillierte Fragen zu finden. ☐
c) Ich beschäftige mich mit der Geschichte der neuen Firma, den Anfängen und den Entwicklungen. Ich denke über ihre Gegenwart und ihre Zukunft nach. ☐

## Auswertung

Wir haben verschiedene Tests angewendet, um Ihren persönlichen Stil zu ermitteln. Manche Menschen sind besonders gut beim Lösen von praktischen Aufgaben. Die Tests Nr. 1, 2, 9 und 17 waren dazu bestimmt, diese Qualitäten zu messen. Wenn Ihre Antwort über das Banale hinausgeht und eine ungewöhnliche aber dennoch einfache Lösung ist, die leicht von anderen überblickt werden kann, dann liegt Ihre Stärke im pragmatischen Bereich, im Bereich der modernen Technik, in der Produktion, der Systemanalyse und der Kommunikation.

Unsere zweite Kategorie betrifft die Anwendung der intellektuellen Kreativität. Test Nr. 4, 5, 11 und 12 sind dazu bestimmt, diese Form der Kreativität zu messen. Diese Tests verlangen die Fähigkeit, sich zu verändern und logisch, aber nicht starr, vorzugehen. Prof. Gorden Pask, ein britischer Computerwissenschaftler, beschreibt 2 Arten dieser Intelligenz. Die »Groupers« und die »Stingers«. Die »Groupers« sind die deduktiven Denker, die eine Aufgabe als Ganzes sehen. Die »Stringers« sind die induktiven Denker, die Schritt für Schritt vorgehen und nur gelegentlich Gedanken miteinbeziehen, die mit dem Ganzen in Beziehung stehen.

Die künstlerische Kreativität ist unsere dritte Kategorie. Hier sind die »Stringers« auffallend. Ein wirklich intelligenter Manager löst sich vom deduktiven Denken, um auch die Teile zu sehen, die mit dem Ganzen in Verbindung stehen. Test Nr. 3, 6, 7 und 10 sind dazu bestimmt, diese Fähigkeit zu testen.

Nonverbale, gedankliche Kreativität wird in den Tests Nr. 8, 13, 14, 15 und 16 getestet. Einstein hat diese Fähigkeit folgendermaßen beschrieben: »Wenn ich mich selbst und meine Gedanken untersuche, komme ich zu dem Schluß, daß die Gabe der Phantasie mehr ist, als nur das Talent, positives Wissen zu absorbieren.« Seine Entdeckung, daß ein Lichtstrahl gekrümmt werden und als Kurve erscheinen kann, beruht auf »bildhaften Gedanken«: Er stellte sich selbst in einem Lift mit großer Gechwindigkeit vor und in ihm einen Lichtstrahl, der sich beugt, so wie sich der Lift bewegt. Einsteins Schlußfolgerung war, daß ein Lichtstrahl durch die Schwerkraft gekrümmt wird.
Die geistige Vorwegnahme der Reaktion der Konkurrenz durch die bildliche Vorstellung kluger Generäle in einer Schlacht, wäre die im Management erforderliche bildhafte Kreativität.

## Spezielle Auswertung

| | | |
|---|---|---|
| 3. a) 4 | 4. a) 3 | 5. a) 1 |
| b) 3 | b) 4 | b) 2 |
| c) 2 | c) 2 | c) 4 |
| d) 1 | | d) 3 |

| | | |
|---|---|---|
| 6. a) 4 | 7. a) 4 | 8. a) 2 |
| b) 3 | b) 1 | b) 1 |
| c) 2 | c) 3 | c) 3 |
| d) 1 | d) 2 | d) 4 |

9. a) 4
   b) 2
   c) 3
   d) 1

1. Die richtige Antwort ist: 550 Blusen, 450 Röcke und 150 andere Kleidungsstücke.
   Wenn das Ihre Antwort war, geben Sie sich 5 Punkte. Lautete Ihre Antwort anders, bekommen Sie keinen Punkt.

2. a) 1
   b) 4 (wie z. B. das Ausfüllen von Bestellformularen, oder

das Ablesen des Zählers, falls Ihre Abteilung sich mit der Verwendung von Elektrizität beschäftigt)
c) 3
d) 2

10. a) Wenn Sie den Kreis vervollständigt haben 1
Wenn Sie eine Rinne gezeichnet haben 2

Etwas Besseres oder Kreativeres 3

b.

1

Etwas Kreativeres 3

c) Wenn Sie einen Würfel gezeichnet haben 1
Wenn Sie einen Bilderrahmen gezeichnet haben 2
Etwas Kreativeres 3

d) Wenn Sie das Dreieck ausgefüllt haben 1
Wenn Sie einen Berg oder eine Pyramide gezeichnet haben 2
Etwas Kreativeres 3

11. Die bestmögliche Antwort, wie unten angeführt 5.
Ziehen Sie einen Punkt ab für jede andere Lösung.

| A | | B |
|---|---|---|
| a. Verkäufer | 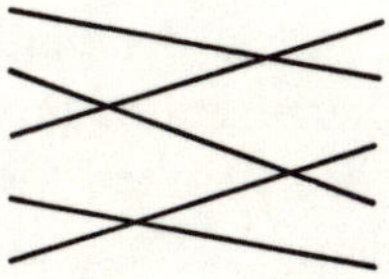 | a. Verkäufer |
| b. Mechaniker | | b. Mechaniker |
| c. Aufseher | | c. Aufseher |
| d. Schweißer | | d. Schweißer |
| e. Rezeptionist | | e. Rezeptionist |

12. Bestmögliche Interpretation: A–a, B–b, C–c jeweils 3 Punkte
B–a = 2
B–c = 1
C–a/b = 1

13. Wenn Sie folgende Antworten gegeben haben, Kaffee – m/entspannend; Ventil – f/fein; Irischer Whiskey – m/unverändert geben Sie sich 3 Punkte pro Antwort: Ziehen Sie einen Punkt für jede andere, nicht so kreative Antwort ab.

14. a) 2

b) 3
c) 1

15. Gefahr: rot
Entfernung: schwarz
Friede: blau
Vorsicht: gelb
Gesundheit: grün
Reinheit: weiß
Diese Antwort zählt 3 Punkte. Ziehen Sie einen Punkt ab für alles Andere, weniger Kreative.

16. Schirm/Haus
Specht/Schreibmaschine
Entzündung/Drache
Offener Kamin/Verdauung
Die oben angeführte Lösung zählt 3 Punkte – alles weniger Kreative erfordert einen Abzug von 1 Punkt.

17. a) 2
b) 3
c) 1
Die höchstmögliche Punktzahl ist 69.
Das würde bedeuten, daß Sie in allen vier Bereichen – technisch, intellektuell, künstlerisch und in der bildhaften Vorstellungskraft – kreativ sind. Um herauszufinden, in welchem dieser 4 Gebiete Ihre Kreativität liegt, sollten Sie die Punktzahl der speziellen Tests hinzuzählen.
Für die pragmatische Intelligenz zählen Sie die Punkte der Tests 1, 2, 9 und 17 hinzu,
für die intellektuelle Kreativität die Punkte der Tests 4, 5, 11 und 12,
für die künstlerische Kreativität die Punkte von 3, 6, 7 und 10,
für die bildhafte Vorstellungskraft die Punkte von 8, 13, 14, 15 und 16.
Die höchste Punktzahl für die pragmatische Kreativität ist 16, für die intellektuelle Kreativität ebenfalls 16, für die künstlerische 15 und für die bildhafte Vorstellungskraft 16.

## 3.2 Wie Sie Ihre Kreativität entwickeln können

Es gibt, wie wir sagten, bei Führungskräften mindestens 4 Arten von Kreativität: pragmatische, intellektuelle, künstlerische und die Vorstellungskraft. Je nach Ihrer Punktzahl sollten Sie jeweils mehr oder weniger Zeit für die eine oder andere Art aufwenden.

### *Pragmatische Kreativität*

Heutzutage sind Techniker mit Ideen mehr gefragt als jene mit lediglich rein technischem Wissen.

Die NASA verläßt sich mehr und mehr auf Leute, die leichtere Materialien funktioneller benützen können und die neue Verwendungsmöglichkeiten entwickeln. Sie können die Entwicklung Ihrer technischen Kreativität auf fast jedem Gebiet üben. General Electric hat eine ganze Abteilung, die die Anwendung von neuem Kunststoff untersucht, der härter als Stahl ist; ein Auto ganz aus Kunststoff ist nur eine der vielen Möglichkeiten.

Könnten Sie neue Materialien auf Ihrem Gebiet verwenden? Wie wäre es, Sauggeräte zu verwenden, mit denen man Flüssigkeiten umfüllen kann ohne den Behälter aufheben zu müssen und ohne die Gefahr, dabei Milch, Öl, Getränke oder Alkohol zu verschütten? Können Badewannen für 2 Personen gebaut werden, länger und tiefer? Müssen Wasserrohre im Winter einfrieren, kann man sie nicht in thermostatisch-kontrollierte, geheizte Rohre betten? Können Autos erweiterbare Gepäckträger auf dem Dach haben? Können Autotüren praktischer gemacht werden, um das Einladen beim Einkaufen zu erleichtern? Können Briefkästen in den Vorstädten ein Licht haben, das leuchtet, sobald Post eingeworfen wird?

Wir kennen Ihr Gebiet nicht. Aber viele Millionen-Dollar-Unternehmen entstanden durch die Anwendung von Kreativität und durch das unkonventionelle Denken in scheinbar rein technischen Gebieten. Diese Gebiete reichen von neuen Reißnägeln bis zu neuen Formen der Gartengestaltung (Gartengestaltung nach Laufmeter) oder bis zur Verbesserung von Toilettenpapier (Wir erhielten den Auftrag von einer Papierfabrik). Flüssige Seife ist eine solche alte und auch neue kreative, technische Idee, ebenso wie die Einnahme von Medikamenten durch Hautpflaster, um Magenverstimmungen zu vermeiden.

*Intellektuelle Kreativität*

Die neue Mathematik ist hierfür ein gutes Beispiel, ebenso das Erfinden von Symbolen zur Anwendung einer verkürzten Form des Schreibens. Wir verwenden »&« um »und« zu ersetzen. Warum gehen wir nicht ein Stück weiter?

Jeder Manager hat unzählige intellektuelle Aufgaben. Der Rechner könnte in den Tisch eingebaut werden. Unterlagen, die zur Bearbeitung anstehen, könnten in einer Versenkung im Tisch aufbewahrt werden. Dokumente, die geprüft werden müssen, könnten an die Wand projiziert werden, damit man sie leichter lesen kann. Das ganze Gebiet der Kommunikation kann und wird neu überdacht werden.

Das Beantworten und das Schreiben von Briefen und Memoranden hat sich seit dem Mittelalter nicht sehr weiterentwickelt. Moderne Manager, speziell die multinationaler Unternehmen, sollten Fremdsprachen beherrschen. Wie können Sie dieser Notwendigkeit gerecht werden? Stellen Sie eine ausländische Sekretärin ein, die für eine Stunde am Tag nur ihre Sprache spricht. Kassetten und Videofilme können als Erinnerungsstützen oder für Erweiterungskurse verwendet werden. Gastvortragende können eingeladen werden, um den Horizont des Managers und seiner Mitarbeiter zu erweitern. Eine große Lebensmittelfirma hat Reisen nach Europa, Japan und Indonesien arrangiert, um das Wissen über ausländisches Essen und über andere Sitten zu erweitern.

*Künstlerische Kreativität*

Jedes Modehaus benötigt neue Ideen. Wir haben für Burlington Seminare für Modedesigner organisiert. Ausflüge in die Natur, das Kennenlernen von Formen, Geräuschen und das Empfinden von Bäumen, Blumen, Vögeln etc. wurden dazu verwendet, neue Ideen zu entwickeln. Wir forderten die Teilnehmer auf, ein Mozart-Beethoven-Design zu entwerfen und Melodien in Formen umzuwandeln. Künstlerische Kreativität gehört sowohl zum Entwurf der Verpackung als auch zum technischen Design.

General Electrics wollte die Ingenieure überzeugen, daß ein 5-PS-Motor nicht mehr so groß sein muß. Der Entwurf eines kleinen Modells, das ein Gefühl von konzentrierter Kraft vermittelt, war die Herausforderung an die künstlerische Kreativität. Die japanischen Modedesigner verwenden Folklore, Arbeitskleidung und kirchliche Gewänder um »Hits« zu kreieren.

Sie kann eine zweite Phantasie entwickeln, eine Serie von »angenommenen« Erlebnissen. Eine Mutter beschwert sich, daß sich ihr Kind zu oft mit Tagträumen und erfundenen Geschichten beschäftigt. Das hat auch Einstein getan. Leider werden wir oft davon abgehalten, solche kindlichen Phantasien zu entwickeln.

Das ideale Kreativitätstraining ist das Training dieser Fähigkeit und würde aus solchen »Vorstellungskursen« bestehen: »Angenommen der Ozean wäre rot und gelb, oder alle Dächer in der Nachbarschaft wären in verschiedenen Farben gestrichen.« Eine Idee, die wir an eine Dachfirma verkauften.

Duschen könnten wie regenbogenfarbene Springbrunnen gestaltet sein. An Dinge wie diese zu denken, hilft dem Manager, seine Angestellten zu interessieren und anzuregen.

## 3.3 Das »Upside-down«-Denken

Von International Environmental Dynamics, Inc. sagt man, daß sie eine Million Dollar und 5 bis 7 Monate an Zeit sparen, indem sie ein Gebäude vom Dach nach unten bauen. Jedes der 20 Stockwerke wird am Boden zusammengesetzt und dann auf den richtigen Platz gestellt. Das ist das bekannte Haus und die Schule, die im Riverdale-Gebiet in New York City für die Angestellten der UN und deren Familien, die russische Staatsbürger sind, errichtet wurden.

Das wirklich Interessante an diesem Projekt ist die logische Idee, aber bis jetzt ist niemand darauf gekommen – zumindest in diesem Land – sie verstärkt anzuwenden.

Das tägliche Leben ist voll von Möglichkeiten wie dieser. Um einen Vorteil daraus zu ziehen, muß man die Dinge »upside-down« betrachten oder auch von rückwärts, wie in einem Spiegel. Dieser Aspekt des innovativen Denkens hat auch die Entdeckung des Penicillins gekennzeichnet – Ehre sei Dr. Alexander Fleming für seine Idee, den Pilz zu untersuchen, anstatt sich um die Bakterien Sorgen zu machen, die er tötet.

Dennoch sprechen andere Experten von »Eisberg-Betrachtung«, und erinnern uns daran, daß 9/10 eines Problems unter der Oberfläche liegen können und daß wir diesen Teil schwer überschauen können. Manchmal, wenn nicht sogar meistens, sind wir außerstande, ein Problem auf eine neue, von den Wissenschaftlern vorgeschlagene Art zu betrachten, weil es seit Jahrzehnten, ja sogar seit Jahrhunderten immer auf dieselbe Weise gelöst wurde.

Der Parkfriedhof im Raum von L. A./Kalifornien ist z. B. ein Musterbeispiel für die Verwirklichung neuer Ideen.

Die üblichen Reihen der Prestige anzeigenden Monumente und Statuen wurden durch einfache Blöcke, die in den Boden eingelassen sind, ersetzt. Zusätzlich wurden Bänke aufgestellt und es spielt leise Musik, so daß der große, schöne Landschaftsfriedhof in seiner gesamten Ausdehnung für die ruhige Besinnung und die Freude an der Natur geöffnet und zugänglich gemacht wurde.

Das ist eine viel natürlichere Art, und sicherlich auch eine viel würdigere, sich mit dem Tod zu befassen, als es auf den traditionellen Friedhöfen möglich ist. So ist es nicht erstaunlich, daß zumindest ein Teil des Wald-Wiesen-Planes auch woanders angewendet wird.

Mit etwas mehr kühnem Denken kann diese Idee noch weiter geführt werden.

Es gibt z. B. keinen Grund dafür, daß Menschen liegend begraben werden. Statt dessen könnten sie in einem Schacht versenkt werden und so weniger Platz in den überfüllten städtischen Friedhöfen benötigen. Das ist im wahrsten Sinn des Wortes »upside-down«-Denken! Sicherlich wäre diese Art der Beerdigung ein direkter Widerspruch zum beliebten Gedanken, daß der Tod ein ewiger Schlafzustand sei. Man schläft gewöhnlich nicht im stehenden Zustand. Wenn wir versuchten, Leute zu überreden, zur vertikalen Beerdigungsart überzugehen, würden wir mit Emotionen zu kämpfen haben, die ein wirkliches Hindernis für unseren Erfolg darstellten.

Um erfolgreich kreativ zu sein, muß man lernen diese Art von Widerstand zu überwinden, die oft unterbewußt bei uns selbst oder bei denen, die wir überzeugen wollen, vorhanden ist.

Betrachten Sie die Landwirtschaft. Der typische Bauer hat die mehr oder weniger angeborene Vorstellung, daß ein Feld in schönen, geraden Furchen gepflügt werden muß. Dennoch hat die Konturpflügung bei Bauern, die sich überzeugen ließen, ihren Wert gezeigt. Die Felder schauen vielleicht unordentlich aus, aber das Bebauen ist viel praktischer und einfacher.

Ein weiteres Beispiel: Es werden seit Jahren Seifenhalter in die Badezimmerfliesen und die Küchenabwaschbecken eingebaut, die sich mit Wasser füllen, und kostbare Seife bleibt daran hängen. Eine Lösung an einigen öffentlichen Plätzen, besonders in Europa, ist, die Seife an eine Schnur zu hängen, so daß man sich die Hände wäscht, indem man die Hände an dem Seifenpendel reibt und so die Seife gerade feucht genug macht. Es besteht hier keine Gefahr, daß die Seife, so wie in den meisten Seifenbehältern, »schmilzt«, dennoch würden vier von fünf Personen fest behaupten, sie könnten Seife an einer Schnur nicht verwenden.

Angenommen Sie möchten, daß Ihre nächste Party erfolgreich wird, denken Sie »upside-down«. Verteilen Sie Identifikationskarten – witzig gemacht – die nicht nur die Namen angeben, sondern die auch einen Hinweis auf den Beruf oder sogar Hobbies geben. Konversation und Kontakte werden dadurch leichter und Ihre Party wird so viel schneller lustig. Niemand muß Zeit damit verschwenden, diplomatisch herauszufinden, welcher der Gäste möglicherweise sympathisch und welcher langweilig ist.

Machen Sie es zu Ihrer Gewohnheit, das »Upside-down«-Denken oder auch die Spiegelversion anzuwenden, besonders bei beruflichen Problemen, wie der Produktentwicklung und -verbesserung, der Verkaufspromotion, der Systemanalyse und der Schulung der Angestellten.

Gehen Sie zurück zu unserem ersten Vorschlag, die Kunst, grundlegende Fragen zu stellen, zu erlernen. Sie und ihre Zuhörer werden vielleicht manchmal sprachlos sein über die offensichtliche Seichtheit Ihres Denkens, aber lassen Sie sich dadurch nicht aus der Ruhe bringen. Die Schwierigkeit liegt in unserer Tendenz anzunehmen, daß so viele Dinge in unserem Leben nicht für Fragen offen sind. Müssen Sie tabu sein? Ist es wirklich notwendig, in einem Bett zu schlafen, das auf Beinen steht? Die Japaner rollen Matten aus und schlafen auf dem Boden. Am Morgen falten sie ihre Matten wieder zusammen und legen sie in Regale, damit der Raum für einen anderen Zweck verwendet werden kann. Vielleicht benötigen wir ebenfalls keine gesonderten Räume zum Schlafen? Wieviel Prozent unserer Zeit verbringen wir im Bett? Viele Menschen in kleinen Wohnungen kommen ohne Schlafzimmer aus. Erinnern Sie sich daran, daß jede ordentliche Familie ein Empfangszimmer – das beste Zimmer im ganzen Haus – hatte. Es wurde für spezielle Anlässe genutzt: Hochzeiten, Begräbnisse und andere Familienfestlichkeiten, eventuell sogar für den Besuch eines Priesters oder Geistlichen. Zur anderen Zeit blieb es fest verschlossen und unbenützt. Aber haben die meisten Familien einen solchen Raum wirklich gebraucht? Hätten sie nicht besser die Türe offen gelassen, die Vorhänge aufgezogen, die Schonbezüge von den Möbeln genommen und die Kinder und Erwachsenen den Raum benutzen lassen?

Glücklicherweise ist das etwas, was wir als moderne Menschen sowieso schon lange gemacht haben.

Als Präsident Nixon im Sommer 1974 nach Rußland reiste, brachten einige der Fernsehstationen Interviews mit den örtlichen Bewohnern, die Englisch sprachen. Man interviewte auch einen amerikanischen Universitätsprofessor und bat ihn, sein Leben in Moskau und sein Verhältnis zu den Studenten zu beschreiben. Das Bild, das man danach vom Durchschnittsrussen hatte, was er ist und was ihn interessiert, war eine total neue, »upside-down«-Ansicht für das amerikanische Publikum – völlig verschieden von unserer Vorstellung von Kommunisten. Damit wurde mehr erreicht, was die politische Entspannung betrifft, als bei zahlreichen politischen Reden. Upside-down-Denken, Spiegelaspekt – es macht keinen Unterschied, wie auch immer wir es nennen.

Wichtig ist, der menschlichen Tendenz, gewisse Konzepte als heilig und als frei von jeglichem Zweifel zu erachten, zu widerstehen und zu beginnen, Dinge aus den gewagtesten Blickwinkeln in Frage zu stellen.

Hier sind einige Tests, die dazu bestimmt sind, Ihre Fähigkeit zu messen, eine neue Form von Kreativität zu entwickeln.

**Test**

1. Wie können Sie das Schneiden von unhandlichen Furnierholzplatten, die viel Platz brauchen, verbessern?
   Lösung:
2. Sie erzeugen Heuballen. Der Bauer muß sich immer wieder umdrehen, um zu sehen, wie die Maschine arbeitet.
   Lösung:
3. Sie managen das kanadische Fremdenverkehrsbüro. Welche Vorstellungen der Amerikaner über Kanada müssen Sie ändern und wie?
   Erklären Sie:
4. Best Foods hat nach eingehenden Markttests eine neue

Kondensmilch herausgebracht. Sie schmeckte viel besser als die Produkte am Markt. Sie wurde zur Herstellung von Babynahrung verwendet. Fast alle Mütter von Kleinkindern bekannten sich zu diesem Produkt. Dennoch als die Milch endgültig auf den Markt gebracht wurde, war sie ein Reinfall.
Was können Gründe dafür sein?
Was hätten Sie getan, um die wirklichen Motivationen der Mütter, die das Produkt abgelehnt hatten, obwohl sie vorher erklärten, sie bejahten es, würden es kaufen und für die Babynahrung verwenden, herauszufinden?

5. Eine Grußkartenfirma wußte, daß ihre Hauptabnehmer für den Wiederverkauf dieser Karten ältere Damen waren, die ihren Gewinn mit der Kirche oder einem Wohltätigkeitsverein teilten. Sie hat Testimonials verwendet, die die typischen Frauen dieser Gruppe zeigten und von ihrem Erfolg erzählten.
Das Problem war, wie man den Markt erweitern sollte. Was war falsch in den Begründungen der Firma?

Es gibt 2 Möglichkeiten, Ihr upside-down-Denken zu testen.
1. Ohne Hilfe – indem Sie Ihre eigenen Ideen niederschreiben.
2. Verwenden Sie unsere Checkliste und streichen Sie die Antworten an, die am besten auf Sie zutreffen.
Auf der nächsten Seite finden Sie dann die Auswertung.

1. Ihre Antwort:. . . . . . . . . . . . . . . . . . . . . . . . . . . . . . . .
Unsere Lösung: Stellen Sie das Furnierholz auf und schneiden Sie es vertikal.

2. Ihre Antwort:. . . . . . . . . . . . . . . . . . . . . . . . . . . . . . . .
Unsere Lösung: Befestigen Sie einen Spiegel für den Bediener des Gerätes, so muß er sich nicht immer umdrehen.

3. Ihre Antwort:. . . . . . . . . . . . . . . . . . . . . . . . . . . . . . . .
Unsere Lösung: Zeichnen Sie einen Umriß von Kanada so auf eine Tafel, daß die ganze Tafel ausgefüllt ist, und zeichnen Sie dann die USA an die Unterseite. Sie verhindern dadurch, daß die Grenzen von Kanada an den oberen Rand

der Tafel gezeichnet werden. Die meisten Amerikaner, vor allem diejenigen, die in den USA leben, zeichneten eine Karte, die vor allem genug Platz für die USA auf der Tafel oder dem Papier ließ.

Das bedeutet, daß das wirkliche Upside-down-Denken für den Manager des Fremdenverkehrsbüros darin besteht, die Amerikaner dazu zu bringen, Kanada als einen eigenen, selbständigen Staat mit eigenen Besonderheiten zu betrachten. Das muß noch vor der Anpreisung der Schönheiten des Landes geschehen. Wenn Ihre eigene Antwort ähnlich der unseren lautete, geben Sie sich 3 Punkte bezüglich Ihrer Fähigkeit zum upside-down-Denken.

**Auswertung:**

1. Ähnlich unserer Lösung .......................... 3
   Etwas anderes.......................... 0
2. Spiegel .......................... 3
   Etwas anderes.......................... 0
3. Eine Karte von Kanada nach unserem Vorschlag ........ 3
   Etwas anderes.......................... 0
4. Überprüfen Sie die Antwort, die Ihrer Meinung nach am besten dieses Versagen erklärt.
   a) Die Kondensmilch hat ihren Geschmack nach einer Weile verloren. ☐
   b) Sie war zu teuer. ☐
   c) Die Babies mochten sie nicht. ☐
   d) Die Mütter hatten kein Vertrauen zu dem Produkt. ☐

Was war Ihre Erklärung? Der Grund, warum die Mütter die Kondensmilch nicht gekauft hatten, lag darin, daß kein Kinderarzt sie empfohlen hatte. Es gab dann noch einen interessanten Nebeneffekt. Mütter, die ihr erstes Kind hatten, waren viel negativer eingestellt, als solche, die bereits ihr 2. oder 3. Kind hatten.

a = 2
b = 3

c = 1
d = 4

5. Wie hätte die Firma ihren Markt erweitern sollen?

a) Die Profite, die durch die Frauen erzielt werden, erhöhen. □
b) Das Design der Grußkarten verbessern. □
c) Den wirklichen Grund finden, warum diese Frauen die Karten verkaufen. □
d) Sich nach Leuten umsehen, die eine ähnliche Motivation haben, auf diese Weise Geld zu verdienen. □

a = 1
b = 2
c = 3
d = 4

Die höchstmögliche Punktzahl ist 17, die niedrigste 2.
Wenn Sie 2–5 Punkte erzielt haben, sind Sie nicht flexibel genug, ungewöhnliche upside-down-Denkweisen bei der Betriebsführung und dem Marketing zu realisieren.
6 bis 10 Punkte sind ein durchschnittliches Ergebnis. Nichts, um darauf stolz zu sein.
11 bis 17 Punkte hingegen zeigen Sie als einen Vorgesetzten, der die Fähigkeit hat, innovativ und kreativ in der upside-down-Art zu denken. Wenn Sie diese Fähigkeit weiterentwickeln und auf Probleme Ihrer Firma anwenden, werden Sie großen Nutzen daraus ziehen.

Die Fähigkeit zum upside-down-Denken kann in verschiedener Weise trainiert werden. Man muß nicht wörtlich genommen eine Situation »verkehrt« betrachten. Man kann versuchen, auf spielerische Art die Situation umzudrehen. Anstatt sich zu den Milchkühen hinunter zu beugen, kann man diese auch auf eine Plattform, die höher als man selbst angeordnet ist, treiben. So kann man sie stehend melken. Mrs. Strout erfand die Gartengestaltung mit Unkraut. Sie ließ es wachsen und gedeihen und verbesserte, ohne zu jäten, auch noch die Fruchtbarkeit des Bodens.

Leuchtstoffröhren, die man in ein Gewinde schrauben kann, wie Glühlampen, haben den Anwendungsbereich dieser Lampen verändert und sie akzeptabel für das Wohnzimmer gemacht.

Das Anbringen von Lichtschaltern am Boden und an Türschwellen vermeidet das Suchen nach ihnen im Dunkeln an der Wand. Man erleuchtet den Raum, wenn man darauf tritt.

Viele erfolgreiche neue Einrichtungen und Produkte sind auf diese Art entwickelt worden.

Bei vielen Inseln der Karibik sind der amerikanische Zoll und die Einwanderungsbehörde am Abflugsort vertreten anstatt auf dem überlaufenen Ankunftsflughafen. Das upside-down-Denken hat viele Anwendungsbereiche. Es kann Energie sparen, die Produktivität erhöhen und Zeit sparen.

## 3.4 Das laterale Denken

Den meisten von uns wurde in der Schule beigebracht, daß wir, um ein Problem zu lösen, uns einfach darauf konzentrieren sollen, bis wir die richtige Antwort gefunden haben.

Moderne Theorien der Kreativität dagegen schlagen genau das Gegenteil vor. Das sogenannte laterale Denken sollten wir anwenden: das Denken weg vom Problem, von oben, unten oder rundherum, gerade so lange, bis wir aufhören, uns in fast hypnotischer Weise darauf zu konzentrieren, was nur verhindert, daß wir die zahlreichen Aspekte erkennen.

Diese Art von Problembewältigung ist stark in den Büchern von Edward de Bono vertreten, der zwischen dem lateralen und dem vertikalen Denken unterschied. Er beschreibt die traditionelle Methode, das vertikale Denken, als Wiederherstellung eines Turmes, indem man jeden Stein genau auf den vorherigen Stein setzt. Sie ist durch Kontinuität gekennzeichnet, während laterales Denken durch Diskontinuität gekennzeichnet ist.

De Bono beschreibt weitere Unterschiede zwischen beiden Methoden wie folgt:

Laterales Denken verändert sich, während vertikales Denken auswählt. Vertikales Denken, im Gegensatz zum lateralen Denken, verwendet das Ja/Nein-System, um neue Ideen auszulösen. Beim vertikalen Denken folgt ein Ding dem anderen, im Gegensatz zum lateralen Denken, bei dem man Sprünge machen kann.

Das vertikale Denken konzentriert sich auf das Relevante, während das laterale Denken Veränderungen gutheißt. Vertikales Denken bewegt sich in die wahrscheinlichste, laterales Denken in die unwahrscheinlichste Richtung. Vertikales Denken ist eine abgeschlossene Handlung, während laterales Denken ein offenes Ende hat. De Bono stellt ganz richtig fest, daß die meisten Menschen es für richtig halten werden, beide Arten des Denkens anzuwenden. Für eine strikte Überprüfung einer möglichen Entscheidung oder Handlungsweise, ist das vertikale Denken – fest verankert in den traditionellen Prinzipien der Logik – notwendig.

Die Aufgabe des lateralen Denkens ist es, uns zu helfen, aus der Mühle der alten Ideen auszubrechen und neue zu erfinden, die wir erst ordnen müssen, um sie untersuchen zu können.

In einer Zeit, in der sich viele vernachlässigten Umweltprobleme zuzuspitzen scheinen, ist es besonders wichtig, laterales Denken anzuwenden, um kreativ zu sein.

Z. B. hat uns die Energiekrise veranlaßt, neue und ganz andere Lösungen unserer täglichen Probleme sowohl im Büro als auch zu Hause anzuwenden. Das kreative Denken in nicht konventioneller Art bietet ein großes Feld, indem es sich vom ursprünglichen Mittelpunkt und vom Zusammenhang eines Problems löst. Was es mit sich bringt, ist kurz gesagt, das Nachdenken über alle menschlichen Bedürfnisse. Die daraus hervorgehende Idee, die Lösung für unser Problem, scheint oft so offensichtlich und einfach, daß wir uns wundern, warum wir so lange dazu gebraucht haben, die Lösung zu finden. Wir müssen uns lösen von dem fixen, logischen und systematischen Denken, wir müssen überzeugt sein von den Werten, die der Lösung eines Problems auf eine unkonventionelle Art innewohnen, indem wir Verbindungen schaffen, die auf den ersten Blick keinen Zusammenhang haben.

Es gibt z. B. Verbindungen zwischen Hotels und Ameisenhaufen; oberflächlich betrachtet, gibt es wenig Gemeinsames zwischen den beiden. Trotzdem, beide werden von vielen Individuen und von Gruppen von Individuen bewohnt.

Der laterale Denker konzentriert sich nicht von vornherein auf die logische, systematische Denkweise. Er kommt zu seinen Ideen, indem er das Problem von oben, von unten und rundherum betrachtet. Wenn er dann eine mögliche Lösung hat, unterzieht er sie der vertikalen Denkweise mit aller ihm möglichen Logik und Systematik.

**Test**

1. Sie sind daran interessiert, ein neues Hundefutter zu entwickeln. Alle möglichen Veränderungen wurden bereits besprochen, mehr Fleisch, mehr Vitamine – bei Hunden beliebt. Versuchen Sie laterales Denken anzuwenden.

   a) Hundefutter ist der Babynahrung ähnlich. ☐
   b) Hunde mögen helle Farben. ☐
   c) Hunde haben einen guten Geruchssinn. ☐
   d) Hunde und Knochen. ☐

2. Fragen Sie Ihre Mitarbeiter, welche dieser Assoziationen sie für eine Bank verwenden würden.

   a) Ersparnisse – Regentag ☐
   b) Ersparnisse – Pflicht ☐
   c) Ersparnisse – Freiheit ☐
   d) Ersparnisse – Spaß ☐

3. Sagen Sie Ihren Kandidaten oder Mitarbeitern folgendes: »Ziehen Sie eine Linie von jedem Subjekt zu der Assoziation, die Ihrer Meinung nach am besten paßt. Schreiben Sie die Gründe für Ihre Wahl in die dritte Spalte.«

| Subjekt: | Kreative Assoziation: | Gründe: |
|---|---|---|
| a) Feueralarm | a) Mutter | ........ |
| b) Grammatik | b) Schirm | ........ |
| c) Schifahren | c) Vergewaltigung | ........ |
| d) Penicillinspritze | d) Heirat | ........ |

4. Fordern Sie Ihre Mitarbeiter auf, dieses Problem zu lösen: Was kann man tun, damit ältere Angestellte von ihren Mitarbeitern besser akzeptiert werden? Geben Sie Assoziationen an, die Ihnen dazu einfallen.

   a) Mitleid
   b) Versicherung

c) Unsterblichkeit
d) Erfahrung

5. Fordern Sie den Bewerber oder Mitarbeiter auf, diese Reihe von Assoziationen fortzusetzen, indem er sie aus der beigefügten Liste auswählt und trotz gewisser Abweichungen doch die praktische Anwendung im Auge behält.

| | |
|---|---|
| a) Kalender | Organisation der Zeit |
| b) Rasenmäher | Haarschneiden |
| c) Hut | Mode |
| d) Samen | Blumen |

Wählen Sie aus dieser Liste und verwenden Sie zwei Assoziationen für jedes Subjekt (z. B. Kalender – Übersicht).

## Auswertung

| | | | |
|---|---|---|---|
| 1. a) 4 | 2. a) 1 | 3. a–a = 4* | 4. a) 1 |
| b) 1 | b) 2 | b–d = 4 | b) 2 |
| c) 3 | c) 3 | c–c = 4 | c) 3 |
| d) 2 | d) 4 | d–b = 4 | d) 4 |

| | |
|---|---|
| 5. a) Kalender | – Entschluß zur Durchsicht = 3 |
| | Eltern = 4 |
| b) Rasenmäher | – Nachbarn = 3 |
| | Lärm = 4 |
| c) Hut | – Schmuck = 3 |
| | Klasse = 4 |
| d) Samen | – Gemüse = 3 |
| | konzentrierte Kraft = 4 |

* Ziehen Sie einen Punkt für jede andere Assoziation ab.

Die beste Punktzahl liegt bei 13 bis 16 Punkte. Mittlere Punktzahl: 9 bis 12, niedrigste Punktzahl: 6 bis 8.

Test Nr. 1: Bei einem Auftrag von General Food dachten wir daran, Hundefutter mit Babynahrung zu vergleichen. Es gibt Mütter von

Babies und Mütter von Tieren. Alle sind sie überzeugt, daß ihre Babies einzigartig, besonders intelligent, auf jeden Fall bezaubernd sind und viele individuelle Charaktereigenschaften besitzen.
Ergebnis: Wir entwickelten »Cycle«, das aus einem Kompromiß unserer eigentlichen Idee entstand und aus verschiedenen Kombinationen für verschiedene Altersklassen von Hunden zusammengesetzt wird. Unsere ursprüngliche Idee hat sich noch weiterentwikkelt: Hundefutter für verschiedene psychologische Typen von Hunden.

In Test Nr. 2 gaben wir d) die höchste Punktzahl. Wir haben dies getan, um den Gedanken zu betonen, daß das Sparen von Geld es uns erlaubt, Spaß zu haben und frei zu sein, was 3 Punkte einbrachte, während Pflicht und Regentag die eher gängigen Assoziationen sind.

In Test Nr. 3 gehört »Feueralarm« zu »Mutter«, weil er das Gefühl vermittelt, wie eine Mutter zu beschützen, »Penicillin« ist mit einem »Schirm« vergleichbar. »Schifahren« und »Vergewaltigung« scheinen vorerst zusammenhanglos, aber das Fahren auf frischem Schnee wurde mit diesem Gefühl verglichen. »Grammatik« und »Ehe« beinhalten beide Gesetze und Einschränkungen. Die Idee hinter all diesen Aspekten war aufzuzeigen, daß die Schaffung von offensichtlich unlogischen Verbindungen zu weiteren kreativen Konzepten führt.

Dasselbe galt für Test Nr. 4. Antwort c): Leute dazu zu bringen, über ihr eigenes Alter nachzudenken und den Wunsch zu wecken, aktiv zu bleiben, älteren Angestellten zu helfen, einen Posten zu bekommen, wurde durch solche Motivationen angeregt.

In Test Nr. 5a) war ein Kalender nicht nur eine Übersicht, sondern er zeigte auch an, wie sich ein Tag an den anderen fügt, oder besser, wie ein Tag nach dem anderen vergeht.

Test Nr. 5d), »konzentrierte Kraft für Samen«, führte uns zu einer neuen Form, für eine Samenfirma zu werben.
Laterales Denken verlangt den Mut, loszukommen von den unmittelbaren Bedenken. Wolfgang Köhler, ein deutscher Psychologe, hat diese Fähigkeit folgendermaßen beschrieben:

Einem Schimpansen in einem Käfig gibt man eine Banane, aber er kann sie nicht erreichen, egal wie lang er seinen Arm ausstreckt. In den Käfig hat man einige Stäbe gelegt. Nur wenn er die Möglichkeit, sie zusammenzusetzen, entdeckt, kann er die Banane erreichen. Viele Affen würden fast verhungern, weil sie unfähig sind, die Augen von dem unmittelbaren Objekt abzuwenden und nachzudenken, wie sie die Geräte entdecken, die zu der erwünschten Banane führen. Laterales Denken verlangt die Fähigkeit oder Intelligenz, zusammen mit Kreativität nach anderen als den üblichen Lösungen zu suchen. Unsere Tests basieren auf dieser Grundlage.

## 3.5 Lernen Sie, fundamentale Fragen zu stellen

Eine Hotelkette ist gerade dabei, einige Hotels in verschiedenen Teilen der Welt zu errichten. Der erste Denkansatz ist, die bereits bestehenden Einrichtungen zu untersuchen, um neue Wege zu finden, Hotelzimmer und Hotelservice, zu organisieren. Diese instinktive Art, einen logischen und korrekten Weg einzuschlagen, scheint natürlich – man war bis jetzt mit dieser Vorgehensweise erfolgreich.

Ein leitender Angestellter jedoch fragte sich – während einer Tagträumerei – ob die Gaststruktur, an die man dachte, in den nächsten Jahren gleichbleiben würde. Er untersuchte eine Reihe von Möglichkeiten und machte die fundamentale Entdeckung, daß in Zukunft viel mehr weibliche Gäste – Geschäftsfrauen – auf Reisen gehen werden, die für multinationale Firmen arbeiten. Er ging dann daran, die Bedürfnisse dieses neuen Marktes zu untersuchen, um besser und funktioneller die Bedürfnisse dieser neuen Gäste befriedigen zu können. Er entdeckte eine ganze Reihe von Dingen. Zum Beispiel war es für männliche Manager leicht, ein Treffen auf dem Zimmer mit Angehörigen beider Geschlechter zu arrangieren. Für weibliche Führungskräfte war das viel schwieriger. Eine mögliche Schlußfolgerung war, getrennte Privatzimmer und Konferenzzimmer einzurichten, eine Idee, die man oft in japanischen Büros findet, wo der Arbeitsraum durch einen Schirm von dem mehr gesellschaftlichen Raum, in dem Tee serviert wird, abgetrennt werden kann.

Obwohl sich die meisten Telefone in Hotelzimmern neben dem Nachttisch befinden, fand man heraus – durch eine fundamentale Frage –, daß es neben dem Telefon keinen Platz gibt, um Notizen anzufertigen. Der neue Plan bietet die Möglichkeit, das Telefon an mindestens 2 Stellen im Raum, einschließlich dem Badezimmer, anschließen zu können. Viele Lösungen wurden gefunden, weil jemand schlau genug war, zu fragen: »Welches Geschäft betreiben wir eigentlich?«

Das Erstellen einer Liste aller unangenehmen Dinge oder Situationen, die man während einer Geschäftsreise oder einer Privatreise erlebt, kann das Bedürfnis erregen, einfache innovative Lösungsvorschläge für lästige, ärgerliche Probleme zu machen.

Ein Spielzeugfabrikant, dessen Aktie stark gefallen war, konnte ihren Wert um das zehnfache vermehren, weil er erkannte, daß Spielzeug, Videospiele und Heimcomputer eng miteinander verwandt sind. Er hat dieses Geschäft wiedererweckt, indem er die einfache Frage stellte: »Was ist Spielzeug?«

Durch den Spielzeughandel war diese Firma eingeschränkt und das Management hatte sich keine Zeit genommen, daran zu denken, auf ein anderes Gebiet umzusteigen, das viele Ähnlichkeiten hat.

In unserer schnell wechselnden wirtschaftlichen Situation ist es für ein Unternehmen, das seinen Weg festgelegt hat und überzeugt ist, daß ein spezielles Gebiet sein Aufgabenfeld ist, oft notwendig, sich anzupassen, den Einsatz der Einrichtungen, der Erfahrung und des Personals neu zu organisieren und so zu vermeiden, strukturell unmodern oder ineffizient zu werden.

Die Fähigkeit, fundamentale Fragen zu stellen, ist eine wichtige Eigenschaft der Führungskräfte von heute. Sie hilft oft, eine neue Dimension zu sehen, die bis jetzt übersehen oder nicht genug beachtet wurde. Sie hilft uns, einen dynamischen Blickwinkel zu finden.

Viele Industrien, wie z. B. die Milchindustrie, leiden in vielen Ländern an Überproduktion. Indem sie sich fragen, was ist das für ein Produkt, das sie auf den Markt bringen, können sie – wie wir vor kurzem entdeckt haben – erkennen, daß es z. B. nicht so sehr die Gesundheitsnahrung ist, sondern ein 100%ig natürliches Getränk, das leicht mit der Getränkeindustrie konkurrieren kann.

Wir haben einige Tests entwickelt, die auf praktischer Erfahrung beruhen und Ihnen helfen können, fundamentale Fragen zu stellen oder Ihnen zeigen, wie Sie lernen können, dieses kreative dynamische Mittel anzuwenden.

## Test

1. Was ist die wirkliche Funktion einer Tür? Wodurch könnte sie ersetzt werden? Schreiben Sie einige Ihrer Ideen nieder und vergleichen Sie sie mit unseren Vorschlägen.

   a) Heißluftvorhang, einige Einkaufshäuser verwenden ihn bereits.
   b) Starke Lampen, die Leute davon abhalten, hineinzuschauen.
   c) Es wird Lärm erzeugt, um so Störungen durch Eindringlinge zu unterbinden.

2. Wie kann das Verkehrsproblem gelöst werden? Was ist der wirkliche Zweck von Verkehr und Transport?
   Schreiben Sie Ihre eigenen Ideen nieder und lesen Sie dann unsere Antworten.

   a) Warum muß jedermann zur gleichen Zeit anfangen und zur gleichen Zeit aufhören zu arbeiten. Das Staffeln der Arbeitszeit würde helfen, das Verkehrsproblem und viele andere Probleme, verursacht durch die gegenwärtige Arbeitssituation, zu lösen.
   b) Die Stadt Wien hat kostenlose Busse, die zu den meistbesuchten Museen und zu öffentlichen Plätzen fahren.
   c) Das Mieten eines Kleinfahrzeugs an verschiedenen Plätzen der Stadt ermöglichen, während das eigene große Auto geparkt wird.

3. Fragen Sie einen neuen Mitarbeiter, was er denkt, welche Geschäfte die Firma, für die er arbeitet, wirklich macht.

### Auswertung

1. und 2. – Wenn Ihnen zwei oder drei ähnliche oder gleich gute Möglichkeiten eingefallen sind, geben Sie sich 3 Punkte.
Wenn Sie eine Möglichkeit haben, bekommen Sie 2 Punkte.

Wenn Ihnen gar nichts eingefallen ist, bekommen Sie auch keinen Punkt.

3. Je weiter Sie von dem Vergleich weggegangen sind, um so höher ist Ihre Punktzahl.
Z. B. betätigt sich ein spezieller Hersteller wirklich auf dem Gebiet der Computer, er setzt Ideen in eine sichtbare Form um und erlaubt Leuten die Handhabung.
Die Punktzahl ist 3.
Die höchste Punktzahl für alle 3 Tests ist 9. Dieser Test ist in der Punktauswertung anders als die anderen Tests. Sie müssen es Ihrer eigenen Entscheidung überlassen, ob Sie fähig sind, fundamentale Fragen zu stellen.
Je besser Sie diese Methode beherrschen, um so mehr kreative Ideen werden Ihnen einfallen.

Sogar das schwierigste Problem kann auf eine kreative Art gelöst werden, wenn wir lernen, Fragen zu stellen, die anfangs sogar etwas dumm klingen. Sie können diese Angewohnheit auch Ihren Mitarbeitern nahebringen, indem Sie zu fundamentalen Fragen zurückfinden und Ihre Mitarbeiter fragen, was sie glauben, was ihr eigentlicher Job sei und diesen dann in einfacher Form beschreiben lassen.

Eine andere Übung ist, Kinderfragen zu stellen und zu beantworten. Warum ist der Himmel blau? Warum tragen die Menschen Kleidung? Warum verändere ich mich eines Tages von einem launischen zu einem glücklichen Buben?

Wir haben mehrere Monate in unseren Philosophiestunden damit verbracht zu lernen, grundlegende Fragen zu stellen.

Das Vordringen zum Grundlegenden ist sehr oft die Antwort auf unsere Frage. Leider verlernen wir oft, was wir als Kinder taten, und setzen zu viele Dinge als selbstverständlich voraus. Oder wir nehmen immer wieder an, daß eine oberflächliche Beschreibung eines Problems ausreichend sei. Analysieren Sie Feststellungen und untersuchen Sie die Dinge kritisch: Akzeptieren Sie sie nicht immer so, wie sie sind. Jemand hat vielleicht einen Fehler gemacht. Wenn Ihnen die Möglichkeit eines

Fehlers öfter bewußt wird, könnte Ihnen ein realistischer Gesichtspunkt einfallen, von dem die richtige Antwort auf die fundamentale Frage nicht weit entfernt liegt.

Die erste Reaktion auf Ihre »Denkweise« ist vielleicht allgemeines Gelächter wegen der Einfachheit der Idee. Vergessen Sie aber nicht, daß auch Michelangelo ausgelacht wurde, als er sich dazu entschloß, die Sixtinische Kapelle auf seine Art zu bemalen und daß Christoph Kolumbus jahrelang für seine Ideen gegen den Spott jener kämpfen mußte, die nicht verstehen konnten, daß er denselben Ort erreichen konnte, obwohl er in die andere Richtung aufgebrochen war.

## 3.6 Wie werden Sie mit dem »Steckenbleiben« fertig?

Eine häufige Klage: »Wann immer ich eine kreative Idee habe, mein Enthusiasmus wird von den sogenannten Pragmatikern gedämpft. Sie sind immer bereit, Beispiele ähnlicher Ideen anzuführen, die nicht funktioniert haben.«

Überall, auch in vielen Unternehmen, verteidigen wir Bräuche, die lange Zeit gültig waren ohne nachzudenken. Wir alle arbeiten von 9 bis 17 Uhr. Wir bestehen auf unseren freien Samstagen und Sonntagen. Wir ertragen eher die täglichen Verkehrsstaus als mit einer Straßenbahn oder einem Bus zu fahren, wir legen mit einer Unzahl von Handgepäck in Flughafengebäuden Kilometer zurück.

Jeder, der irgendwie direkt etwas damit zu tun hat, Änderungen vorzuschlagen, weiß wie schwierig es ist, gegen Mythen anzukämpfen. Ob es die Frage eines neuen Produkts ist, einer neuen Einstellung den Menschen gegenüber oder eines total neuen Lebensstils – es wird alles angefochten. Darüber hinaus ziehen die Gegner eine Reihe von sogenannten Experten hinzu, die überwältigende Statistiken anführen, und die einem einreden wollen, daß der Vorschlag geradezu verrückt oder zumindest unpraktisch sei.

Es könnte hier interessant sein, eine Liste von »Fakten« und »Statistiken« zu führen und sie als Unterstützung der eigenen Ansichten zu verwenden um zu sehen, welcher »Experte« sich zu der strengen Überprüfung bekennt.

Es gibt eine Anzahl von zusätzlichen Techniken, die der Topmanager anwenden kann, um das innovative Denken allgemein zu fördern. Sie wurden durch viele Studien entwickelt und können überall angewendet werden:

1) Das »upside-down«-Denken
2) Das laterale Denken
3) Das Bewältigen des »Steckenbleibens«

Egal wie kreativ Ihre Ideen sind, wenn Sie es nicht verstehen, sie zu verkaufen oder die Leute Ihrer Firma, die mit ihren »Killerphrasen« nur darauf warten, zu besiegen, werden Sie nicht sehr weit kommen.

Wie gut bewältigen Sie das »Steckenbleiben«? Versuchen Sie diese Tests.

**Test**

1. Sie schlagen vor, daß in der Vorstadt von einer nahen Bäckerei frische Semmeln zu den Privathäusern oder einem Lebensmittelgechäft geliefert werden.
   Welche Gegenargumente ließen Sie gelten und wie würden Sie sie zu entkräften versuchen?

   a) Das Ganze ist zu kostspielig. ☐
   b) Die Leute essen ihr Frühstück zu verschiedenen Zeiten. ☐
   c) Einige Semmeln würden gestohlen. ☐
   d) Wir könnten es zuerst in einem Vorort versuchen. ☐

2. Ein Bankmanager schlägt vor, eine Reiseabteilung einzurichten.

   Die folgenden Argumente wurden als Pro und Kontra verwendet:
   a) Das Bankgeschäft muß modernisiert werden. Dies ist ein Weg, es zu tun. ☐
   b) Es gibt genug Reisebüros. Sie werden sich über unlauteren Wettbewerb beschweren. ☐

c) Banken haben zur Zeit nicht genug Platz. ☐

d) Nennen wir es »Reiseanleihe« und arbeiten wir mit den Reisebüros zusammen. ☐

3. Sie sind ein professioneller Bauherr. Sie schlagen vor, daß Änderungen bei der Ausstattung von Häusern vorgenommen werden, um konkurrenzfähig zu sein. Beispiele: Besonders große Badewannen für zwei Personen, Wintergarten und Badezimmer.
Keine Bücherregale mehr – statt dessen, Bücher auf Kassetten und Software-Disketten. Hier sind die Argumente des Architekturbüros:

a) Es wird die Kosten des Hauses zu sehr erhöhen. ☐

b) Die Leute wollen ihre Gewohnheiten nicht aufgeben. ☐

c) Die Platzersparnis wird die zusätzlichen Kosten wettmachen. ☐

d) Wir bauen heute nicht mehr so wie vor 100 Jahren. Warum sollen wir nicht an der zukünftigen Entwicklung teilnehmen? ☐

4. Sie haben die Aufgabe, neue Duftstoffe zu entwickeln. Johnson's Wax hat z. B. eine solche Abteilung. Sie brauchen neue Absatzmärkte. Ihre Ideen reichen von Düften für Kleider, über Duftstoffe, die dem Essen beigefügt werden, bis zu imprägnierten Papierrollen und Toilettenpapier.
Hier sind einige Reaktionen. Wählen Sie diejenige aus, die Sie akzeptieren.

a) Die Leute sind sehr konservativ, was Düfte betrifft. Sie werden diese Ideen ablehnen. ☐

b) Sie müssen jede verrückte Idee ausprobieren. Sie können sie später immer noch der Realität anpassen. ☐

c) Wir brauchen dringend neue Absatzmärkte, aber wir sollten unsere Zeit und unser Geld nicht verschwenden. ☐

d) Sogar die Ägypter haben Duftstoffe für ihr Bad, ihre Tempel verwendet. ☐

**Auswertung**

| | | | |
|---|---|---|---|
| 1. a) 1 | 2. a) 3 | 3. a) 1 | 4. a) 1 |
| b) 2 | b) 2 | b) 2 | b) 2 |
| c) 3 | c) 1 | c) 3 | c) 3 |
| d) 4 | d) 4 | d) 4 | d) 4 |

Die beste Punktzahl liegt bei 12 bis 16 Punkten. Sie sind fähig, Ihre neuen Ideen zu verteidigen.
8 bis 11 Punkte zeigen, daß Sie nicht sehr leicht aufgeben. Aber manchmal haben Sie dennoch Zweifel.
4 bis 7 Punkte bedeuten, daß es nicht genug ist, kreative Ideen zu haben. Sie müssen lernen, diese auch zu verkaufen.

Unsere Tests zeigen mehrere Möglichkeiten auf, für eine neue Idee zu kämpfen. Wir schlagen vor:

1) Sie experimentieren zumindest und geben der Idee eine Chance. Wenn sie funktioniert, dann können Sie sie weiter entwickeln und auf größerem Gebiet anwenden.

2) Eine Idee bis zum Extrem auszudehnen, ist ein anderer Weg, mit dem »Steckenbleiben« fertig zu werden. Es ist eine Art, »o.k.« zu sagen. Akzeptieren Sie die Einwände, aber sagen Sie sich »Angenommen, das Schlimmste passiert...«.

Das Beschäftigen mit solchen Extremen kann oft dazu führen, daß eine neue Idee akzeptiert wird.

Das Anführen von Beispielen aus der Vergangenheit, sogar aus der Geschichte, kann ein überzeugendes Argument sein. Ebenso das Betonen von:

3) zukünftigen Entwicklungen. Das kann zum dynamischen Denken anregen, kann ein überzeugendes Argument sein.

*Experimentieren*

Vorausgesetzt Sie sind davon überzeugt, daß Ihre Idee einen Wert hat, geben Sie nicht ohne Kampf auf, auch wenn Sie mit Gegenargumenten bombardiert werden.

Es können nicht nur die Fakten, mit denen Ihre Gegner gegen Sie vorgehen, falsch sein, sondern auch Ihre eigenen Bedenken gegen die Idee können unbegründet sein. Sie werden entdecken, daß es in Ihrem eigenen Denken viele Fallgruben gibt.

Diese Fallgruben können etwas als Fakt erscheinen lassen, obwohl es gar keiner ist, nicht, wenn Sie es ein zweites oder drittes Mal überdenken.

Es werden so viele neue Ideen »erdacht« – und dennoch stellen sich nur wenige davon als brauchbar heraus – egal wie eifrig ihre »Erfinder« sind.

»Jede Woche erhalte ich zehn neue Ideen«, wird Ihnen ein Spezialist der Firma R & D oder ein New Products-Manager erzählen.

Multiplizieren Sie diese Zahl mit der Zahl der Firmen, an die herangetreten wird, und Sie werden beginnen, die Situation zu verstehen.

Es scheint für die Inspiration der Menschen keine Grenzen zu geben: Von einem Plastikauto, das nur ein Fünftel eines durchschnittlichen Autos wiegen würde, und deshalb auch weniger Benzin benötigte, bis zur Erstellung eines Telefonbuches für Beerdigungen in Washington.

Die letzte Idee würde jedem gestatten, seinen letzten Willen auf Platte zu sprechen, so daß nach seinem Tod, die Familie anrufen und herausfinden könnte, wie der letzte Wunsch lautete, und diesen auch ausführen könnte. (Dieser Vorschlag wurde durch eine Geschichte um den verstorbenen Präsidenten Franklin D. Roosevelt angeregt: Durch eine handgeschriebene Notiz fand man, Wochen nachdem er im Hyde Park begraben wurde, heraus, daß er auf ganz bestimmte Weise an ganz anderem Ort begraben werden wollte.)

Das Wichtigste bei einer neuen kreativen Ansicht oder Denkweise ist, zuerst alles in Gedanken durchzuarbeiten, dieser Von-Tag-zu-Tag-Prozeß bei der Ausarbeitung einer Idee: Was bedeutet sie? Was werde ich tun, wenn man sie akzeptiert? Wo werde ich beginnen? Überdenken Sie jedes notwendige Detail.

Diese geistigen Versuche, die vor den physischen kommen sollten, werden oft übersehen.

Wir verbringen z.B. Jahre damit, uns zu wünschen, daß wir andere Jobs hätten oder an einem anderen Ort lebten.

Dann, wenn wir plötzlich den Job wechseln oder impulsiv alles aufs Spiel setzen und durch das Land reisen, wenn wir dann die Erfüllung unserer Träume realisieren, sind wir schrecklich enttäuscht. Warum? Weil wir nie die Schwierigkeit auf uns nahmen, die erwünschte Änderung vorher zu durchleben und es uns nicht erlaubten, alle Aspekte der wirklichen, dreidimensionalen Erfahrung kennenzulernen.

Wo es möglich ist, sollten Sie Ihr geistiges Experimentieren mit dem physischen verbinden. Das wird Ihnen helfen, viel näher an die Verwirklichung Ihrer Idee heranzukommen. Es mag vielleicht paradox klingen, daß wir hier gesagt haben, Kreativität – wirkliche Kreativität – ist eine eher seltene Eigenschaft, und daß es dennoch genug Menschen gibt, denen immer wieder neue Ideen einfallen. Es geht jedoch um die Durchsetzungskraft. Sie haben nicht den Mut, die Durchsetzungskraft oder die Erfahrung (im physischen Sinn), ihre Ideen auszuführen. Und dann passiert es, daß jemand anders mit ähnlichen Ideen auf wundersame Weise Erfolg hat.

Das verwirrt natürlich den, der die ursprüngliche Idee hatte. Er kann nicht verstehen, warum der andere sein Ziel erreichte, während er versagte.

### *Das Testen der Extreme*

»Ja, aber...!« Damit beginnt häufig der Einwand gegen eine neue Idee.

Angeregt durch die neuen Möglichkeiten, die es zur Verbesserung der Kreativität gibt, sind Sie vielleicht in der Lage, neue Denkweisen in Ihrer Firma zu etablieren. Aber die Menschen, die mit Ihnen arbeiten, können sehr wohl gegen Ihr eigenes neues Denken sein. Sie können sich sogar darüber lustig machen. Wie wird man dann mit diesen Reaktionen fertig?

Bevor Sie dieser Herausforderung von außen gewachsen sind, müssen Sie erkennen, daß Sie selbst an Ihrer eigenen Idee zweifeln werden. Niemand hat es jemals vor Ihnen versucht, niemand, von dem Sie jemals gehört hätten. Wie können Sie wissen, ob es funktioniert? Sie können es nicht wissen. Deshalb müssen Sie es versuchen. Testen Sie die Extreme.

Die Extreme testen bedeutet, daß Sie sehr weit gehen, und Ihre Idee zu fast schon übertriebenen Weiten führen, ohne natürlich Zeit zu verschwenden oder zu große Summen von Geld auszugeben. Dabei sehen Sie, ob die wirkliche Durchführung lächerlich ist oder nicht.

Um ein genaues Testergebnis zu bekommen, versuchen Sie dann genau das Gegenteil Ihrer Idee und beobachten, wie das funktioniert. Man erwartet nicht wirklich immer Erfolg. Denken Sie daran, wie grau und langweilig Ihre Tage wären, wenn alles so funktionieren würde, wie Sie es sich vorstellen.

Manchmal haben Menschen die besten Ideen und versuchen sie zu realisieren, ohne die Extreme getestet zu haben. Wir sprechen z.B. andauernd über die Verbesserung der menschlichen Beziehungen und über Gleichheit am Arbeitsplatz. Dennoch, sogar in kommunistischen Ländern, wo die Motivation ein ebenso großes Problem ist wie im Kapitalismus, funktioniert das Prinzip der Gleichheit, das das Wort »Kommunismus« ausdrückt, nicht. Es kann nicht funktionieren, weil es in Konflikt steht mit mächtigen Gesetzen der menschlichen Natur. Im Endergebnis wissen der Mann und die Frau, die am härtesten arbeiten, daß bessere Leistung es ihnen ermöglicht, mehr Geld zu verdienen und daß das Geld, das sie verdienen, es ihnen ermöglicht, mehr Waren zu kaufen.

Das ist, wie wir alle wissen, auf keinen Fall der einzige Grund für die Motivation. Als zweiten gibt es den Konkurrenzkampf. In Kriegssituationen hat sich immer wieder herausgestellt, daß die Soldaten besser kämpfen, im psychologischen Sinn, wenn sie miteinander darin konkurrieren, wer den größten Mut hat, wer die meisten feindlichen Flugzeuge abschießt oder wer mehr feindliche Panzer zerstört.

Daneben ist noch viel, viel mehr zur Motivation zu sagen: Es gibt den Wunsch nach Prestige und Autorität, das Verlangen, dazuzugehören, die Tendenz, Arbeit nur wegen der gesellschaftlichen Kontakte zu werten usw. Motivation ist ein komplexes Thema, über das wir immer noch nicht genug wissen.

Utopisten und Anhänger von Orwell träumen seit Jahren von der idealen Welt und haben versucht, eine perfekte Gemeinschaft zu bilden, so wie »New Harmony«, »Oneida«, »Walden« oder »Walden II«, und ihr Denken und Planen ernsthaft an wissenschaftlichen Prinzipien auszurichten.

Wenn Sie jedoch darangehen, ihre perfekt organisierte Welt mit allen Details in die Realität umzusetzen, stoßen sie regelmäßig auf unzählige Probleme und Hindernisse.

Eigentlich haben sich nur wenige Menschen wirklich überlegt, wie langweilig eine perfekte Welt wäre, obwohl sogar die Länder, in denen der Sozialismus schon sehr ausgefeilt ist, das inzwischen wahrscheinlich einsehen.

Stellen Sie sich einmal vor, wie es wäre, wenn alles ohne die geringste Anstrengung von unserer Seite funktionieren würde. Keine Probleme zu lösen, keine Aufgaben zu erfüllen, keine Entdeckungen mehr zu machen, das hieße, wir würden uns so langweilen, daß wir uns auf die eine oder andere Art selbst zerstörten.

Das Bestreben ist hier nicht, Sie zu entmutigen, Ihr Potential an Kreativität zu entwickeln. Weit gefehlt. Nur müssen Sie ein für alle Male lernen, Ihren Gegnern mit Ihren Ideen gegenüberzutreten. Das bedeutet, daß Sie den Mut haben müssen, Ihr Denken Tests zu unterziehen und neue Ideen auszuprobieren, die bisher als eher verrückt galten.

Angenommen, in einem versteckten Tal lebt ein Stamm von Menschen, der sich ohne Augen weiterentwickelt hat. Wie können sich diese Menschen gegen ihre Feinde verteidigen? Wie können sie den Verkehr regeln und die vielen anderen Funktionen, die in einer modernen Stadt notwendig sind, bewältigen? Denken Sie einen Moment lang nach. Sie könnten sich z. B. bei einem bestimmten Signal, das nur von den Stammesmitgliedern wahrgenommen werden kann, total still verhalten. Eine andere Lösung, alle Hindernisse zu beseitigen, wäre, den Stamm mit einer Art Radarsystem zu umgeben, das die Menschen überall hin führen würde, wohin sie auch gehen, indem es akustisch auf jede Bewegung, die sie machen, reagiert.

Und als entgegengesetztes Extrem: Was wäre, wenn der Stamm eine besondere Sehfähigkeit hätte, anstatt blind zu sein?

Wie könnten die Menschen das zu ihrem Vorteil nutzen? Welche Art von Verteidigung könnten ihre Feinde gegen sie entwickeln? Eine Art besonderer Tarnung? Welche Regelung bezüglich der Privatsphäre wäre zu treffen, um das Leben innerhalb der Gemeinschaft erträglich zu machen?

Wir könnten diese Vorstellung weiterentwickeln und die Vorgangsweise in einer Gesellschaft behandeln, in der der Geruchssinn nicht existiert, oder, um das andere Extrem zu wählen, in der der Geruchssinn besonders gut ausgebildet ist. Wir alle haben gelesen, daß Hunde Düfte viel besser unterscheiden können als Menschen, daß sie in einem Teil ihres Gedächtnisses Menschen und andere Hunde durch den Duft identifizieren, daß sie Düfte aus einer weiten Entfernung feststellen können.

Wenn Sie auf dem Land leben und eine nichtsterilisierte Hündin haben, wissen Sie, daß die Hündin, zu einer bestimmten Zeit Hunde aus großer Entfernung anzieht. Es ist nicht Telepathie, es ist das Geruchsorgan, das die Anziehung schafft, wenn alle anderen Faktoren günstig sind.

*Dynamisches Denken*

Eine besonders hartnäckige Art von Widerstand gegen das Durchführen neuer Ideen, ist der sogenannte »Tunnel-Effekt«. Er besteht darin, zurückzuschauen, unzählige Daten anzusammeln, über das was in der Vergangenheit funktioniert und nicht funktioniert hat, und sich darauf zu konzentrieren, wie die Dinge bis jetzt getan wurden und immer noch getan werden.

Es ist der Gegensatz zum Vorwärtsschauen, zum Projizieren der Gedanken in die Zukunft, zum »dynamischen Denken«, um ein häufig verwendetes Wort zu benutzen.

Es wird heutzutage viel geschrieben über die Gefahren, die es in der modernen Welt gibt. Bücher, Zeitungsartikel und Veröffentlichungen warnen davor, daß das dunkle Zeitalter uns wieder heimsuchen werde. Fernsehkommentatoren und deren Gäste sprechen schwermütig über unkontrollierbare Hungersnöte. Was diese pessimistischen Hellseher nicht erkennen, ist, daß der menschliche Geist die Fähigkeit hat, darauf zu reagieren.

Wir sprechen von Handlungsfreiheit. Wir schlagen zurück, wir entwickeln eine neue Art von Selbstvertrauen, und wir weigern uns zu glauben, daß die Probleme, vor denen wir stehen, wie schwierig sie auch sein mögen, unlösbar sind. Je bedrohlicher eine Situation wird, um so erfinderischer werden wir. So denken wir z. B. auf neue Art über Sonnenenergie als Ersatz für konventionelle Energiequellen nach. Sie soll in nicht allzu ferner Zukunft für Heizungs- und Kühlungszwecke verwendet werden.

In den USA haben wir das Bevölkerungswachstum praktisch auf Null reduziert. Noch vor zwei oder drei Jahren waren wir darüber beunruhigt, daß die Bevölkerung so schnell gewachsen ist. Überbevölkerung war ein viel ernsteres Problem in Indien, China und Lateinamerika, aber auch dort ist man auf dem Weg zur Lösung.

Dynamisches Denken bedeutet, daß wir in der Zukunft nicht nur die unangenehmen Faktoren sehen, sondern auch die Möglichkeit neuer Entdeckungen und Erfindungen, neuer Anwendungsbereiche für unser jetziges Wissen, neuer technologischer Entwicklungen, neuer Philosophien und Einstellungen. Herztransplantationen sind nur einige wenige Jahre alt. Physiker stellen Vermutungen über Weltraumkolonisation und Transportsysteme, die Shuttles und Weltraumstationen benötigen würden, an. Es gibt eine gute Chance, daß wir innerhalb der nächsten 5 oder 10 Jahre ein Heilmittel für Krebs finden werden. In naher Zukunft wird es uns möglich sein, unsere Kinder genetisch zu beeinflussen. Und – weit entfernt vom Mangel an Lebensmitteln – müssen wir nur lernen, die offensichtlich zahlreichen Quellen von Nahrungsmitteln in unseren Meeren zu nutzen.

Unser Geist muß lernen, in die Zukunft zu blicken. Manchmal können wir das erreichen, indem wir uns an die vielen Dinge, die es vor kurzer Zeit nicht gab, die aber heutzutage als selbstverständlich gelten, erinnern.

Der alte Rip van Winkle ist nach 20 Jahren wiedererwacht. Wenn ein moderner Rip auferstehen würde, wäre er erstaunt über die heute alltäglichen Dinge wie Videospiele, Computer, TV, Düsenjets, Häuser mit Klimaanlage, gefrorene Speisen, künstlich erzeugten Schnee, geheimnisvolle synthetische Gewebe, Plastikobjekte, zu zahlreich, um sie alle anzuführen und mehr als er sich jemals vorstellen konnte. Diese Liste ist fast unbegrenzt und täglich wird etwas Neues hinzugefügt.

Um eine neue Idee in die Realität umzusetzen benötigt man Durchsetzungsvermögen!

Was ist, wenn jemand sagt, es wurde immer auf die alte Art und Weise gemacht, und Ihre Idee wird einfach nicht funktionieren? Beim dynamischen Denken nehmen Sie oft ein altes Konzept wieder auf, das einst als veraltet oder als unpraktisch verworfen wurde, wie z. B. der Schlammanbau oder die Wiederverwertung von Abfall in der Landwirtschaft und in vielen Industrien. Sie müssen nun einfach sich selbst und andere überzeugen, daß das, was Sie vorschlagen, wert ist, jetzt ausprobiert zu werden, egal wie es Leute früher einmal bewertet haben.

Oft machen sich die Leute über neue Ideen und über diejenigen, die daran glauben, lustig. Aber oft haben sich jene Ideen, die am meisten belacht wurden, als die erfolgreichsten herausgestellt.

Möglicherweise erreichen wir auch einmal ein Stadium, wo zu Hause nicht mehr gekocht, sondern nur vorfabriziertes Essen aufgewärmt wird – eine Aussicht, die vielen von uns nicht gerade einladend erscheint.

Aber selbst wenn es dazu kommt, daß in unserer Gesellschaft nur mehr Massenproduktion und strikte Reglementierung vorherrschen, müssen wir unsere individuelle Freiheit nicht unbedingt einbüßen. Natürlich liegt hierin eine Gefahr, und manche von uns haben dieses Gefühl der Einschränkung, diesen tatsächlichen oder vielleicht nur eingebildeten Mangel an Atemraum, schon früher erkannt als andere. Und natürlich wird es die

Probleme geben, die eine enorme, träge Bürokratie mit sich bringt, aber wenn wir klug genug sind, werden wir es uns nicht gefallen lassen, daß unser Leben auf eine uns abträgliche Weise reglementiert wird, und wir werden dafür sorgen, daß wir in wesentlichen Belangen unsere Freiheit behalten. Wir werden sogar freier sein als früher, weil uns so viele Dinge abgenommen werden, so daß wir mehr Zeit haben, unseren Individualismus und unsere Kreativität zu pflegen.

# 4 Emotionen

## 4.1 Sind Sie wirklich glücklich in Ihrem Job?

Selbstverwirklichung ist ein Reizwort. Wir reden von Bereicherung des Arbeitslebens, von Zufriedenheit, von Lebensqualität. »Glückliche Arbeitnehmer sind produktive Arbeitnehmer«. Das klingt gut. Aber da haben wir schon mindestens zwei Probleme. Die Mitarbeiter wissen vielleicht gar nicht, ob sie glücklich sind oder nicht. Sie sagen Ihnen vielleicht, sie seien glücklich, um Sie und sich selbst zu beruhigen. Und ein paar Wochen später kündigen sie, weil sie ein besseres Angebot erhalten haben. Hätten Sie gewußt, oder hätten sie ausgedrückt, was unter der Oberfläche gärte, dann hätten Sie vielleicht die Möglichkeit gehabt, die Ursache des Unbehagens, was immer sie auch war, abzustellen.

Unzufriedenheit mit der Arbeit kann viele Gründe haben: Zu wenig Herausforderung, Überqualifikation, nicht genug Anerkennung oder das Gefühl, nicht genug Anerkennung zu finden, weil man unter Streß steht. Aber wie weiß man denn überhaupt, ob ein Mensch wirklich glücklich ist?

Zuallererst geht es also darum, sich über die Arbeitsplatzzufriedenheit wirklich Gedanken zu machen, diese geht nämlich oft Hand in Hand mit dem allgemeinen Lebensglück.

Der erste Schritt hierzu ist, den Grad und die Art der Unzufriedenheit festzustellen. Die nächste Frage ist natürlich, was man dagegen tun kann, wie man seine Mitarbeiter glücklich macht, zumindest soweit, daß sie gute Arbeit leisten.

Manchmal hilft es schon, ihm oder ihr die Brüchigkeit der Illusion, daß das Gras auf der anderen Seite so sehr viel grüner wäre, bewußt zu machen. Das ist eine ziemlich harte Nuß – nicht so sehr in bezug auf die Lösung, sondern in bezug darauf, daß man dazu seinem Leben und seinem Beruf wahrheitsgetreu auf den Grund gehen muß.

Gibt es denn Arbeitnehmer, die es genießen, unglücklich zu sein, oder zumindest ein masochistisches Lebensvideospiel abzuspulen? Vielleicht mehr als wir vermuten.

Warum wohl gibt es soviele Theaterstücke, die das »Aussteigen«, das »aus der Tretmühle kommen« zum Thema haben? Sich aus dem Arbeitsleben zurückziehen, sehen wir als »endlich imstande sein, das zu tun, was einem wirklich Freude macht«.

Bedeutet das aber, daß wir all diese Jahre gehaßt haben, was wir taten? Wenn Sie bei oder mit Ihrer Arbeit unglücklich sind, kann sich das auf Ihren Erfolg als Manager auswirken. Ihre eigene Unzufriedenheit kann auf Ihre Partner abfärben. Ergründen Sie, wie es um Ihre wahren Gefühle bestellt ist.

## Test

1. Schließen Sie Ihre Augen. Vergessen Sie alle Probleme hinsichtlich Berufswechsel, Versetzung oder Umschulung. Sie können einen Zauberstab schwingen. Stellen Sie sich vor, Sie tun beruflich etwas, das Sie wirklich aufregend finden. Kreuzen Sie jene Antwort an, die Ihre Gefühle am besten zum Ausdruck bringt.

   a) Das müßte etwas ganz Anderes sein als das, was ich jetzt mache. ☐
   b) Das wäre dieselbe Arbeit wie jetzt, nur als Teilzeitbeschäftigung. ☐
   c) Das wäre mehr über mein Fachgebiet zu lernen, so daß ich dieselbe Arbeit tun kann, nur besser. ☐
   d) Ich bin glücklich mit dem, was ich mache, ich wünsche mir keine Veränderung. ☐

2. Man erzählt Ihnen, daß ein Freund seine Arbeit als Museumsdirektor an den Nagel gehängt hat, um Modefriseur zu werden. Er erklärt seinen Berufswechsel wie folgt. Welchen von diesen Gründen würden Sie akzeptieren?

   a) Ich habe es nur getan, um mehr Geld zu verdienen. ☐
   b) So bin ich unabhängig, niemand sagt mir, was ich zu tun habe. ☐

c) So bin ich ständig mit Menschen in Kontakt und fühle mich nicht so abgekapselt. ☐
d) Die Köpfe, die ich verschönere, sind für mich wie Skulpturen. ☐

3. Sie haben genug Geld geerbt, um nicht mehr arbeiten zu müssen. Was würden Sie tun?

a) Mit Ihrer Arbeit wie bisher fortfahren. ☐
b) Mehr Zeit Ihren Hobbies widmen, aber dennoch einen Teil der bisherigen Arbeit weitermachen. ☐
c) Sich das Leben leicht machen und nichts tun als Sport betreiben und Spaß haben. ☐
d) Irgend etwas ganz Anderes lernen und einen anderen Beruf ergreifen ☐

4. Versuchen Sie, sich Ihren Job symbolisch vorzustellen. Welche der folgenden Zeichnungen würde Ihrer Einstellung zu Ihrer derzeitigen Arbeit am nächsten kommen?

a)  ☐

b)  ☐

c)  ☐

d)  ☐

5. Wie wäre Ihr Idealjob?

a) Er müßte meinem jetzigen sehr ähnlich sein. ☐
b) Er müßte mich sehr viel mehr fordern. ☐
c) Er müßte mir mehr Unabhängigkeit bieten. ☐
d) Mein Job ist das, was ich aus ihm mache. ☐

6. Denken Sie an die glücklichsten Momente in Ihrem jetzigen Job und beschreiben Sie sie.

.................................................
.................................................
.................................................

. . . . . . . . . . . . . . . . . . . . . . . . . . . . . . . . . . . . . . . . .
. . . . . . . . . . . . . . . . . . . . . . . . . . . . . . . . . . . . . . . . .

7. Denken Sie an die unglücklichsten Momente in Ihrem Job und beschreiben Sie sie.

. . . . . . . . . . . . . . . . . . . . . . . . . . . . . . . . . . . . . . . . .
. . . . . . . . . . . . . . . . . . . . . . . . . . . . . . . . . . . . . . . . .
. . . . . . . . . . . . . . . . . . . . . . . . . . . . . . . . . . . . . . . . .
. . . . . . . . . . . . . . . . . . . . . . . . . . . . . . . . . . . . . . . . .
. . . . . . . . . . . . . . . . . . . . . . . . . . . . . . . . . . . . . . . . .

8. Sie haben auf die eine oder andere Weise eine Menge Geld verdient. Sie haben es nicht mehr nötig zu arbeiten. Wie sähe Ihr Lebenstraum aus? Was würden Sie tun?

   a) Meinen jetzigen Job aufgeben, es mir leichtmachen und das Leben genießen. ☐
   b) Meine Hobbies kultivieren, vielleicht einen Beruf daraus machen. ☐
   c) Meinen jetzigen Job behalten, mir möglicherweise zusätzliche Fertigkeiten aneignen. ☐
   d) Auf eine Stufe unterhalb meiner vollen Leistungskraft zurückschalten, mehr entspannen, einem neuen Mitarbeiter die Chance geben, sich in meine Tätigkeit einzuarbeiten. ☐

## Auswertung

| | | | |
|---|---|---|---|
| 1. a) 1 | 2. a) 1 | 3. a) 4 | 4. a) 2 |
| b) 2 | b) 2 | b) 3 | b) 3 |
| c) 3 | c) 3 | c) 2 | c) 4 |
| d) 4 | d) 4 | d) 1 | d) 1 |

| | | | |
|---|---|---|---|
| 5. a) 3 | 6. 1–3 = 2 | 7. 1–3 = 3 | 8. a) 1 |
| b) 4 | 4–7 = 3 | 4–7 = 2 | b) 2 |
| c) 2 | mehr als 7 = 4 | mehr als 7 = 1 | c) 4 |
| d) 1 | | | d) 3 |

Wenn Ihre Punktzahl zwischen 22 und 29 liegt, sind Sie mit Ihrer Arbeit sehr glücklich.

Wenn Sie nur zwischen 9 und 13 Punkte haben, wären Sie gut beraten, entweder Ihre derzeitige Tätigkeit anspruchsvoller zu gestalten oder einen Berufswechsel ins Auge zu fassen, sobald Sie analysiert haben, was es ist, das Sie unglücklich macht. Es könnte sein, daß Sie lieber mit Menschen zu tun haben möchten, oder umgekehrt.

Die Tests 6 und 7 sollten in dieser Hinsicht besonders aufschlußreich für Sie sein. Wenn die glücklichsten Momente in Ihrem Job jene waren, in denen Sie Wertschätzung durch Ihre Mitarbeiter oder Anerkennung durch Fachkollegen erfuhren, dann sind Sie Mitmenschen-orientiert. Wenn Ihre glücklichsten Momente eher unpersönlich waren, zum Beispiel bei der Entwicklung eines neuen Produkts oder einer besseren Verfahrenstechnik, oder durch andere Leistungen, die nicht direkt mit Menschen zu tun haben, zustandekamen, dann ist Ihre Zufriedenheit mehr oder weniger von Ihren Mitmenschen unabhängig.

Manche Manager sind Einzelgänger, andere brauchen ständig menschliche Kontakte.

Eine Punktzahl von 14–21 kann aus einem Gefühl der Schalheit und der Monotonie resultieren, wenn z. B. nie irgend etwas Aufregendes zu passieren scheint, und auch z. B. aus der Antwort 5.b).

Vieles hängt von der Art des Jobs ab. Manchmal bringt eine Tätigkeit nicht genügend Streß. Streß ist die Reaktion auf eine Situation, nicht notwendigerweise die Situation selbst.

Man kann sich mit Aufgaben überladen haben – aus Angst, nicht gewünscht oder gebraucht zu werden. Aber es kann ebensogut auch das Gegenteil der Fall sein. Nicht genügend gefordert zu werden, frustriert oder gelangweilt zu sein. Arbeitsplatzzufriedenheit ist oft eine Frage der eigenen Einstellung.

Ein deprimierter Manager muß lernen, seine Bedeutung neu zu überdenken. Der Verlust von Selbstwertgefühl ist Teil einer negativen Einstellung zu einem Job. Ein Gespräch mit Kollegen über die Grenzen eines Aufgabenbereichs kann Wege aufzeigen, wie man seine Arbeit durch neue Ideen und Herausforderungen bereichern kann.

Wenn nichts von all dem funktioniert, können Sie natürlich immer noch einen Berufswechsel vornehmen – wie unser Kunstdirektor, der Modefriseur wurde.

## 4.2 Wie gut vertragen Sie Kritik?

Kritik ist eine unangenehme Erfahrung. Das Selbstwertgefühl ist verletzt. Die erste Reaktion ist Verteidigung. Und doch hat man uns von Kindheit an gesagt, was an unserem Verhalten richtig oder falsch war. Ohne dieses Dazwischentreten wären aus uns vielleicht noch ärgere Barbaren geworden. Wie gut wir Kritik vertragen, hängt ganz wesentlich von der Art und Weise ab, wie sie uns serviert wird. Dabei muß Kritik noch nicht einmal verbal geäußert werden.

Bei einer Büroparty nicht eingeladen zu werden, seine Vorschläge in einer Hausmitteilung einfach als unbrauchbar ausgestrichen zu sehen, sind recht klare Ablehnungssignale.

Die meisten von uns haben ein Image von sich selbst. Man möchte glauben, es ist sehr positiv. Doch wieviel Menschen schauen wirklich gern in einen psychologischen Spiegel? Wir mögen oft nicht einmal unsere Stimme oder unser Aussehen. Das ist einer der Gründe, warum Schauspieler sich so ungern die Rohschnitte ihrer Filme ansehen.

Was ein Mensch über sich selbst sagt, ist nicht notwendigerweise ein Beweis dessen, was er wirklich denkt.

Die Aussage »Ich bin der Größte«, oft genug wiederholt, kann Indiz eines angeschlagenen Selbstbewußtseins, das Aufzählen eigener Schwächen eine Art des Komplimenteheischens sein.

Der Beruf eines Managers kann mit dem eines Lehrers verglichen werden. Mit Leuten arbeiten zu müssen, die keine Kritik vertragen, ist frustrierend. Natürlich kann Kritikempfindlichkeit darauf zurückzuführen sein, daß die Kritik falsch ausgedrückt wurde. Viel öfter ist der Grund jedoch eine zu dünne Haut. Die wahre Erklärung könnte aber der Widerwille sein, die ermüdende Prozedur des Umlernens und Sichänderns auf sich zu nehmen. Die Psychoanalytiker nennen das den Charakter-Panzer. »So bin ich eben, ob's euch paßt oder nicht«.

Entweder Sie finden schon vorher heraus, wie starr ein Bewerber in seinem Wesen ist, oder Sie sind später mit der Arbeit konfrontiert, sein dickes Fell durchdringen zu müssen.

Kritik ist oftmals notwendig. Sie ist eine der nützlichsten Arten von Kommunikation, aber auch die unbeliebteste.

Wenn die Kritik fair und konstruktiv ist, sind wir eher geneigt, unsere Fehler zu korrigieren und werden so unseren Zielen schneller näherkommen.

Wenn wir Kritik nicht vertragen, können wir mit Entrüstung reagieren und werden versuchen, die Schuld auf andere abzuwälzen. Wir können den anderen der Dummheit bezichtigen oder ihn sogar als eifersüchtigen Fehlersucher abqualifizieren. Ironischerweise werden unsere Schwächen um so deutlicher, je leidenschaftlicher wir uns verteidigen.

Je heftiger wir auf Kritik reagieren, desto sicherer können wir sein, daß sie berechtigt ist. Es ist so, als ob uns jemand an einer schmerzenden Stelle unseres Armes angerempelt hätte. Kritik kann uns helfen, uns selbst mit objektiveren und kritischeren Augen zu sehen.

Die sechs unten angeführten Situationsbeispiele werden Ihnen helfen herauszufinden, wie gut Ihre Mitarbeiter Kritik vertragen. Bitten Sie sie, die Fragen sorgfältig zu studieren und dann jene Alternative anzukreuzen, die ihre Reaktionen am besten beschreibt.

## Test

1. Sie tragen im Büro ein ungewöhnliches rotes Hemd mit phantasievollem Besatz. Ihre Kollegen starren Ihnen nach, zeigen auf Sie und flüstern. Wie reagieren Sie?

   a) Vielleicht haben die Kollegen recht. Dieses Kleidungsstück ist wirklich nicht das Wahre. Ich werde es nicht mehr tragen. ☐
   b) Diese Leute verstehen nichts von gutem Geschmack. Mir gefällt es und das ist die Hauptsache. ☐
   c) Vielleicht hätte ich vorher jemand anderen nach seiner Meinung über dieses Kleidungsstück fragen sollen. ☐

2. Sie hören, wie im Büro nebenan der Chef einen Ihrer Kollegen anbrüllt. Wie reagieren Sie?

   a) Der Chef, ob er nun im Recht ist oder nicht, sollte weniger lautstark kritisieren. ☐
   b) Der Kollege sollte sich verteidigen. ☐

c) Das sollte ihm eine Lehre sein, es nächstes Mal besser zu machen. ☐

3. Sie wurden gebeten, nach den Vorstellungen Ihres Vorgesetzten einen Marketing-Plan zu erstellen. Sie nehmen im Entwurf Ihres Chefs kleinere Änderungen vor. Als er Ihre Arbeit anschaut, besteht er darauf, daß Sie sie nochmals machen und zwar »richtig«, das heißt, so wie er sie haben wollte. Wie wäre Ihre Reaktion?

a) Ich werde meine Auffassung nicht ändern. Sie ist richtig. ☐
b) Es tut mir leid und ich schreibe die Arbeit nochmals, so wie er sie haben will. ☐
c) Der Plan ist auf diese Art viel besser. Ich werde versuchen, ihn zu überzeugen. ☐

4. Welche der vier unten angeführten Aussagen beschreibt Ihre eigene Einstellung am besten?

a) Im großen und ganzen glaube ich nicht, daß ich mehr Fehler habe als der Durchschnittsmensch. ☐
b) Ich habe eine Menge Fehler und bin froh, wenn die Leute mich darauf aufmerksam machen, damit ich mich verbessern kann. ☐
c) Je weniger ich über mich selbst weiß, desto besser. Sonst könnte ich mich noch hassen. ☐
d) Ich glaube nicht, daß ich viel falsch mache. Ich finde wirklich, daß ich ganz in Ordnung bin. ☐

5. Sie haben auf einer Party einen faux pas begangen, etwas Dummes gesagt. Jemand weist Sie darauf hin. Wie ist Ihre wahrscheinlichste Reaktion?

a) Ich weise die Kritik als unberechtigt zurück. Ich habe nichts Falsches gesagt. ☐
b) Ich hätte mich sowieso entschuldigt. Es gab keinen Grund, mir das hineinzureiben. ☐
c) Ja, Sie haben recht. Es ist mir so herausgerutscht. Ich hätte es nicht sagen sollen. ☐

6. Sie erzählen Leuten von Ihrem Erfolg, zeigen ihnen Ihre

Arbeit (ein neues Produkt, Verpackungsverfahren, Organigramm etc.). Die Leute sagen nichts, scheinen Ihre Arbeit aber zu mißbilligen. Wie nehmen Sie es auf?

a) Sie sagen nichts, fühlen sich aber betroffen und verletzt. ☐
b) Sie erzählen, was andere Leute gesagt und wie sie Ihre Leistung gelobt haben. ☐
c) Sie beginnen selbst Ihre Arbeit zu kritisieren und herabzusetzen. ☐

**Auswertung**

Zählen Sie Ihre Punkte nach folgendem Schlüssel zusammen:

| | | |
|---|---|---|
| 1. a) = 3 | 2. a) = 1 | 3. a) = 1 |
| b) = 1 | b) = 2 | b) = 3 |
| c) = 2 | c) = 3 | c) = 2 |
| 4. a) = 3 | 5. a) = 1 | 6. a) = 3 |
| b) = 4 | b) = 2 | b) = 2 |
| c) = 1 | c) = 3 | c) = 1 |
| d) = 2 | | |

Wenn Ihre Punktzahl zwischen 7 und 9 liegt, können Sie keine Kritik vertragen. Sie geben es wahrscheinlich nicht einmal zu, wenn Sie unrecht haben.
10 bis 15 Punkte zeigen, daß Sie Kritik vertragen, solange niemand Ihre wunden Punkte erwischt.
16–19 Punkte bedeuten, daß Sie von fairer Kritik, die Ihrem Niveau entspricht, profitieren, Sie aber gewöhnlich nicht allzuleicht von Ihrem Standpunkt abweichen.

Jedermann sollte zuerst sein eigener Kritiker sein. Man sollte selbst einen Standard für sein Benehmen und für die Ziele, die man erreichen möchte, festsetzen. Dann sollte man lernen, seine Leistung im Hinblick auf das eigene Anspruchsniveau und die eigenen Zielsetzungen kritisch zu betrachten. Wenn man das einmal fertigbringt, ist man auch bereit, konstruktive Kritik von anderen zu akzeptieren und nutzlose, abträgliche Bemerkungen zurückzuweisen.

Wenn die Kritik fair ist und in die wohldurchdachten eigenen Wertvorstellungen paßt, sollte man die Gelegenheit wahrnehmen, sich zu korrigieren und zu verbessern. Wenn Kritik aber sinnlos ist, und in keinem Bezug zu dem, was man sein oder erreichen will, steht, sollte sie zurückgewiesen werden. Lassen Sie sich nicht herumblasen wie Schilf im Wind.

Wenn es sich um faktische Kritik angesichts eines tatsächlich vorliegenden Fehlers handelt, dann passen Sie auf. Vielleicht sind Sie auf ein Nebengleis geraten oder waren unvernünftig in Ihrer Zielsetzung.

Wenn es einfach nur »Gerede« von einem Menschen ist, der andere oft und gerne kritisiert, kann man mit Sicherheit annehmen, daß er nur von seinen eigenen Unzulänglichkeiten ablenken will.

Wenn es aber Sie selbst betrifft, und wenn die »Unzulänglichkeiten« unvermeidlich sind (zum Beispiel karottenfarbene Haare und Sommersprossen), dann ist die beste Methode, Kritik und Hänselei zu bekämpfen, sich selbst darüber lustig zu machen. Entwaffnen Sie Ihren Kritiker, indem Sie ihn um eine Länge schlagen!

## 4.3 Wie gut bewähren Sie sich in einer Krise?

Ein plötzliches unerwartetes Ereignis, ein Unfall, die Entdeckung einer unheilbaren Krankheit, der Besuch des Chefs in einer multinationalen Gesellschaft – all diese Dinge können unter dem Dachbegriff »Krise« stehen. Manchmal ist eine Krise auch eine versteckte Chance. Unsere Reaktionen auf Krisen sind mit denen der Tierwelt zu vergleichen. Auch eine sehr intelligente Person kann in Panik geraten. Ein Kinobrand reduziert verhältnismäßig normale Menschen auf das Niveau angsterfüllter Tiere. Sie stürzen alle zu einem Ausgang, trampeln sich zu Tode und bemerken nicht einmal, daß es auch andere Ausgänge gibt.

Im Geschäftsleben kann eine Krise ausgelöst werden, wenn Materialmangel die Produktion stillegt, oder wenn eine Spitzenkraft, die alle Verfahrensdetails kannte, die Firma verläßt.

Manche von uns versuchen wegzulaufen, sich zu verstecken, so zu tun, als ob die kleinere oder größere Tragödie gar nicht stattgefunden hätte. Den Kopf in den Sand zu stecken ist zwar eine kindische, aber eine symbolische Geste.

Andere gewinnen nach dem ersten Schock ihre Fassung wieder und schlagen zurück, planen einen Gegenangriff. Das ist es, was den Unterschied zwischen einem Führer und einem Geführten ausmacht.

In sich zusammensinken oder mit den Zähnen knirschen, die Faust ballen oder wütend werden – sind Ausdrucksformen aktiver Gegenmaßnahmen.

Natürlich kann man auch überreagieren. In einer idealen Gesellschaft sollten Präsidenten oder andere Staatsmänner nach ihrer Fähigkeit, drohenden Wolken wirkungsvoll zu begegnen, beurteilt und ausgewählt werden. In einer Studie für eine Kfz-Versicherungsgesellschaft haben wir einen Streß-Test ausgearbeitet, der bei Führerscheinprüfungen Anwendung finden soll. Die meisten Unfälle passieren nämlich unter Streß. Daher sollten wir, die anderen Verkehrsteilnehmer, uns versichern, daß ein Führerscheinanwärter, ganz gleich wie aufgeregt er sein mag, seine Reaktionen unter Kontrolle hat, bevor wir ihm erlauben, eine so potentiell gefährliche Waffe wie ein Automobil in Betrieb zu nehmen.

Ähnlich wichtig ist es auch, daß Manager danach ausgewählt werden, wie krisenimmun Sie sind oder wie Sie mit einer Krise fertigwerden.

Wenn Sie je in einer Krise waren, dann werden Sie sich an Ihre Reaktionen erinnern. Da Sie die Krise überstanden haben, haben Sie eine gewisse Immunität dagegen entwickelt.

Unsere Tests sind so konzipiert, daß Sie Ihre bisherigen Erfahrungen mit Ihren künftigen Reaktionen (oder jenen Ihrer Partner) verbinden.

**Test**

1. Einer Ihrer Kunden erklärt seinen Bankrott. Sie und Ihre Firma sind im Begriff, eine Menge Geld zu verlieren. Was würden Sie am ehesten tun? (Ehrlich)

   a) Sie haben wochenlang Schuldgefühle, weil Sie nicht vorsichtiger waren. ☐
   b) Sie schreiben den Verlust als Teil des Geschäftsrisikos ab. ☐
   c) Sie verdoppeln Ihre Bemühungen, Ihr Geschäft anzukurbeln, um den Verlust wettzumachen. ☐
   d) Sie geben Ihr Geschäft auf und wenden sich anderen Dingen zu. ☐

2. Sie entdecken, daß einer Ihrer Angestellten Ihnen heimlich Kunden gestohlen hat, um ein eigenes Konkurrenzunternehmen zu gründen. Wie ist Ihre Reaktion?

a) Sie nehmen Rache und verbreiten die Geschichte seines unlauteren Verhaltens unter seinen – Ihren ehemaligen – Kunden. ☐
b) Sie wünschen ihm viel Glück und bieten ihm an, mit Ihnen zusammen als unabhängiger Mitbewerber aufzutreten. ☐
c) Sie sagen sich »Na gut. Ich brauche keine hinterhältigen Mitarbeiter«. ☐
d) Sie geben sich selbst die Schuld, weil Sie seiner Unzufriedenheit nicht mehr Aufmerksamkeit geschenkt haben. ☐

3. Sie werden nach zahlreichen Dienstjahren ohne jede Vorwarnung entlassen. Es ist schwierig, eine andere Stelle in derselben Branche oder mit demselben Gehalt zu finden. Ihre wahrscheinliche Reaktion?

a) Wenn möglich, ein eigenes Geschäft aufmachen, oder es in Betracht ziehen, die Kündigung als neue Chance anzusehen. ☐
b) Eine Stelle in einer anderen Branche annehmen, bis Sie etwas finden, wofür Sie wirklich qualifiziert sind. ☐
c) Weil Sie deprimiert sind, geben Sie sich selbst die Schuld. Sie hätten mehr arbeiten sollen, oder diese Möglichkeit vorhersehen und sich durch finanzielle Rücklagen oder das Knüpfen neuer Kontakte auf sie vorbereiten müssen. ☐
d) Sie versuchen, es der Firma, der Sie so viele Jahre Ihres Lebens geopfert haben, heimzuzahlen. Sie reagieren Ihren Zorn ab. ☐

4. Sie haben sich übernommen. Ihre Firma leidet unter Kapitalmangel. Hinzu kommt, daß Ihr Geschäft von der Konkurrenz unterminiert wurde. Sie müssen schließen. Was werden Sie tun?

a) Versuchen, einen neuen Kredit zu erhalten und wieder auf die Beine zu kommen. ☐
b) Ein Angestelltenverhältnis bei einer anderen Firma eingehen. ☐

c) Einen Prozeß gegen Ihre Konkurrenz anstrengen. ☐
d) Sich geschlagen geben. Offenbar fehlt Ihnen das Talent zum Unternehmer. ☐

5. Einer Ihrer Partner hat einen größeren geschäftlichen Schnitzer gemacht. Das hat Ihrem Geschäft oder Ihrer Abteilung beträchtlichen Schaden zugefügt. Sie stellen ihn zur Rede und waschen ihm gehörig den Kopf. Welche Reaktion von Seiten Ihres Partners würden Sie am ehesten akzeptieren?

a) Er explodiert, weil er es als Beleidigung empfindet. ☐
b) Er ist überdefensiv. ☐
c) Er akzeptiert die Kritik und bittet um Hilfe. ☐
d) Er macht sich nichts daraus und lacht darüber. ☐

**Auswertung**

| | | | | |
|---|---|---|---|---|
| 1. a) 2 | 2. a) 2 | 3. a) 4 | 4. a) 4 | 5. a) 1 |
| b) 3 | b) 4 | b) 3 | b) 3 | b) 2 |
| c) 4 | c) 3 | c) 2 | c) 2 | c) 4 |
| d) 1 | d) 1 | d) 1 | d) 1 | d) 3 |

16 bis 20 ist die höchste Punktzahl. Sie haben die Fähigkeit, in einer kritischen Führungssituation die konstruktivste Lösung zu finden. Das ist eine sehr wichtige Fähigkeit, ja fast eine Voraussetzung für einen Spitzenmanager.
Eine Punktzahl von 10 bis 15 verlangt eine Analyse von Ihrer Seite. In welchen Bereichen haben Sie Schwächen. Es könnte sein, daß Sie dazu neigen, sich zu rächen oder die Schuld eher woanders, statt in Ihrem eigenen Verhalten zu suchen.
5 bis 9 ist eine niedrige Punktzahl und könnte ein Indiz für eine generell defätistische Einstellung sein.

Die meisten der Manager, mit denen wir die Vor-Tests durchführten, wählten die Lösung des entschlossenen Handelns zur Bewältigung einer Krise. Und natürlich ist das in der Tat die richtige Einstellung. Wir können allerdings nicht beurteilen, ob diese Wahl mit dem tatsächlichen Verhalten in einer realen Krise korrespondiert.

*Eine* gute Lösung ist natürlich, für gerade solche Fälle schon vorher Alternativen parat zu haben. Das macht es dann wahrscheinlicher, daß Sie den geistigen Vorsatz, den Sie, wie aus Ihren Antworten hervorgeht, haben, in der Realsituation in entsprechende Abhilfemaßnahmen umsetzen können.

## 4.4 Sind Sie risikofreudig?

Warum machen intelligente Leute zweifelhafte Investitionen? Manchmal jedenfalls. Könnte es sein, daß ihnen der Adrenalinschub, die Aufregung, das Hasardieren, Spaß machen?

Bei der sich schnell und ständig ändernden Wirtschaftssituation, der Inflation, der Deflation, dem Ölüberschuß und dem Ölmangel, braucht man nicht viel althergebrachte Weisheit anzusammeln.

Das Leben ist voller Risiken. Wir möchten hier zwischen statischer und dynamischer Sicherheit unterscheiden. Denken Sie sich das Leben als reißenden Strom. Die statische Sicherheit ist vergleichbar mit einem über diesen Strom hinausragenden Ast, an den wir uns ständig fester klammern. Eines Tages kann oder wird er brechen und wir werden weggeschwemmt. Loslassen und mit dem Strom schwimmen ist ein Beispiel für dynamische Sicherheit. Die Risikobereitschaft ist wahrscheinlich eines der Grundgeheimnisse erfolgreichen Unternehmertums. In modernen Industrieunternehmen müssen leitende Angestellte unternehmerisch denken und handeln.

Ein Risiko auf sich zu nehmen, bedeutet die Furcht vor Mißerfolg im Zaum zu halten. Das Mißerfolgserlebnis schadet dem Manager mehr als der finanzielle oder geschäftliche Verlust. Es kann den Beginn des Selbstzweifels und des Zögerns, es noch einmal zu versuchen, bedeuten. Risiken können schlaflose Nächte bereiten, Sorgen und Streß verursachen. Und dennoch sind sie für manche Manager ein wichtiger Aspekt ihres Arbeits- und Lebensstils.

Die Abschätzung der Größe des Risikos, das Sie und Ihre Partner einzugehen gewillt sind, kann entscheidend dafür sein, welchen Stellenwert Sie ihm zuweisen.

Hier ist eine Reihe von Tests, die wir entwickelt und ausprobiert haben. Sie können Ihnen helfen, Ihre Risikobereitschaft abzuschätzen.

## Test

1. Sie erwägen die Einstellung eines Bereichsleiters für Werbung und Marketing. Es gibt verschiedene Bewerber. Welchen würden Sie am ehesten wählen?

   a) Mr. O'Connell. Er hat eine zehnjährige Erfahrung in Ihrer Branche und einen ausgezeichneten Ruf. Er ist 41 Jahre alt. Er will seinen Aufgabenbereich erweitern. ☐
   b) Miss Donald – 28 Jahre alt, freie Kunstschaffende. Hat Vorlesungen über moderne Kunst gehalten. Sehr kreativ, ein bißchen rebellisch. Keine Erfahrung in der Werbung. ☐
   c) Mr. Young – 32 Jahre alt. Von rascher Auffassung. Hat sich allerdings nie länger als etwa ein Jahr in einer Stelle gehalten. Hat die verschiedensten Erfahrungen. War einige Zeit Verkäufer. ☐

2. Ein Erfinder tritt an Sie heran. Er hat ein neues Verpackungsverfahren für Flüssigkeiten entwickelt, wie z. B. Milch und andere verderbliche Lebensmittel. Kühlung ist dabei nicht erforderlich. Er möchte, daß Ihre Firma, die in der Verpackungsmaterial-Branche tätig ist, in sein neues Verfahren investiert und es anwendet. Das Verfahren ist noch relativ wenig erprobt. Was werden Sie tun?

   a) Sie lassen erst einmal andere Lebensmittelfirmen damit experimentieren. Je nach deren Erfolg werden Sie dann das neue Verpackungsmaterial Ihrer Firma empfehlen oder nicht. ☐
   b) Dem Erfinder helfen, mehr Daten zu sammeln. Eine Marktuntersuchung durchführen. Diese neue Idee zuerst einmal in einem begrenzten Bereich einführen. ☐
   c) Eine Option auf dieses neue Verfahren nehmen. Sie können nicht zulassen, daß Ihnen die Konkurrenz zuvorkommt. Man muß innovationsbereit sein. ☐

3. Ihre betrieblichen Anlagen sind zu klein geworden. Sie holen Angebote von verschiedenen Grundstücksmaklern und Architekturbüros bezüglich neuer und größerer Betriebsstätten ein. Welches Angebot würden Sie am ehesten anneh-

men, vorausgesetzt, daß die Kosten annähernd gleich sind und daß es keine technischen Probleme gibt?

a) Sie vergrößern Ihre derzeitige Nutzfläche durch Aufstokken, behalten dieselbe Adresse und dadurch die Geschäftsbeziehungen zu Ihren Kunden und Lieferanten. ☐
b) Sie verlegen Ihren Betrieb in ein anderes Bundesland. Dort ist der Grund billiger, und es gibt viel Platz. Ein nagelneues Gebäude. Expansionsmöglichkeit. Aber Sie laufen Gefahr, Ihre Mitarbeiter und Lieferanten etc. zu verlieren. ☐
c) Einen »weißen Elefanten« kaufen, der vorher anderen Zwecken diente. Ein Schloß, das ausgedehnte Renovierung und erfinderische Neuadaptierung erfordert. Aber, falls es klappt, ergibt sich ein wirklich einzigartiger Image-Gewinn für Ihre Firma. ☐

4. Sie sehen ein Inserat in der Zeitung:
»Arzt benötigt 100 000 Dollar zur Entwicklung eines neuen Diagnoseverfahrens. Beträchtlicher Gewinn zugesichert. Ein einzigartiges Verfahren, für das sich zahlreiche Spezialisten interessieren werden.«
Ihre Firma ist mit der Herstellung medizinisch-technischer Diagnose-Apparate befaßt. Wie ist Ihre Reaktion?

a) Ich schreibe ihm, er soll mir nähere Details bekanntgeben. Unsere Firma könnte daran interessiert sein. ☐
b) Ich mißtraue solchen Angeboten grundsätzlich und lasse mich auf so etwas gar nicht ein. Ein seriöser Mensch wäre anders an die Sache herangegangen. ☐
c) Wenn ich diesen Mann kennenlerne, könnte ich von ihm lernen. Möglicherweise ist es das neue Produkt, das wir suchen. ☐
d) Ein gebranntes Kind scheut das Feuer. Aber man kann nie wissen. Ich werde Erkundigungen einziehen, aber sehr vorsichtig. ☐

5. In einem bekannten Wirtschaftsmagazin erscheint ein Artikel, der beschreibt, wie Dr. Land mit fast nichts die Firma Polaroid gestartet hat. Wie Xerox mit einem Schnürsenkel

angefangen hat, und ähnliche Erfolgsstories. Wie ist Ihre Reaktion?

a) Ja, stimmt. Aber das passiert einmal unter Millionen Fällen. ☐
b) Davon träume ich auch, aber ich glaube nicht, daß ich den Mut aufbrächte. ☐
c) Auch ich werde Erfolg haben. Vielleicht in einem kleineren Rahmen. Ich habe eine Erfindung, die mir und meiner Firma eine Stange Geld einbringen wird. ☐
d) Ich ziehe es vor, nachts schlafen zu können. Daher werde ich zwar ärmer sterben, aber meine Firma wird sicherer sein. ☐

**Auswertung**

| 1. | 2. | 3. | 4. | 5. |
|---|---|---|---|---|
| a) 1 | a) 1 | a) 1 | a) 2 | a) 2 |
| b) 3 | b) 2 | b) 2 | b) 1 | b) 3 |
| c) 2 | c) 3 | c) 3 | c) 4 | c) 4 |
| | | | d) 3 | d) 1 |

Eine Punktzahl zwischen 14 und 19 zeigt, daß Sie oder ihre Partner risikofreudig sind. Dies ist ein Faktor, der in einem konkurrenzintensiven Geschäftsklima äußerst wichtig erscheint. Sogar für Bankiers stellt sich offensichtlich die Frage, Risiken einzugehen.
Eine Punktzahl von 10–13 deutet auf Antworten hin, die ein bescheidenes Risiko enthalten.
5–9 Punkte weisen auf einen sehr vorsichtigen Manager hin.

Unser Vor-Test ergab, daß 66% der Teilnehmer 1.a) wählten, also eine Person, die größtmögliche Sicherheit bot. 66% waren bereit, ein bescheidenes Risiko einzugehen (Antwort 2.b)).

In Test Nr. 3 war die Stichprobe geteilt zwischen 40% die a) wählten, eine konservative Lösung, und 40% die sich bereit zeigten, einen »weißen Elefanten« zu kaufen. Nur 16% waren gewillt, in ein anderes Bundesland zu übersiedeln.

75% waren willens, den Erfinder-Arzt (4.c)) kennenzulernen, und in Test Nr. 5 kreuzten 75% die Antwort c) an.

Risiken auf sich zu nehmen verlangt nicht nur Mut, sondern auch die Bereitschaft, Kritik einzustecken, wenn die Dinge schief laufen.

Ein Führer muß imstande sein, die Tatsache zu akzeptieren, daß ihm der schwarze Peter auch in der Hand bleiben kann.

In manchen Unternehmen gehören Spezialtraining und die Förderung ungewöhnlicher Geschäftstaktiken zum grundlegenden Firmenkonzept.

Man legt eine gewisse Summe Geldes zur Seite, die verloren und abgeschrieben werden kann, und fördert damit Innovationsdenken und Risikobereitschaft.

In manchen Geschäftsbereichen, wie z. B. im Bankwesen, ist es fast unerläßlich geworden, mit neuen Konzepten zu arbeiten, die den Bankiers wesentlich weniger Sicherheiten bieten als diese es früher gewöhnt waren.

Auch Firmenzusammenschlüsse und Diversifikationen werden mehr und mehr akzeptiert – all diese Dinge erfordern geschäftlichen Mut und neue Denkanstöße.

## 4.5 Haben Sie Sinn für Humor?

Max Eastman, der Schriftsteller, erklärte einmal, daß fast alles witzig sein kann, wenn man in einer humorvollen Stimmung ist. Da kann jemand ein paar Stufen hinunterfallen, ja sich sogar weh tun und man lacht – vorausgesetzt natürlich, daß es einem nicht selbst passiert.

Im Geschäftsleben werden wir oft mit Situationen konfrontiert, wo alles schiefzugehen scheint. Der einzige Ausweg ist dann, darüber lachen. Es ist eine Art von Galgenhumor.

Vielleicht sollte der moderne Manager einige gute Witzbücher auf seinem Schreibtisch oder lustige Poster an der Wand haben, statt solche, die ihn ermahnen, wohl-organisiert zu sein und seinen Mitarbeitern Komplimente zu machen.

Könige hatten früher Hofnarren – vielleicht um Spannungen und Streß abzubauen. Ein Scherz oder ein Lachen zur rechten Zeit kann uns manchmal aus einer hoffnungslosen Verlegenheit helfen. Humor kann Ihnen einen besseren Abschluß bringen, oder den netten Kontakt mit einem Mann, mit dem Sie geschäftlich zusammenarbeiten müssen, wiederherstellen.

Witze drehen sich gewöhnlich um die unangenehmeren Dinge des Lebens: Krankheit, Tod, Steuer, Mißerfolg, Ehe. Das sollte uns schon etwas über ihre Funktion sagen. Wir können Dampf ablassen, eine Katharsis erleben. Wenn jemand imstande ist, über sich selbst zu lachen, dann wird er auch imstande sein, den krampfhaften Zwängen böser Stimmungen und Depressionen zu widerstehen.

Lachen befreit, sogar physiologisch. Wir atmen tief ein, reichern unser Blut mit Sauerstoff an und atmen explosionsartig aus. Beim Einstellen eines neuen Mitarbeiters, der mit schwierigen Situationen zu tun haben wird, wäre es gar nicht schlecht, ihn auch daraufhin zu testen, ob er Humor hat und die Fähigkeit, Katastrophen oder Beinahe-Katastrophen in belebende Leichtherzigkeit zu verwandeln.

Dieser Begriff weist an sich schon darauf hin, daß Lachen eine heilende Wirkung haben kann. Es erleichtert das Herz. Wie das Sprichwort sagt: Lache und du wirst hundert Jahre alt. Wenn wir imstande sind, die Dinge in einem heiteren Licht zu sehen, kann unser Verstand bessere Arbeit leisten. Das Denken und die Urteilsfähigkeit werden dabei nicht durch angespannte Nerven und schlechte Blutzirkulation beeinträchtigt.

Nun, dann wollen wir es versuchen!

## Test

1. Ihrer Firma geht es schlecht. Sie besprechen das mit einem Priester. Er beruhigt Sie: Im Jenseits wird es keine solchen Probleme geben. Da wird alles bestens sein. Sie treffen einen Rabbi und erzählen ihm von den tröstenden Worten des Priesters. Er schaut Sie an und sagt dann: »Werde ich lachen, wenn es dort genausoviele Probleme gibt«. Was empfinden Sie bei dem Witz?

   a) Sie finden Ihre gegenwärtigen Probleme nicht mehr ganz so schlimm. ☐
   b) Es hilft nichts. Ich kann darüber nicht lachen. ☐
   c) Das ist ein Witz mit Rassenvorurteilen. ☐

2. Zwei Geschäftsfreunde, die in der Bekleidungsindustrie tätig sind, reden über den plötzlichen Tod eines ihrer Konkurren-

ten. Fragt der eine: »Nein, einfach tot umgefallen«, und der andere, noch erstaunter: »Was, mitten in der Saison?«

Wie ist Ihre Reaktion?

a) Wozu arbeite ich eigentlich so viel? Das hätte mir auch passieren können. ☐
b) Ich werde meine Arbeit etwas weniger ernst nehmen. ☐
c) Das ist ein trauriger, aber zutiefst philosophischer Witz. ☐

3. Im Himmel haben sie ein System, nach welchem sie Manager, wenn sie an der Pforte ankommen, in zwei Gruppen einteilen. Der heilige Petrus bittet alle jene, die zeitlebens abhängig waren und ständig vor Kunden und Vorgesetzten buckeln mußten, sich auf die rechte Seite zu stellen. Bald steht dort eine lange Schlange. Dann sagt Petrus, daß jene, die immer unabhängig waren, sich auf der linken Seite aufstellen sollen. Dort findet er einen einzigen Mann. Petrus geht zu ihm und gratuliert ihm. »Warum stehen Sie auf dieser Seite?« fragt er. »Ich weiß nicht – das heißt – mein Chef hat gesagt, ich soll mich hier hinstellen.«

Ihre Reaktion?

a) Wie wahr. Kein Mensch ist wirklich unabhängig. ☐
b) Wahrscheinlich mache ich mir selbst etwas vor, wenn ich glaube, daß ich auf niemanden hören muß. Das stimmt gar nicht. ☐
c) Das betrifft mich nicht. Ich bin mein eigener Herr. Kein Grund zum Lachen. ☐

4. Sie erhalten eine Karte, auf der man sich über Ihre schlechten Angewohnheiten lustig macht. Wie wäre Ihre Reaktion?

a) Sie beschließen, Rache zu nehmen, und ebenfalls einen Streich zu spielen. ☐
b) Sie zeigen die Karte Ihren Freunden und lachen darüber. ☐
c) Sie zerreißen sie und wollen nicht mehr daran erinnert werden. ☐

**Auswertung**

| | | | |
|---|---|---|---|
| 1. a) 3 | 2. a) 2 | 3. a) 1 | 4. a) 2 |
| b) 2 | b) 3 | b) 2 | b) 3 |
| c) 1 | c) 1 | c) 3 | c) 1 |

10–12 bedeutet, daß Ihr Sinn für Humor sehr nützlich ist. Enwickeln Sie ihn weiter und wenden Sie ihn an.
7–9 zeigt eine mittlere Fähigkeit, zu lachen und sich über sich selbst lustig zu machen.
4–6: Sie nehmen das Leben und sich selbst zu ernst.

Norman Cousins behauptet, daß er sich von einer unheilbaren Collagen-Krankheit und später von den Folgen eines Herzinfarkts kuriert hat, indem er sich alte Buster Keaton-Filme ansah. Das mag etwas übertrieben sein, aber viele Leute haben die Fähigkeit, »darüber zu lachen«, wenn die Dinge schwierig werden.

Karikaturen an Mitarbeiter zu schicken, um deren negatives Verhalten zu ändern, hat sich ebenfalls als sehr nützlich erwiesen. »Fünf Ausreden fürs Zuspätkommen« war ein Poster, das sich sehr günstig auf die Pünktlichkeit ausgewirkt hat.

Sinn für Humor kann ein Sicherheitsventil sein. Ein echter Beweis der Fähigkeit, Mißgeschick zu meistern, ist die Bereitschaft, Witze über sich selbst zu akzeptieren.

Schreiben Sie ein Drehbuch über Ihr Leben und Ihre Arbeit zur Erheiterung Ihrer Stammtischrunde!

## 4.6 Stimmungen als Produktivitätsfaktor verstehen

Unser Enkel Sasha hörte mich einmal sagen: »Ich bin nicht in der Stimmung, diese Arbeit anzufangen«. Seine Frage: »Was ist Stimmung?«.

Natürlich. Was eine Stimmung, eine Laune? Sicher keine Krankheit, noch im herkömmlichen Sinn meßbar.

Wir sagen: »Kommt dem Chef heute nicht nahe, er hat fürchterliche Laune«, oder »Das ist der richtige Zeitpunkt, ihn um eine Gehaltserhöhung zu bitten, er pfeift und singt, er ist gut gelaunt.«

Meistens haben wir einen guten Grund, schlechter Laune zu sein; zu anderen Zeiten wiederum passiert es einfach. Zu versuchen, unseren Stimmungen auf den Grund zu gehen, alle möglichen Ursachen dafür zu untersuchen, ist der Anfang der Besserung.

Stimmungen und Launen sind jedoch nicht wirklich eine Sache des Verstandes. Sie hängen eher mit Emotionen zusammen. Ich habe Sasha erklärt, daß man eben manchmal das Gefühl hat, sich auf dem Gipfel eines Berges zu befinden und ein anderes Mal wieder in einem tiefen Tal.

Eine einfache Wald- und Wiesen-Erklärung für manisch-depressives Verhalten. Wenn wir schlechter Stimmung sind, werden wir oft unbedacht und rücksichtslos und kritisieren anderer Leute Arbeit ohne wirklichen Grund.

In guter Stimmung zu sein, kann uns aber auch dazu führen, zur falschen Zeit »ja« zu sagen. Das ist eine ausgezeichnete Form von Eskapismus. Meistens sind wir wütend auf uns selbst.

Aber die wirkliche Gefahr liegt darin, daß wir nicht uns selbst »bestrafen«, sondern die Arbeit, die Mitarbeiter, ja sogar die Maschine, an der wir gerade arbeiten.

**Test**

1. Vergleichen Sie sich selbst mit den folgenden Beschreibungen verschiedener Menschen.

   a) Ich habe meine Hochs und Tiefs, aber gewöhnlich kehre ich auf ein relativ normales Niveau zurück. Außer es gibt einen schwerwiegenden Grund für meine Depression. ☐

   b) Manchmal habe ich das Gefühl, daß nichts mehr einen Sinn hat. Ich möchte am liebsten alles hinschmeißen. Wenn Sie mich fragen warum, könnte ich es meistens gar nicht sagen. Dann vergeht diese Stimmung wieder, ohne große Erklärungen. ☐

   c) Ich werde immer wütend, wenn Leute ohne ersichtlichen Grund mürrisch sind. Ich kann solche Leute nicht verstehen. Wahrscheinlich wollen sie nur Aufmerksamkeit auf sich lenken. ☐

   d) Ich bin fast immer gut gelaunt, optimistisch und neige dazu – was man zumeist von mir erwartet – andere aufzuheitern. ☐

2. a) Können Sie sich erinnern, ob Sie sich während der letzten paar Monate bei irgend jemandem dafür entschuldigt haben, daß Sie schlecht gelaunt und ungerecht waren? ☐
   b) Wenn alle bestürzt zu sein schienen, schließen Sie sich dann an, oder versuchen Sie, die Sache zurechtzurücken, indem Sie darauf hinweisen, daß die Dinge nicht so schlimm sind, wie Sie erscheinen? ☐
   c) Wenn Sie Ihre Hochs und Tiefs der letzten Monate durchgehen, würden Sie sagen, daß Depressionen hauptsächlich auf Selbstmitleid zurückzuführen sind? ☐
   d) Versuchen Sie zu analysieren, woher Ihre schlechte Laune kommen könnte? ☐

3. Wie immer Ihre Stimmung sein mag, auf welche Ursachen führen Sie sie zurück?

   a) Auf eine Störung in Ihrem endokrinen Drüsensystem, auf Ihre Menstruation, Erkältung oder eine sonstige Indisposition? ☐
   b) Sie geben anderen die Schuld. ☐
   c) Sie geben sich selbst die Schuld. Sie sind eben so. ☐

4. Wie reagieren Sie, wenn Sie schlechte Nachrichten erhalten haben?

   a) Ich komme ziemlich schnell darüber hinweg. ☐
   b) Ich fühle mich eine Zeitlang deprimiert. ☐
   c) Ich heitere mich auf, indem ich an positive Dinge denke. ☐
   d) Ich lasse meine Wut an den Kollegen aus. ☐

**Auswertung**

| | | | |
|---|---|---|---|
| 1. a) 3 | 2. a) 2 | 3. a) 1 | 4. a) 3 |
| b) 1 | b) 4 | b) 2 | b) 2 |
| c) 2 | c) 3 | c) 3 | c) 4 |
| d) 4 | d) 2 | | d) 1 |

Eine hohe Punktzahl von 13–16 zeigt, daß Sie Ihre Stimmungen unter Kontrolle haben, oder aber imstande sind, durch positives Handeln negative Auswirkungen zu verhindern.

Eine Punktzahl von 9–12 zeigt, daß Ihre Hochs und Tiefs sich im normalen Rahmen bewegen.
Ein Ergebnis 4–8 zeigt, daß Sie gut daran täten, Ihre Launen zu zügeln, anstatt Ihren schlechten Stimmungen genußvoll nachzugeben, damit Sie der Verantwortung aus dem Weg gehen können.

## 4.7 Wie Sie Ihre Emotionen unter Kontrolle halten können

Von einem Spitzenmanager erwartet man gewöhnlich, daß er optimistisch ist, vorausplant, und richtige Entscheidungen trifft. Am allerwichtigsten ist jedoch, daß er stets gelassen bleibt und seine Emotionen immer unter Kontrolle hat, auch dann, wenn andere in Panik geraten. Man erwartet von ihm, daß er imstande ist, den richtigen Kurs zu bestimmen.

Gefühle sind ein breiter Überbegriff – er enthält solche Phänomene wie mit seinem Zorn richtig umzugehen, seine Ängste unter Kontrolle zu halten, nicht mehr als durchschnittlich eifersüchtig zu sein, seine Minderwertigkeitsgefühle nicht zu überkompensieren – kurzum, man müßte fast ein Übermensch sein, und wo findet man schon einen solchen? Wenn er existierte, wäre er höchstwahrscheinlich so arrogant und so schwierig, daß man nicht mit ihm auskommen könnte.

In einem unserer Tests haben wir einen der wichtigsten Gefühlsaspekte behandelt – nämlich Stimmungen und Launen.

Die Kollegen wissen gewöhnlich, ob es an einem bestimmten Tag ratsam ist, um eine Gehaltserhöhung zu kommen oder sogar mit einem Änderungsvorschlag für die Abteilung. Die Warnung »heute nicht, er hat fürchterliche Laune« hält Mitarbeiter oft davon ab, zum Chef zu gehen.

Was bedeuten nun Stimmungen und Launen? Wir wissen wirklich nicht, woher sie kommen. Sie können einen ganz offensichtlichen Grund haben, wie z. B. daß man an dem betreffenden Tag einen Fehlschlag in Kauf nehmen mußte, oder daß einem etwas schiefgegangen ist. Es kann natürlich auch sein, daß die Stimmung ihre Wurzeln in tieferliegenden geistig-seelischen Zuständen hat, wie zum Beispiel einer Depression (zu deren Überwindung es sogar schon Tabletten gibt), die natürlich auch als die Umkehrphase einer Manie angesehen werden kann.

Manche sprechen sogar von »himmelhoch jauchzend« und »zu Tode betrübt«. Und irgendwie beschreibt dieses Bild unsere Gefühle ziemlich genau. Ein griechischer Philosoph, Epiktet, sagte einmal: »Nicht die Dinge sind es, die den Menschen Kummer bereiten, sondern die Gedanken über sie«. Mit anderen Worten: Stimmungen sind wie farbige Brillen. Wenn wir in einer glücklichen Stimmung sind, sehen wir die Welt durch eine rosarote Brille. Wenn wir deprimiert sind, sehen wir unsere Umgebung und alle Ereignisse durch eine dunkle Brille.

Da wir nicht vorschlagen wollen, daß Sie Antidepressiva oder andere Pillen schlucken, suchten wir nach einem anderen Mittel. Wir kamen zu dem Schluß, daß eine Möglichkeit, mit Stimmungen fertigzuwerden, darin besteht, sich bewußt zu machen, wie wichtig sie sind. Wir würden vorschlagen, daß ein Manager folgende Dinge tut:

a) Sich Stempel mit verschiedenen Inschriften anfertigen lassen:
»Ich bin schlecht gelaunt«
»Ich bin gut gelaunt«
»Ich bin leidlich gelaunt«
Bevor er anfängt, Berichte seiner Mitarbeiter zu kritisieren oder zu analysieren, könnte er sich überlegen, welchen Stempel er benützen soll. Dies hat zur Folge, daß seine Stimmung sich herauskristallisiert, er sich ihrer bewußt wird, so daß er die Kraft bekommt, seine schlechte Laune zu vertreiben oder seine gute zu steigern.

b) Es kann auch schon helfen, den Ursprung der schlechten Laune zu suchen. Vielleicht hatten wir zu große Erwartungen, die sich unmöglich erfüllen konnten.
Wenn wir unsere schlechte Laune kritisch betrachten und sie mit unseren übertriebenen Hoffnungen vergleichen, finden wir vielleicht ein Gegenmittel.

c) Es ist aber möglich, die eigene Laune willentlich zu ändern. Man kann einen tiefen Atemzug tun und sich sagen »Zum Kuckuck mit meinen negativen Gefühlen! Ich habe wirklich keinen Grund, so außer Fassung zu sein.«

d) Die positiven und negativen Erlebnisse, die man im Laufe einer Woche hatte, einander gegenüberzustellen. Das kann dazu führen, daß die positiven Dinge uns helfen, die negativen zu überwinden.

e) Jene negativen Erfahrungen auszusortieren, für die es Lösungsmöglichkeiten gibt, und sie von denen trennen, die außerhalb unserer Kontrolle stehen. Auch dies kann gleichermaßen wirkungsvoll und nützlich sein.

### *Ärger in den Griff bekommen*

Verschiedene Psychologen haben an Universitäten die besten Methoden untersucht, wie man Ärger in den Griff bekommen kann. Sie nennen fünf Dinge, die in einem Ärger-Tagebuch stehen könnten:

1. Identifizieren Sie jenes Ereignis, das Ziel oder Ursprung Ihres Ärgers sein könnte.
2. Analysieren Sie ganz ehrlich, ob es diese Dinge waren, die Ihren Ärger verursacht haben, oder ob es etwas war, das Sie getan haben, und das Sie unzufrieden macht.
3. Sie können auch in Ihr Tagebuch schreiben, ob es die Person oder das Ereignis war, die Ihren Ärger verursacht haben, so daß Sie das Ereignis oder den Kontakt eliminieren können.
4. Registrieren Sie, wie ein Arzt es täte, den Grad Ihres Ärgers. Versuchen Sie, etwas dagegen zu tun und halten Sie fest, ob es genützt hat.
5. Sehen Sie sich dieses Tagebuch in wöchentlichen oder monatlichen Abständen durch und besprechen Sie es mit jemand anderem. Finden Sie heraus, ob Sie Fortschritte damit machen, Ihren Ärger in den Griff zu bekommen.

Eine sehr wirkungsvolle Methode ist es, der Person, auf die Sie ärgerlich sind, einen Brief zu schreiben. Ob Sie ihn abschicken oder nicht, können Sie hinterher entscheiden. Meist fühlt man sich schon besser, wenn man solche Gefühle zu Papier gebracht hat.

Wenn wir den Ärger-Reaktionen tiefer nachspüren, kann es sein, daß wir entdecken, daß wir es nur allzuoft genießen, einen Groll mit uns herumzutragen oder jemanden mit unserem Zorn zu bestrafen.

Warum wir uns aber selbst auf diese ziemlich sadistische oder masochistische Weise bestrafen, ist gewöhnlich gar nicht so klar.

Wir haben das Gefühl, schlecht behandelt worden zu sein, und fühlen uns als Opfer der Gemeinheit unserer Mitmenschen oder unseres Schicksals.

Das ist vergleichbar mit der hypochondrischen Reaktion mancher Leute, wenn sie Schmerzen oder körperliche Beeinträchtigungen haben, nur daß wir in diesem Falle eben unseren psychologischen Schmerz übertreiben.

### *Sorgen unter Kontrolle halten*

Ein Spitzenmanager sollte sich, wie jeder andere Mensch, Sorgen machen. Aber gleichzeitig sollte er die Technik beherrschen, wie man die Oberhand darüber behält.

Sich Sorgen machen ist vergleichbar mit Launenhaftigkeit und auch mit scheinbarer Katastrophenangst.

Eine alte, wohlerprobte Methode ist auch hier, in Tagebuchform oder in einem Kalender alle Ihre Sorgen niederzuschreiben und dann einen Monat später nachzusehen, wie viele von ihnen eingetreten sind. In den meisten Fällen sind es sehr viel weniger als Sie erwartet hätten.

Die Moslems verwenden Gebetsketten, auch Sorgenketten genannt. Der Rosenkranz hat übrigens eine ähnliche Funktion. Wenn Sie ein religiöser Mensch sind, können Sie Ihre Ängste auf ähnliche Weise zu verringern suchen. Besonders das Gebet hat hier eine große Wirkung. Das Vertrauen in eine höhere Macht, in Gott, in Jesus Christus, kann uns das Gefühl geben, daß wir mit unseren Sorgen nicht ganz allein gelassen werden.

In den Alltag übertragen hieße das: besprechen Sie Ihre Sorgen mit Ihren Kollegen. Das kann sich ähnlich positiv auswirken.

Wir machten einmal ein recht erfolgreiches Experiment, indem wir in einem Bürogebäude eine Bar installierten, in die sich die Manager zurückziehen konnten, um entweder mit oder ohne Alkohol ihre Probleme, und die Art und Weise wie sie mit ihnen fertigwerden, mit Gleichgesinnten zu besprechen. Wir schlugen sogar vor (obwohl wir es mit den Fachkollegen nicht durchgeführt haben), Gruppentherapiesitzungen einzuführen, in denen alle »Patienten« mit vergleichbaren »Krankheiten« zusammengebracht werden sollten, um mit einem ausgebildeten Lehrer ihre Sorgen und auch die ihrem Gefühl nach am besten geeigneten Abhilfemaßnahmen zu diskutieren.

Schon das Bewußtsein, daß andere Leute ähnliche Sorgen haben, kann helfen.

# 5 Motivation

## 5.1 Motivationsgrad und Zielsetzung

Manager müssen ebenso motiviert sein, wie sie andere zu motivieren haben.

Das Wort Motivation bedeutet Antrieb. Denken Sie es sich als eine aufgezogene Feder, die uns nach vorne treibt, einem Ziel entgegen. Dieser zielgerichtete Impuls ist von entscheidender Bedeutung. Hierarchien werden errichtet um Mitarbeiter motiviert zu halten.

Sogar innerhalb einer Person gibt es motivationale Rangordnungen: Maslow, ein Psychologe, behauptete, daß psychologische Selbstverwirklichung die höchste Form der Motivation ist, und daß die Grundmotivatoren des Menschen seine physiologischen Bedürfnisse sind.

Was Maslow und andere dabei übersehen, sind die notwendigen dynamischen Aspekte. Motivatoren zu klassifizieren ist nicht genug. Wir sind nur dann motiviert, wenn wir ein Ziel erreichen wollen, sei es Geld, Sicherheit oder Selbstachtung. Es ist der Unterschied zwischen dem, was wir jetzt sind, und dem was wir gefühls- und vernunftmäßig erwarten können, in einigen Jahren zu sein. Bei manchen Zielen, wie berufliche Anerkennung, Geld, Gesundheit, Besitz, Abenteuer, Liebe, Glück und Wertschätzung hängt dies natürlich auch vom Lebensalter ab.

Wenn Sie die auf den folgenden Skalen eingezeichneten Punkte mit den verschiedenen Zielen verbinden, ergibt sich eine fortlaufende Kurve, die Ihre Wünsche und Hoffnungen anzeigt.

Wenn Sie auf derselben Skala in jeder Kategorie jenen Punkt anzeichnen, auf dem Sie sich Ihrer Meinung nach jetzt befinden, und diese Punkte, dann mit einer Linie verbinden, erhalten Sie eine Kurve, die anzeigt, wie Sie Ihre gegenwärtige Situation einschätzen.

Aus dem Vergleich der Differenz zwischen diesen zwei Kurven und dem spezifischen Unterschied jedes Ziels ersehen Sie ihren Motivationsgrad. Dieser ist es, der Sie und Ihre Partner wirklich antreibt. Je weniger die beiden Linien voneinander entfernt sind, desto geringer sind die Hoffnungen und Wünsche, die Sie antreiben. Je größer der Zwischenraum ist, desto mehr sind wir und unsere Partner motiviert, unser Ziel zu erreichen, sei es nun mehr Geld, mehr Anerkennung, oder mehr Besitz.

Nun, da Sie den Grad Ihrer Motivation grafisch dargestellt sehen, können Sie sich auf die Ziele konzentrieren, bei denen die beiden Linien den größten Abstand zueinander haben, oder aber Sie können sich höhere Ziele setzen, sobald Sie – beispielsweise – das finanzielle Ziel erreicht haben.

**Test**

| | 5 | 4 | 3 | 2 | 1 | 0 |
|---|---|---|---|---|---|---|
| Berufliche Anerkennung | | | | | | |
| Erfolg | | | | | | |
| Besitz | | | | | | |
| Geld | | | | | | |
| Abenteuer | | | | | | |
| Liebe | | | | | | |
| Gesundheit | | | | | | |
| Wissen | | | | | | |
| Sicherheit | | | | | | |
| Familienleben | | | | | | |

Machen Sie in jeder Zeile einen roten Punkt, der jenen Stand anzeigt, den Sie bis jetzt erreicht haben, und verbinden Sie die Punkte miteinander. Dann markieren Sie mit einem blauen Punkt jenen Stand, den Sie in fünf Jahren gerne erreichen würden. Diese Punkte verbinden Sie ebenfalls. Diese beiden Linien zeigen Ihnen den Ist- und Sollstand, also den Grad Ihrer Motivation. Siehe auch Auswertung und Interpretation.

Muster:

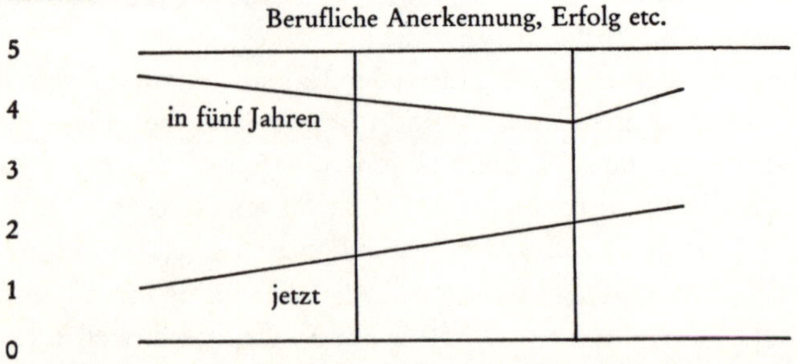

2. Hier sind einige Aussagen von verschiedenen Leuten. Mit welcher würden Sie sich spontan identifizieren?
Bitte nur eine ankreuzen.

a) Mein Ziel ist es, das Leben so gut wie möglich zu genießen. Ich möchte nicht zu schwer arbeiten. ☐
b) Ich möchte gerade soviel verdienen und tun wie ich muß, um bequem leben zu können und respektiert zu werden. ☐
c) Ich strebe immer voran. Ich bin für Wachstum und Fortschritt. ☐
d) Mir liegt einfach das Sicheinsetzen, das Kämpfen, auch wenn man sein Ziel nie erreicht. ☐

3. Denken Sie über Ihre Zukunft und Ihre Karriere nach. Mit welcher Methode erreichen Sie gewöhnlich das, was Sie sich vorgenommen haben?

a) Ich plane sorgfältig und überlege bei jedem Schritt, was jeweils am dienlichsten ist. ☐
b) Ich ziehe vor, den Dingen ihren Lauf zu lassen. Ich glaube an das Glück. ☐
c) Ich suche mir ein Vorbild. Jemanden, dem ich nacheifern kann und dessen Erfolgsrezept ich folge. ☐
d) Ich bin mit dem jetzigen Stand der Dinge zufrieden. Wozu anstrengen? ☐

4. Stellen Sie sich vor, Sie erhalten bei Ihrer Geburt 50 Chips. Die können Sie benutzen wie Sie wollen. Aber Sie können zeitlebens nicht mehr Chips bekommen. Wie würden Sie sie aufteilen?

a) Ich würde alle meine Chips dazu verwenden, mehr Geld zu verdienen und erfolgreich zu sein. ☐
b) Ich würde die Hälfte meiner Chips für finanzielle, die andere Hälfte für gesundheitliche Ziele verwenden. ☐
c) Ich würde alle meine Chips gleichmäßig aufteilen zwischen Geld, beruflicher Anerkennung, Besitz, Gesundheit, Liebe und Abenteuer. ☐

d) Ich würde meine Chips je nach Bedarf verwenden. Wenn ich sie alle verbraucht habe, habe ich eben Pech gehabt. ☐

**Auswertung**

1. Wenn Ihr Ziel von Ihrem gegenwärtigen Stand 5 Stufen entfernt ist, geben Sie sich 5 Punkte, wenn Ihr Motivationsgrad 4 ist, geben Sie sich 4 Punkte usw.
   Dann können Sie zwei Dinge tun:

   1. Für jede der Kategorien, wie Erfolg, Geld usw., die jeweiligen Punkte ermitteln oder
   2. Die Gesamtpunktzahl ermitteln

   Wenn Ihr Motivationsgrad in allen zehn Kategorien 5 ist, dann ist Ihr Gesamt-Motivationsgrad 50. Mit anderen Worten, Sie haben Ihre Ziele in den zehn Kategorien noch lange nicht erreicht.
   Wenn Ihre Gesamtpunktzahl 25 ist, dann sind Sie entweder in allen Kategorien auf halbem Weg zur Erreichung Ihrer Ziele, oder in einigen mehr und in anderen weniger weit.

Bewerten Sie sich in den folgenden Tests nach dieser Tabelle:

| 2. | 3. | 4. |
|---|---|---|
| a) 1 | a) 4 | a) 4 |
| b) 2 | b) 2 | b) 3 |
| c) 3 | c) 3 | c) 2 |
| d) 4 | d) 1 | d) 1 |

*Weitere Auswertung und Interpretation:*

Die höchstmögliche Punktzahl ist 62, die niedrigste 12. Eine Punktzahl zwischen 40 und 62 bringt Sie in jene Gruppe, in der die meisten Spitzenmanager sind. Personen in dieser Gruppe haben einen hohen Motivationsgrad und besonders viel Ehrgeiz. Die nächste Gruppe – zwischen 25 und 39 Punkte – kann so entstanden sein: Entweder Sie haben auf manchen Gebieten Ihre Zielsetzung schon erreicht, was Ihren Motivationsgrad herabsetzt, oder Sie sind nicht nur an Fortentwicklung, sondern auch an einem angenehmen Leben interessiert; vielleicht lassen Sie auch gerne den Dingen ihren Lauf, anstatt zu sehr vorwärts zu streben.

Die dritte Gruppe, 12–24 Punkte, muß, was ihre Ziele betrifft, entweder noch einen langen Weg gehen, oder aber, sie ist nicht sonderlich ehrgeizig. Viel hängt hier natürlich vom Alter ab. Ältere Leute haben wahrscheinlich die Distanz zwischen den beiden Linien, nämlich ihrem gegenwärtigen Stand und ihren Wunschzielen, schon weitgehend verringert.

Die Frage, die sich nun erhebt, ist, welche Gruppe am glücklichsten ist, oder spezifischer, welche den besseren Manager hervorbringt. Es ist gut möglich, daß eine Person, die ihren gegenwärtigen Stand akzeptiert und nicht zu sehr versucht, ihn zu verbessern, in Wirklichkeit die glücklichere ist.

Nach unserer Definition zeichnet sich jedoch ein Topmanager dadurch aus, daß er vorwärts strebt und sich anstrengt, auch wenn er nicht alle seine Ziele erreicht. Er kann dadurch stärkerem Streß unterliegen. Aber vielleicht ist es gerade der Streß, der seinem Leben die Würze gibt und es interessanter macht.

Wie kann man sich von dem, was manche Psychiater den »A-Typ« nennen, in einen »B-Typ« verwandeln, nämlich eine gelassenere und zufriedenere Person werden, oder umgekehrt?

Es besteht die irrige Auffassung, daß der entspannte B-Typ weniger infarktgefährdet ist und das Leben mehr genießt. Wir glauben nicht, daß es hierfür wirkliche Beweise gibt. Herausforderungen anzunehmen und ständig weiterzustreben bedeutet eine Bereicherung des Lebens.

Sie sollten auf Ihrer Motivations-Skala das Ziel höher stecken, je näher Sie ihm kommen.

Eine Definition des Glücks, der ich mich voll und ganz anschließe, ist »schöpferische Unzufriedenheit«. Die angeblich zufriedene Person ist in Wirklichkeit jemand, der nichts hat, worauf er sich freuen kann, der gelangweilt und unglücklich ist.

Die meisten unserer werbetechnischen und religiösen Konzepte arbeiten mit einer falschen Zielsetzung. Sie versprechen uns das Paradies. Wenn es wirklich existierte, wäre es in der Tat ein langweiliger Ort.

Goethes Faust, der sich Gedanken über den Sinn des Lebens machte, kam zu dem Schluß, daß dieser darin besteht, Herausforderungen anzunehmen, auf schöpferische Art unzufrieden zu sein und »strebend sich zu mühen«.

Der Spitzenmanager wird sich daher immer wieder für neue und verschiedenartige Themen interessieren. Die Ziele müssen und sollten vielleicht auch nicht unbedingt mit der beruflichen Karriere zu tun haben. Eine neue Sprache lernen, als Installateur Archäologie studieren, als Textilfachmann sich mit der historischen Entwicklung der Mode beschäftigen – das sind Beispiele für Horizonterweiterung und für einen hohen Motivationsgrad. Und natürlich sollte der Grundsatz hoher und immer neuer Zielsetzungen und Motivationsgrade auch in der Schulung und Ausbildung von Mitarbeitern Anwendung finden.

## 5.2 Woran erkennt man einen guten Führer?

Wenn ein Führer sich selbst – sei es in direkter oder indirekter Form – als einen solchen bezeichnen muß, dann ist er wahrscheinlich kein wirklicher Führer.

Führungsqualität kann sich nur in Handlungen, nicht in Erklärungen ausdrücken. Je mehr ein Führer auf seinen Rang pochen und seine Autorität betonen muß, desto weniger hat er von einem wirklichen Führer.

Schon aus der Definition des Wortes geht hervor, daß er seine Mitarbeiter motiviert, indem er ihnen vorangeht, ihnen den Weg weist, auch wenn er dabei riskiert, einige Organisationsmitglieder zu verärgern.

Mancher Führer war lange Zeit selbst ein Geführter. In diesem Falle muß er seine Einstellungen ändern.

Wir haben die Literatur nach einem Konsens über Führungseigenschaften durchforstet. Unsere Tests sollten Ihnen helfen zu ermitteln, ob Sie oder jene Personen, die Sie für eine Führungsrolle in Betracht ziehen, diese Qualitäten besitzen.

Vor allen Dingen müssen wir uns einmal von der Ansicht freimachen, daß ein Chef oder ein Spitzenmanager ein Wundertier ist, dessen Führungseigenschaften schon in seinen Genen vorprogrammiert oder auf geheimnisvolle Weise angeboren sind.

Führungsqualität besteht vielmehr aus vielen Eigenschaften. Ein Führer muß planen, kontrollieren, für Disziplin und Kommunikation sorgen – vor allem aber muß er motivieren können.

Er muß drei Hauptfähigkeiten haben, nämlich

1) aus seinen Mitarbeitern das Beste herausholen können
2) konsequent und verläßlich sein
3) den Mut aufbringen, andere zu motivieren, und »Warum nicht?« zu sagen. Dies kann neue Konzepte, neue Produkte oder auch neue Mitarbeiter erforderlich machen.

Ein guter Führer muß imstande sein, bei unterschiedlichen Anlässen unterschiedliche Rollen zu spielen.

Die wichtigste Führungsqualität ist, *aus seinen Mitarbeitern das Beste herauszuholen.* Dies ist keine Frage des Manipulierens, Kritisierens oder Lobens, obwohl alle diese Dinge zur rechten Zeit eine wichtige Rolle spielen. Sein Handeln sollte auch nicht, wie oft fälschlicherweise angenommen wird, darauf ausgerichtet sein, den obersten Chef zu erfreuen.

Auf der unteren Ebene folgen die Menschen meist einem Mann, der es versteht, *ihnen selbst* ein gutes Gefühl zu geben, der sie fördert, und der ihnen hilft, selbst einen »Heiligenschein« zu erwerben, statt an seinem eigenen zu polieren.

Für einen wirklichen Führer steht das Wohlergehen und die Selbstachtung seiner Mitarbeiter an erster Stelle, nicht sein Stolz, ein guter Führer zu sein.

Der Spitzenmanager muß auch ein Psychologe sein, der es versteht, seine Mitarbeiter zu beeinflussen, ohne auf seine Autorität zu pochen.

## Test

1. Etwas wurde falsch abgelegt oder falsch gemacht.
   Wie ist gewöhnlich Ihre erste Reaktion? (Nur eine Antwort)

   a) Ich hätte es selbst tun sollen, dann wäre es richtig gemacht worden. ☐
   b) Ich werde zuerst in meiner eigenen Ablage nachsehen, vielleicht habe ich es selbst verlegt. ☐
   c) Ich hätte es besser erklären sollen. ☐
   d) Ich lasse es darauf ankommen – vielleicht findet er/sie es noch. ☐

2. Welche Aussage scheint Ihnen am besten geeignet, Ihre Mitarbeiter zu motivieren? Sie sagen zu einem Untergebenen:

a) Ihr Interesse an der Arbeit hat nachgelassen. Sie sollten sich mehr anstrengen. ☐
b) Sie sollten bei mir rückfragen, wenn Ihnen bei der Arbeit etwas unklar ist. ☐
c) Sie sollten meine Anweisungen nur dann umgehen, wenn Sie sicher sind, daß Ihr Konzept besser ist. ☐
d) Versuchen Sie doch, diese Arbeit selbst zu machen. Sie schaffen das, wenn Sie wirklich wollen. ☐

3. Sie haben gerade einen Ihrer Mitarbeiter befördert. Da Sie die Reaktionen darauf erfahren wollen, fragen Sie: »Einen besseren Mann hätte es gar nicht treffen können, er verdient es wirklich, finden Sie nicht auch?« Dann bemerken Sie, daß andere Kollegen von dieser Bemerkung erfahren haben. Wie reagieren sie?

a) Er möchte selbst als »feiner Kerl« angesehen werden ☐
b) Möglicherweise ist er eifersüchtig und versucht, seine Gefühle zu verstecken. ☐
c) Er will sich mit dem beförderten Mitarbeiter anfreunden. ☐
d) Er findet, daß diese Beförderung gut für die Arbeitsmoral in der Firma ist. ☐

**Auswertung**

| | | |
|---|---|---|
| 1. a) 1 | 2. a) 1 | 3. a) 1 |
| b) 2 | b) 3 | b) 4 |
| c) 3 | c) 2 | c) 2 |
| d) 4 | d) 4 | d) 3 |

9–12 Punkte zeigen, daß Sie die richtige Art haben, das Beste aus Ihren Mitmenschen herauszubringen. Sie tadeln nicht einfach, sondern Sie instruieren auch.
Eine Punktzahl von 6–9 zeigt, daß Sie zumindest theoretisch bereit sind, zu delegieren. Irgendwo aber fürchten Sie, daß der Mitarbeiter die Sache besser machen könnte als Sie, wodurch Sie Ihren Job gefährdet sehen.
3–5 ist für einen Spitzenmanager eine niedrige Punktzahl. Sie haben Kommunikationsprobleme.

*So hätte es beispielsweise sein können:*

»Ich schätze das ist es, was er gemeint hat« denkt sich der Mitarbeiter und fährt fort, den Auftrag so auszuführen, wie er ihn verstanden hat. Als er dem Chef die fertige Arbeit – so wie er sie eben aufgefaßt hat – präsentiert, geht dieser in die Luft. »Das ist ganz und gar nicht das, was ich wollte!« Wessen Fehler war das nun? Seiner oder Ihrer?

Nur allzuoft glaubt ein Vorgesetzter oder ein Manager, daß eine Aufgabe jedem völlig klar sein muß. Er denkt das, weil sie *ihm* klar ist. Er hat sich mit diesem Problem schon lange beschäftigt und weiß, wie knifflig es ist. Es gibt verschiedene Erklärungen dafür, warum Anweisungen oder Mitteilungen nicht klar ausgedrückt werden.

Man kann ungeduldig sein. Oder man kann die Fähigkeit seiner Mitarbeiter, Anweisungen zu verstehen, überschätzen. Oder man kann sich insgeheim wünschen, daß die Mitarbeiter es nicht schaffen, damit die eigene Überlegenheit unter Beweis gestellt wird.

Manchmal werden Anordnungen auf so mißverständliche Weise gegeben, daß sie eine Fehlinterpretation nahezu herausfordern, was beweist, wie unersetzbar der Chef ist, zumindest seiner Meinung nach. Der Grund für solcherlei Unklarheiten kann natürlich auch in der Tatsache liegen, daß »der Chef sich selbst nicht klar ist, wie diese Arbeit ausgeführt werden soll«.

*Konsequenz*

Auch Konsequenz ist eine äußerst wichtige Führungseigenschaft. Viele von uns sind bei geschäftlichen Alternativen, Berufswahl und persönlichen Problemen verwirrt und unentschlossen. Konsequenz ersetzt das Nachdenken weitgehend. Geschickte Führer versuchen, Ihr Personal dazu zu bringen, eine erzwungene Entscheidung zu akzeptieren. Wenn die Untergebenen sich einmal mit der Akzeptierung dieser Entscheidung festgelegt haben, neigen sie dazu, ihre nachfolgenden Handlungen danach auszurichten.

Es gibt viel mehr Leute, die Werbung für ein Produkt lesen, nachdem sie dasselbe gekauft haben, als umgekehrt. Sie wollen damit ihre vorangegangene Kaufentscheidung bestärken.

Der Topmanager versucht, seine Leute dazu zu bringen, eine erste Festsetzung zu akzeptieren und ihr zuzustimmen. Es ist dann viel leichter, seine Wünsche später bei größeren Dingen durchzusetzen.

Er nimmt seinen Mitarbeitern die »Qual der Wahl« ab. Dann sind diese bereit, ähnliche Hilfestellung auch in anderen Situationen zu akzeptieren.

Natürlich kann diese Strategie ebensogut von einem Diktator wie von einem hilfreichen Chef benützt werden. Der Unterschied ist nur, daß ein Diktator (diese existieren im Management genauso wie in der Politik) versuchen wird, die Abhängigkeit zu einem Dauerzustand zu machen, während der wahre Führer seine Leute zu selbständigem Handeln erzieht.

Versuchen Sie zu ermitteln, ob Sie hinsichtlich der Durchsetzung ihrer Anordnungen durch Konsequenz eine Führerpersönlichkeit sind. Bedienen Sie sich dabei der folgenden Tests.

**Test**

1. Sie studieren die Finanzberichte verschiedener Firmen. In welche würden Sie investieren?

   a) Wir haben jedes Jahr unsere Verkaufszahlen um 10% gesteigert. Im Jahr 1980 betrug unser Umsatz 1,865.000,– Dollar, im Jahr 1981 waren es 2,000.000,– Dollar und im Jahr 1982 sind es 2,103.000,– Dollar. ☐
   b) Wir sind gut über die Runden gekommen. Unsere Gewinne betrugen im Jahr 1979 9% des Umsatzes, im Jahr 1980 10% und 1981 8%. ☐
   c) Wir haben jedes Jahr um 5% mehr Einheiten verkauft. ☐
   d) Wir haben im Schnitt über die letzten drei Jahre unsere Gewinnspanne gehalten. Und wir haben unseren Umsatz linear mit dem Bevölkerungszuwachs gesteigert. ☐

2. Ein Geschäftsmann spricht über die Anzahl der Konkurse und Vergleiche im Pelzhandel. Jemand weist darauf hin, daß diese Zahl nicht stimmt. Unten finden Sie verschiedene mögliche Reaktionen. Welche würden Sie akzeptieren?

   a) Er versucht, seine Aussage zu korrigieren, indem er einen zusätzlichen differenzierenden Faktor anführt, wie zum Beispiel »ich meine nur unter den exklusiven und teuren Pelzgeschäften«. ☐
   b) Er gibt seinen Fehler zu und erklärt, daß er seine Daten verwechselt haben muß. ☐

c) Er versucht, seine Aussage aufgrund seiner Autorität zu verteidigen. ☐
d) Er verspricht, Beweise zu bringen und seine Informationsquelle bekanntzugeben (obwohl er nicht sicher ist, ob er das tun wird). ☐

3. Das neue Lagerhaus, das ein Bauunternehmer für Sie errichtet hat, weist schon nach wenigen Monaten Risse auf. Sie regen sich fürchterlich darüber auf. Was werden Sie tun? (Wählen Sie nur eine Antwort)

a) Sie strengen gegen den Bauunternehmer einen Prozeß an. Er hat miserable Arbeit geleistet. Im Vertrag befindet sich eine Klausel, die Sie gegen Fahrlässigkeit schützt. ☐
b) Sie geben sich selbst die Schuld, weil Sie den Preis so heruntergehandelt haben, daß der Bauunternehmer knausern und beim Material sparen mußte. ☐
c) Sie hatten nicht vorhersehen können, daß der Grund unter dem Gebäude ein aufgeschütteter Boden war. Sie müssen eben mit Betonpfeilern abstützen. ☐
d) Glücklicherweise hatten Sie für einen solchen Notfall vorgesorgt. Daher war die Reparatur nicht allzu kostspielig. ☐

**Auswertung (Konsequenz)**

| 1. | | 2. | | 3. | |
|---|---|---|---|---|---|
| a) | 1 | a) | 3 | a) | 2 |
| b) | 2 | b) | 4 | b) | 3 |
| c) | 3 | c) | 1 | c) | 2 |
| d) | 4 | d) | 2 | d) | 4 |

Das beste Ergebnis sind 7–9 Punkte. Sie sind ein Führer, der Vorausblick besitzt.
5–7 Punkte: Sie sind an der Grenze
3–4 Punkte: Sie greifen erst ein, wenn es schon fast zu spät ist.

Bei einem guten Führer kann man sich darauf verlassen, daß er so handelt, als wüßte er das Ergebnis seines Handelns im voraus. Er macht den »Geführten« Mut und gibt ihnen Zuversicht und Vertrauen.

Falls er seine Feststellungen revidieren muß, tut er es mit einer intelligenten Erklärung.

Konsequenz kann anerzogen werden. Beschaffen Sie sich soviele Fakten wie möglich, so daß Sie unbeabsichtigte Widersprüchlichkeiten vermeiden können.

Seien Sie sich bewußt, daß, was immer Sie sagen oder tun, einer genauen Prüfung ausgesetzt ist.

Manchmal können schon widersprüchliche Gesten Ihre Machtbasis untergraben.

### *»Warum nicht?« – Fragen – auch eine Führungseigenschaft*

Wenn neue Produkte entwickelt werden, Firmen Erfolg haben, andere Firmen vor dem Ruin gerettet werden, dann ist dies oft eine Folge der Tatsache, daß jemand auf höherer Ebene den Mut, die Neugierde oder den Verstand hatte, »Warum nicht?« zu fragen.

Manchmal waren bestimmte Produkte schon auf dem Markt, während andere darauf warteten, entdeckt zu werden. Oft wurden neue Märkte erschlossen oder bestehende verändert, nur weil jemand »Warum nicht?« fragte.

Eine Firma, die Wohnwagenanhänger erzeugt, hatte die Idee, sie Hauseigentümern als Gästezimmer anzubieten, die man bequem an das Haus anschließen konnte, wenn man Gäste hatte, und die man zurückgab, wenn diese abgereist waren. Diese Anhänger konnten hinsichtlich Strom, Wasser etc., leicht an das Haus angebunden werden und waren mit diesem versichert. Sie waren auch rasch wieder entfernt, wenn man sie nicht mehr brauchte.

Die American Express Card, die Diners Club Card und ähnliche Kreditkarten verdanken ihre Existenz der Tatsache, daß irgend jemand einmal »Warum nicht?« gesagt hatte.

Aus Garagen ganzjährige Schwimmbäder zu machen, ist eine reizvolle Idee geworden, seit die meisten Autos heute so ausgerüstet sind, daß man sie leicht draußen lassen kann.

Wir haben ein Konzept entwickelt, das wir »Unternehmen Tagtraum« nennen, und das von fast allen Firmen angewendet werden kann.

Ursprünglich hatten wir es uns für ein Papiererzeugungsunternehmen ausgedacht. Die wollten nämlich wissen, welche Produkte man vom Augenblick des Aufwachens an brauchen kann. Das Ergebnis waren Kosmetiktücher und mit Initialen versehene Papiermatten, die man als Bettvorleger verwenden konnte.

Für eine Schweizer Firma, die auf sanitäre Ausstattungen spezialisiert ist, haben wir einen Warmwasser-Heißluft-Ersatz für Toilettenpapier entwickelt.

Viele Firmen haben Vorschlagskästen für neue Ideen, von denen die besten prämiert werden.

Millionen von Menschen sind zumindest vorübergehend, viele davon unglücklicherweise auch permanent auf Medikamente angewiesen. Oft müssen diese auch nachts eingenommen werden. So stellten wir uns die »Warum nicht?«-Frage und kamen auf Lösungen, wie schwach leuchtende Nachtkästchen und Braille-Aufschriften auf nachts einzunehmenden Medikamenten.

Aus Methoden, die wir »Überkreuz-Anwendung« oder, etwas wissenschaftlicher ausgedrückt, Technologie-Transfer nennen, entstehen oft sehr gewinnträchtige und höchst marktgerechte neue Produkte und Verfahren.

Von diesem Prinzip ausgehend, wurde ein Fieberthermometer in Form eines Klebestreifens entwickelt, das je nach der Temperatur des Patienten seine Farbe verändert. Ein Einweg-Artikel, der nach Gebrauch weggeworfen wird und dadurch Hygieneprobleme und zeitraubende Sterilisationsprozesse erspart.

Ermutigen Sie Ihre Mitarbeiter, bestimmte Fragen, ja sogar wohleingeführte Verfahren, neu zu überdenken und in Zweifel zu ziehen. Solche Herausforderungen machen ihre Arbeit interessanter und abwechslungsreicher.

Ein Chemiker der Firma Searle fand, während er an etwas ganz Anderem arbeitete, eine neue Substanz, die – so erzählt man sich – der Grundstoff für Aspartame war, ein Produkt, wesentlich süßer als Zucker.

Die Frage »Warum nicht?« zu stellen, kann so aufregend sein wie eine Safari, nur daß diese eben im unerforschten Dschungel unseres Gehirns stattfindet.

Hier sind einige Tests, die als Ankurbelung zur Messung und Weiterentwicklung dieser Führungseigenschaft benützt werden können.

## Test

1. Sie sind beauftragt, neue Märkte und Anwendungsbereiche für Leuchtstoffröhren zu finden. Derzeit werden diese hauptsächlich in Küchen, Büros, Geschäften usw. benützt. Wie kann man sie auch in andere Räumlichkeiten bringen?

   a) ......................................
   b) ......................................
   c) ......................................
   d) ......................................

   Möglichkeiten:

   a) Lassen Sie eine ganze Wand leuchten. Sie kann mit denselben Gasen gefüllt werden wie eine Leuchtstoffröhre.
   b) Kombinieren Sie Leuchtstoffröhren mit Glühlampen, so daß ein eleganterer Leuchtkörper entsteht, der auch für Wohnzimmer geeignet ist.
   c) Bauen Sie kleine Röhren, die nur eine bestimmte Fläche ausleuchten, in elektrische Schreibmaschinen ein.
   d) Entwickeln Sie eine kleine aufsteckbare Röhre zur Beleuchtung von Telefonen.

2. Sie sind mit der Herstellung von Straßenkarten für Autofahrer befaßt. Ersinnen Sie Möglichkeiten, wie deren Handhabung während der Fahrt praktischer gemacht werden kann. Schreiben Sie zuerst Ihre eigenen Ideen hin und vergleichen Sie diese dann mit den untenstehenden.

   a) ......................................
   b) ......................................
   c) ......................................
   d) ......................................

   a) Entwickeln Sie eine Straßenkarte in Form einer Pergamentrolle, so daß man während der Fahrt immer die richtige Stelle der Karte zur Hand hat. Sie läßt sich zur Seite schieben, wodurch das Entfalten großer und unhandlicher Karten entfällt.

b) Machen Sie aus den Karten Dias, die beim Fahrersitz an die Scheibe projiziert werden können.
c) Montieren Sie riesige Straßenkarten an Plakatwänden oder an Straßenkreuzungen. Vermieten Sie einen Teil der Fläche für Werbezwecke.

3. Sie sind mitbeteiligt an der Konstruktion eines neuen Automodells. Welche Verbesserungsvorschläge fallen Ihnen (unter Anwendung der »Warum nicht?«-Methode) ein? Notieren Sie zuerst Ihre eigenen Ideen und vergleichen Sie diese dann mit unseren Beispielen.

a) ........................................
b) ........................................
c) ........................................
d) ........................................

a) Schaffen Sie eine bessere Möglichkeit, Waren von einem Supermarkt-Einkaufswagen ins Auto zu bringen, vielleicht ausziehbare Schienen, auf denen man den Einkaufswagen ins Auto schieben kann.
b) Teleskopartige Dachträger. Man fährt sie, wie eine Antenne, so hoch aus, wie es für das jeweilige Gepäck erforderlich ist. Wenn man sie nicht mehr braucht, schiebt man sie zurück.
c) Eine in den Fahrzeugboden eingebaute chemische Toilette für Reisen mit Kindern.
d) Eine Öffnung im Boden, durch die man Abfälle in einen Müllbeutel kippen kann, der später an einem passenden Ort, entweder zu Hause oder in einen öffentlichen Abfallbehälter, entleert wird.

4. Ein Büromöbelhersteller braucht neue Ideen. Gehen Sie nach der »Warum nicht?«-Methode vor. Schreiben Sie zuerst Ihre eigenen Ideen hin und vergleichen Sie sie dann mit unseren.

a) ........................................
b) ........................................
c) ........................................

a) Drehbare Bücherregale, die das Platzangebot für Bücher und Arbeitsunterlagen verdoppeln.
b) Eine Schalttafel auf dem Schreibtisch, von der aus man durch Knopfdruck Aufschriften auf Regalen beleuchten kann, was das Auffinden von Arbeitsunterlagen, Büchern etc. erleichtert.
c) Bewegliche Schreibtische, die – wie Lesepulte – auf Ständern an verschiedenen Stellen im Büro aufgestellt werden können, was stehendes Arbeiten (viel gesünder!) und Positionswechsel ermöglicht. Auch praktisch, wenn man sich Notizen machen muß.

## Auswertung

In diesem Test wird Ihre Führungsqualität hinsichtlich der »Warum nicht?«-Methode nach Ihren Antworten und deren Vergleich mit unseren Vorschlägen beurteilt. Unseren Musterbeispielen liegen reale Situationen zugrunde. Die betreffenden Chefs haben oft die Firma vor dem Untergang gerettet, weil sie den Mut aufbrachten, herkömmliche Methoden in Frage zu stellen. Sie haben Optimismus und Courage gezeigt.
Für die Beurteilung Ihrer diesbezüglichen Führungsqualitäten ist die Anzahl der Vorschläge, die Sie hinschreiben konnten, maßgebend, nicht notwendigerweise deren Ähnlichkeit mit den von uns zitierten Fallstudien.
Sie können diese Fähigkeit noch verbessern, indem Sie die »Warum nicht?«-Methode auch bei altbewährten Verfahren anwenden.
Wir haben die Erfahrung gemacht, daß eine Sammlung von Presseberichten über ungewöhnliche Ideen und Produkte gutes Lehrmaterial darstellt. Sie gewinnen dadurch Beispiele für neue Konzepte und können dann versuchen, diese in der eigenen Firma anzuwenden, wodurch Sie Ihre Fähigkeit, »anders« zu denken, unter Beweis stellen. Halten Sie auch Ihre Mitarbeiter dazu an, es ebenso zu machen. Es ist ein erfolgversprechendes Führungs- und Motivationsmittel.

## 5.3 Sich selbst und andere motivieren

Motivationshierarchien à la Maslow, das Auflisten menschlicher Motivationen, ja sogar der Versuch, die Frage nach der wichtigsten menschlichen Motivation zu beantworten, sind insofern problematisch, als in all diesen Modellen davon ausgegangen wird, daß Motivationen linear sind. Das sind sie aber nicht, sie sind eher wie Zahnräder oder wie komplexe Maschinensysteme.

Wir beklagen uns, daß ein Untergebener arbeitsmäßig nicht richtig motiviert ist. Dabei kann der gleiche Mensch sein ganzes Herz und seine ganze Seele einsetzen, wenn es um das Golfspiel oder ein sonstiges Hobby geht.

Als Kinder lernen wir durch fortwährende Belohnungs- und Strafreize, das Richtige zu tun. Mit der Zeit gehen uns schließlich all diese Dinge in Fleisch und Blut über und wir weichen auch ohne Mamis Mahnungen nicht mehr vom rechten Wege ab.

B. F. Skinner, ein Behaviorist par excellence, behauptet, daß wir durch »Verstärker« nahezu vollkommen motivier- und dressierbar sind.

Freud hingegen steht auf der anderen Seite. Für ihn ist die Emotionalität und Irrationalität unserer Antriebe von größter Bedeutung.

Als Mann der Praxis haben Sie nicht die Zeit, sich mit solchen akademischen Kontroversen abzugeben. Sie wollen wissen, ob Sie selbst als Manager hinreichend motiviert sind oder nicht, und ob Sie Ihrerseits unmotivierte Mitarbeiter motivieren können.

Motivation beginnt damit, daß man sich ein Ziel setzt. Ohne definitive Zielsetzung kann es keine Motivation geben. Daher hängt, so einfach es auch klingen mag, die eigene oder fremde Motivation von der klaren Definition eines Zieles ab. Wenn dieses attraktiv genug ist, wird es auch als Motivator funktionieren.

Wenn ein Arbeitnehmer nichts zu erreichen hat, wird er sich nicht besonders oder gar nicht anstrengen. Das Ziel kann mehr Geld, mehr Anerkennung, oder aber auch die Freude an der eigenen Leistung und das Teilhaben am Firmenerfolg sein.

Das Gefühl der Zweck- und Sinnlosigkeit des Lebens ist der Tod jeder Motivation.

Zur Messung der eigenen und fremden Motivation ist eine klare Ziellinie, oder bei deren Nichtvorhandensein, eine eigene Zielsetzung erforderlich.

Diese mag von Person zu Person verschieden sein, aber Sie als Manager können mit unseren Tests ermitteln, ob bei einer bestimmten Person solche Leitmotive vorhanden sind oder nicht.

Die jeweilige Bezeichnung ist unwesentlich. Ob jemand sein Schicksal, seine guten oder schlechten Eigenschaften hinnimmt oder nicht, ist ein Indikator dafür, ob er motiviert ist oder nicht.

Hier sind einige Methoden, um zu einem besseren Verständnis dieser Motivationskräfte zu kommen.

Ziele können zu hoch oder zu niedrig angesetzt sein. Wenn sie außerhalb unserer Reichweite sind, funktioniert die Motivationsfeder nicht.

Wenn Sie einen neuen Mitarbeiter einstellen oder einen vorhandenen zu motivieren suchen, ist es wichtig, über das Maß seiner Antriebskraft Bescheid zu wissen.

## Test

1. Was tun Sie, um sich körperlich fit zu halten?

   a) Ich betreibe regelmäßig Sport. ☐
   b) Ich ernähre mich vernünftig. ☐
   c) Ich bin gesund. Ich brauche da nichts Besonderes zu tun. ☐
   d) Ich nehme Vitamine, betreibe Sport, halte mein Gewicht und lasse meinen Blutdruck kontrollieren. ☐

2. Was tun Sie für Ihre Weiterentwicklung?

   a) Ich lerne eine neue Sprache, eigne mir neue Kenntnisse an. ☐
   b) Was ich alles studiert habe, reicht für mein ganzes Leben, ich kann schon jetzt nicht all das Wissen verwerten, das ich habe. ☐
   c) Ich ziehe es vor, meinen Hobbies nachzugehen. ☐
   d) Ich habe zu wenig Zeit um noch zusätzlich etwas zu tun. Ich lese Fachbücher. ☐

3. Wie ist Ihr Verhältnis zu Ihrer Gemeinde oder zu Freizeitorganisationen?

   a) Ich bin nirgends Mitglied, gewöhnlich ist das ohnehin nutzlos. ☐

b) Ich bin Mitglied bei ..............................
(entsprechende Aktivitätengruppen anführen) ☐

c) Ich habe selbst eine Organisation oder eine Bewegung gegründet.

..............................................

(Welche? Zählen Sie sie auf) ☐

d) Ich gehe zu den Wahlen, in die Kirche und in einen Klub. Politik und das Diskutieren oder Erkämpfen sozialer Anliegen überlasse ich anderen. ☐

4. Ein Ihnen unterstellter Mitarbeiter hat schlechte Arbeit geleistet. Sie müssen entscheiden, mit welchen Methoden Sie ihn dazu bringen können, in Zukunft bessere Arbeit zu leisten. Welche Methode wählen Sie?

a) Sie weisen ihn/sie darauf hin, wieviele Fehler er/sie gemacht hat. ☐

b) Sie erwähnen die Fehler überhaupt nicht und korrigieren sie stillschweigend. ☐

c) Sie sprechen mit dem Mitarbeiter, um den Grund für die schlechte Leistung zu finden. ☐

d) Sie stellen fest, daß Ihre Anweisungen unklar gewesen sein müssen. ☐

5. Sie fordern Ihr Verkaufspersonal auf, sich etwas einfallen zu lassen, um die Verkaufszahlen zu erhöhen, und bitten sie, Ihnen hierzu bei der nächsten Verkäuferbesprechung Vorschläge zu machen. Keiner kommt mit einer neuen Idee. Wie ist Ihre Reaktion?

a) Meine Instruktionen waren klar und deutlich. Die haben nicht richtig zugehört. ☐

b) Es ist mein Fehler. Um sie wirklich anzukurbeln, werde ich ihnen die Aufgabenstellung wohl deutlicher erklären müssen. ☐

c) Meine Leute sind einfach nicht kreativ genug. Ich werde es selber machen müssen. ☐

d) Ich werde andere Verkäufer zitieren. Erzählen, welche Schwierigkeiten die anfangs hatten und wie sie diese am Ende gemeistert haben. ☐

**Auswertung**

| | | | | |
|---|---|---|---|---|
| 1. a) 4 | 2. a) 4 | 3. a) 1 | 4. a) 3 | 5. a) 1 |
| b) 2 | b) 1 | b) 2 | b) 4 | b) 3 |
| c) 1 | c) 2 | c) 4 | c) 3 | c) 2 |
| d) 4 | d) 3 | d) 3 | d) 4 | d) 4 |

15 bis 20 ist ein guter Wert, der zeigt, daß Sie Ihr Personal für gut qualifiziert halten und daß Sie wissen, wie man es motiviert.
10 bis 14 ist eine Punktzahl, die auf einen Manager hinweist, der allzu rasch bereit ist, seinen Mitarbeitern die Schuld zu geben, statt sich selbst.
Eine Punktzahl von 5 bis 9 könnte dadurch entstanden sein, daß Sie sich zu leicht mit dem status quo zufrieden geben. Sie sind der Meinung, daß weder Sie selbst noch andere einer Verbesserung bedürfen.

## 5.4 Auf neue Art motivieren

Der Spitzenmanager wird nicht immer automatisch an der Spitze sein. Die Organisation, wie wir sie heute in ihrer hierarchischen und zentralistischen Form kennen, wird sich dahingehend ändern, daß sie mehr einer partnerschaftlichen und demokratischen Zusammenarbeit gleicht. Die Fähigkeit zu motivieren wird noch wichtiger und noch notwendiger werden. Schon jetzt sind Ansätze solcher Veränderungen und neuer Motivationen erkennbar.

Bei einer vertikalen Management-Struktur trägt der Vorstand oder der Generaldirektor die Hauptverantwortung. Der kleine Angestellte schiebt die Schuld für Fehler oder schlechte Verkaufsergebnisse mit Recht auf den Nächsthöheren, den Abteilungsleiter. Schließlich ist dieser ja besser qualifiziert und wird besser bezahlt.

Um zu einem besseren Verständnis dieser neuen Verhältnisse zu kommen, sollte in experimentellen Laboruntersuchungen die Schuldumkehr geprobt werden. Anstatt zu fragen, was die Sekretärin oder der Assistent falsch gemacht haben, sollte der Manager lernen zu fragen, was er selbst falsch gemacht hat, oder was mit der Kommunikation nicht in Ordnung war.

Einige der moderneren Mittelschulen haben diese neue Philosophie bis zu einem Ausmaß durchgezogen, das es den Schülern erlaubt, eine Klasse zu verlassen, wenn sie der Lehrer langweilt. Das dürfen sie bei drei oder vier Klassen machen, bis sie eine finden, deren Lehrer ihnen genehm ist. Und die armen Lehrer müssen in Abendkursen lernen, wie man seinen Unterrichtsstil verbessert.

*Zwischenmenschliche Beziehungen*

Auch sie kann man in Organisationen messen. Sie können ermitteln, wie beliebt Sie sind, wie viele persönliche Kontakte Sie mit gleichgestellten Kollegen haben und wie viele Sie haben sollten. Sie können versuchen, sich mit den Augen Ihrer Kollegen im Betrieb zu sehen und einige Ihrer Gewohnheiten entsprechend ändern.

*Führungsqualität*

wird mehr und mehr jenem Mann zugebilligt, der imstande ist, zwischen sich und seiner »Truppe« ein Gefühl der Partnerschaft herzustellen. Ein solcher Mann hat mehr von einem Helfer und Beschützer als von einem Diktator an sich. Daher ist es wünschenswert, daß er lernt, den Problemen seiner Untergebenen mit Anteilnahme und Mitgefühl gegenüberzustehen. Ein Führer zu sein bedeutet, ein Beispiel zu setzen, Vater oder Mutter und auch Problemlöser zu spielen.

*Unternehmenskultur*

Immer mehr wird uns bewußt, daß jedes Unternehmen eine eigene »Kultur« hat. Ein neuer Mitarbeiter muß also einen »Kulturschock« überwinden. Dabei sollte ihm geholfen werden.

Es muß ihm zum Bewußtsein kommen, daß er sich den Sitten und Gebräuchen, den ihm oft fremdartigen Zunft- und Stammes-Ritualen, anpassen muß.

Das Unternehmen seinerseits sollte, wie wir es tun, Neuankömmlingen einen »Unternehmensführer« in die Hand drücken, aus dem die Spielregeln hervorgehen. Hotels und Fremdenverkehrsämter machen das auch, damit sich die Gäste zu Hause fühlen. Da erfährt man zum Beispiel, ob man sich zum Abendessen umziehen soll, und ob bzw. wieviel Trinkgeld erwartet wird. Eine neue Stelle ist wie eine Kreuzfahrt. Es dauert eine Weile, bis man sich akklimatisiert hat.

Ein Firmen-Motto oder eine Beschreibung der Firmen-Bräuche und ihrer Ursprünge kann ebenfalls sehr von Nutzen sein.

Ein »Firmen-Begleiter« ähnlich einem Reiseleiter auf einer Kreuzfahrt oder einer älteren und erfahrenen Gesellschaftsdame, kann für Neuankömmlinge ebenfalls eine große Hilfe sein.

## 5.5 Klischeevorstellungen ändern

Wenn der Durchschnittsmensch gefragt wird, wie man den Fortschritt am besten beschreiben kann, denkt er gewöhnlich an eine gerade aufsteigende Linie. Wenn wir von menschlichen Bedürfnissen reden, denken wir an ein Kuchentablett. In beiden Fällen haben wir es mit Klischeebildern zu tun, die unseren Denkprozessen zugrundeliegen. In beiden Fällen ist jedoch das benützte Klischee falsch.

Menschlicher Fortschritt sollte besser und richtiger als Spirale gesehen werden. Wir kommen immer wieder dahin zurück, wo wir waren, nur eben auf einer höheren Ebene. Fortschritt ist These, Antithese und Synthese.

Menschliche Bedürfnisse sollte man sich ebenfalls richtiger als einen sich ausdehnenden Ballon vorstellen. Mit der fortschreitenden Befriedigung unserer Bedürfnisse schneiden wir gewöhnlich immer größere Stücke vom Kuchen ab und glauben, daß unsere Bedürfnisse dadurch geringer werden. Mitnichten, der Appetit kommt mit dem Essen.

Unsere Sprache und unsere Denkmuster sind voll von bildhaften Vergleichen. Wenn diese gedanklichen Klischees realistisch sind und zur wirklichen Welt und ihrer tatsächlichen Beschaffenheit in der richtigen Relation stehen, können sie uns nützliche Wegweiser sein. Wenn wir jedoch falsche Denkklischees haben, kann es passieren, daß wir glauben, auf logische und den strukturellen Gegebenheiten entsprechende Weise vorzugehen, ohne daß wir uns gewahr werden, daß es früher oder später zu einer Fehlanpassung kommen muß.

Wenn wir einen Menschen zu einer Änderung seines Wesens motivieren wollen, ist es von größter Wichtigkeit, ihm bewußt zu machen, auf welchen Gedankenbildern er es aufgebaut hat, und diese dann auf ihre Gültigkeit zu untersuchen.

Lange Zeit ließ die Tiefkühlindustrie zu, daß sich in der Vorstellung der

Konsumenten das Gedankenbild festsetzte, daß »tiefgefroren« das Gegenteil von »frisch« ist. Als wir im Verlauf einer Motivationsstudie die Existenz dieses Klischees feststellten, schlugen wir vor, es mit Hilfe von Fakten zu zerschlagen – Fakten, die zeigten, daß das sogenannte »frische« Obst und Gemüse nicht wirklich frisch in dem Sinne ist, daß es den Verbraucher sofort nach der Ernte erreicht. Dies geschieht gewöhnlich mindestens drei bis vier Tage später, während Tiefkühlware andererseits zum Zeitpunkt der höchsten Reife wirklich erntefrisch eingefroren wird. Somit ist also nach diesem Gedankenbild – nämlich dem richtigen – Tiefkühlware in Wirklichkeit frischer als »frische«.

Wie steht es um Ihre Gedankenklischees?

## Test

1. Warum erlitt Mutual Funds Rückschläge?

   a) Schlechtes Management. ☐
   b) Sie wurden zu groß. ☐
   c) Es haben sich gewinnbringendere Investment-Möglichkeiten entwickelt. ☐
   d) Die Börsenkurse verfielen. ☐

2. Der wahre Grund, warum einige der auflagenstärksten Zeitschriften untergingen, war:

   a) Die Mitarbeiter waren zu teuer geworden. ☐
   b) Die Leser wollten zeitgemäße Berichterstattung. ☐
   c) Der Stückpreis war zu hoch geworden. ☐
   d) Die Leser wollten individueller ausgerichtete Publikationen. ☐

3. Wenn ein Stellenbewerber sein eigenes Loblied singt, hat er gewöhnlich

   a) guten Grund dazu. ☐
   b) die Absicht, von seinen Unzulänglichkeiten abzulenken. ☐
   c) den Wunsch, sich gut zu verkaufen. ☐
   d) das Gefühl, daß es von ihm erwartet wird. ☐

4. Sie sind im Begriff, im Rahmen einer Versetzung von Ihrer Firma in eine Zweigniederlassung im Ausland zu wechseln.

Welche von den unten angeführten Handlungen erscheint Ihnen als Vorbereitung auf einen solchen Schritt und als endgültige Entscheidungshilfe am dienlichsten?

a) Sie befragen Leute, die schon dort gearbeitet haben und wieder zurückgekommen sind. ☐
b) Sie machen einen Test-Besuch und halten sich dort einige Wochen auf. ☐
c) Sie korrespondieren mit einem Kollegen, der dort arbeitet über die dortigen Verhältnisse. ☐
d) Sie verwerfen alle Informationen, die nicht auf Ihrer eigenen Erfahrung beruhen. ☐

## Auswertung

| | | | |
|---|---|---|---|
| 1. a) 1 | 2. a) 1 | 3. a) 2 | 4. a) 1 |
| b) 4 | b) 3 | b) 3 | b) 3 |
| c) 2 | c) 2 | c) 4 | c) 2 |
| d) 3 | d) 4 | d) 1 | d) 4 |

Die höchste Punktzahl liegt zwischen 14 und 16. Ein solcher Manager ist sich des Einflusses, des Wertes und auch der Gefahren, die Gedankenklischees und -strukturen für das Verstehen von Motivation enthalten, bewußt.
Folgende Gründe waren maßgebend:
1. b) ist die beste Antwort. Das Management von Mutual Funds war bei der Unzahl von Investoren überfordert, wurde unbeweglich und unfähig, rasch genug auf den Markt zu reagieren.
2. d) ist die richtige Antwort. LIFE, LOOK, SATURDAY EVENING POST und andere Magazine hatten die Tatsache übersehen, daß die Leser individuellere Berichterstattung wünschten. Kleinere und mehr spezialisierte Zeitschriften kamen zum Zug. Wären sich die Herausgeber der großen Zeitschriften ihrer falschen Gedankenbilder bewußt gewesen, hätten sie ihren Untergang verhindern können.
3. c) ist richtig. 3. b) ist ein übersimplifizierter Versuch einer pseudo-psychologischen Erklärung.
4. d) ist richtig. 4. a) könnte irreführend sein, weil möglicherweise nur jene zurückkamen, die im Ausland Mißerfolg hatten. Bevor ich

in die USA auswanderte, machte ich einen solchen Fehler. Ich sprach mit Leuten, die von dort zurückgekommen waren und erhielt nur negative Berichte. Bis ich merkte, daß ich unbeabsichtigt eine voreingenommene Gruppe gewählt hatte.
Punktzahlen zwischen 9 und 13 bedeuten gewöhnlich eine Mischung von richtigen und falschen Gedankenbildern und -strukturen.
Niedrige Punktzahlen zwischen 4 und 8 beruhen auf einer falschen Vorstellung von menschlichen Motivationen.

Wie kann man Denkstrukturen entwickeln, korrigieren und steuern? Eine gute Übung ist zum Beispiel, sich während einer Diskussion über politische oder nationale Angelegenheiten einen Moment lang zu überlegen, ob man nicht unabsichtlich irgend ein Gedankenklischee benutzt hat. Manchmal kann es schon nützlich sein, während man spricht, die eigenen Gedanken in bildliche Form zu bringen. Sie können dabei entdecken, daß Sie Dreiecke, Quadrate oder Kreise gezeichnet haben, um eine abstrakte Idee verständlicher zu machen.

Darauf zu warten, daß die Arbeitslosenrate sinkt, weist ebenfalls auf falsches Motivationsdenken hin. Es sollte mehr und mehr zu Kenntnis genommen werden, daß manche Arbeitsplätze einfach veraltet und überholt sind.

EDV und die Einführung neuer Technologien werden die Zerstörung der Arbeitsplätze von Telefonistinnen, Stahlarbeitern, vielleicht sogar Briefträgern, und vieler anderer zur Folge haben.

Wenn ein Manager einen neuen Mitarbeiter einstellt, wird es nicht mehr genügen, dessen Vorkenntnisse und Praxis auf dem betreffenden Gebiet zu ermitteln, sondern es wird vielmehr notwendig werden, des Bewerbers Anpassungsfähigkeit und Verwendbarkeit in anderen Tätigkeiten innerhalb der Organisation festzustellen. Sogar innerhalb eines einzigen Aufgabenbereichs können heute die raschen Veränderungen in der Wirtschaft und der Technologie dem Mitarbeiter eine ebenso rasche Anpassung abverlangen.

Möglicherweise wird auch die Unterscheidung zwischen Arbeitern und Angestellten wegfallen. In unseren Schulen werden wir die Kinder nicht mehr nur dazu erziehen, einen Beruf zu ergreifen, sondern sie fragen müssen, welche drei oder vier Berufe sie erlernen möchten.

Umschulung ist das neue Reizwort. Leider sind wir psychologisch nur äußerst ungenügend darauf vorbereitet. Es wäre zu wünschen, daß wir uns vom mittelalterlichen Zunftdenken freimachten – es ist ein veraltetes Denkmodell. Es gibt noch keine Mehrberufsgewerkschaften. Auch gibt es noch wenige oder gar keine Stellenanzeigen, in denen Manager oder Abteilungsleiter mit »universellen« Fähigkeiten gesucht werden. Stattdessen halten wir immer noch scharf abgegrenzte Stellenbeschreibungen für wünschenswert. Die neuen Motivationen werden in der Fähigkeit, zu wechseln, sich zu verändern, sich anderen Gebieten zuzuwenden, liegen, auch wenn Prestige-Faktoren im Spiel sind, wie zum Beispiel das Eintauschen von Anzug-und-Krawatten-Würde gegen eine Arbeit ohne dieses »nutzlose-aber-dekorative-Ding-um-den-Hals«. Bei Frauen kann dies das helle Kleid statt der Fabrikmontur sein.

Markt- und Meinungsforscher arbeiten immer noch mit den klassischen, oft völlig irrelevanten, Unterscheidungen hinsichtlich Alter, Einkommen, Familienstand etc. Wir beginnen erst langsam zu erkennen, daß es nur darauf ankommt, ob jemand hinsichtlich seines Einkommens aufsteigt, stillsteht oder abfällt, daß es gewaltige Unterschiede zwischen Leuten geben kann, die zwar in absoluten Zahlen dasselbe Einkommen haben, es aber auf sehr unterschiedliche Weise nützen. Die psychologische Marktsegmentierung und die Einführung der psychologischen Typologie sind erst neueren Ursprungs.

Im strukturwissenschaftlichen Sinn stellen sie aber nur das Ersetzen falscher Denkmodelle durch richtige dar, richtige in dem Sinn, daß sie instrumentell und motivationell, anstatt nur phänomenbeschreibend sind.

## 5.6 Wege zur wirkungsvolleren Motivation

Wie können Manager lernen, besser zu motivieren? Die Führungsaufgaben werden von Tag zu Tag komplexer, sie verlangen zunehmend mehr Informationsverarbeitung, höhere Risikobereitschaft, Einbeziehung neuer und ungewohnter Produktionsbereiche, mehr Zeitaufwand und bessere Kommunikation, nicht nur mit Kunden, sondern auch mit über- und untergeordneten Unternehmensbereichen.

Leider haben die meisten Schulungsmethoden mit den Anforderungen des modernen Managements nicht Schritt gehalten. Es sind meist typische »Konserven«-Konzepte, mit denen versucht wird, dynamische Menschen in bestehende Verhaltensnormen zu pressen. Darüber hinaus sind die meisten Management-Seminare nicht annähernd so anspruchsvoll wie die Manager selbst und daher auch wenig geeignet, Lösungen für wirkliche Managementprobleme, wie Entscheidungsfindung, Kreativität und Kommunikation anzubieten.

Richtige Motivation erfordert:

*1) Selbsterkenntnis*

Eine erste Sitzung kann dazu dienen, den Teilnehmer zu ermutigen, seine eigenen Stärken und Schwächen realistisch einzuschätzen: wie sie sich ändern können und welchen Einfluß sie auf seine Mobilität innerhalb der Firma und auf seine Beziehung zu den Kollegen haben.

*2) Informationsverarbeitung und Umfeld-Beherrschung*

Jeder moderne Manager hat mit einer Flut von Computerdaten und sonstigem Papier zu kämpfen, während er gleichzeitig damit beschäftigt ist, Marktgegebenheiten auszuloten und zu einer exakteren Einschätzung der Absichten seiner Geschäftspartner zu gelangen.

Spitzenmanager müssen imstande sein, für die verschiedensten Probleme Lösungen anzubieten. Sie müssen wissen, wie man an die »persönliche« Erforschung neuer und völlig unbekannter Marktbereiche herangeht, wie man den Blick für die Wahrnehmung der Veränderungen der Welt schärft, und wie man die Methoden der Datenspeicherung und -wiederauffindung verbessert. Das derzeit bestehende Ablage- und Registratursystem ist statisch. Was man lehren sollte, ist eine dynamischere und unmittelbar anzuwendende Informationshandhabung. Abgelegte Information sollte nicht nur jederzeit sofort greifbar, sondern auch geeignet sein, als Unterlage für und zur Verteidigung von neuen Konzepten zu dienen.

*3) Persönliche Organisation*

Je höher ein leitender Angestellter in einem Unternehmen aufsteigt, desto weniger Zeit scheint er zum Nachdenken zu haben und desto alleingelassener sieht er sich mit seinen Problemen.

Telefongespräche, Meetings, Geschäftsreisen und gesellschaftliche Verpflichtungen – sie alle sind zeitraubend. So kann es leicht geschehen, daß der Spitzenmanager das Gefühl hat, ein Leben außerhalb der Realität zu führen. Was wir brauchen, sind neue Konzepte, die dem Manager helfen, Prioritäten zu setzen, Daten funktionell statt oberflächlich einzuordnen und System in sein ständig wachsendes Arbeitspensum zu bringen.

*4) Dynamische Kommunikationsmethoden*

Moderne Manager verkehren sowohl mit Kollegen, Vorgesetzten und Untergebenen, als auch mit externen Geschäftspartnern immer noch mit völlig veralteten Kommunikationsmethoden. Müssen Briefe eigentlich immer noch Brief-Form haben? Ist es nicht möglich, die interne Kommunikation effizienter zu machen, elektronische Anlagen zu entwickeln, die dem Manager weniger seiner wertvollen Zeit rauben und gleichzeitig firmenintern das Gefühl der Zusammenarbeit stärken?

*5) Zwischenmenschliche Beziehungen*

Eine empfindliche Antenne für zwischenmenschliche Beziehungen zu haben, kann für den Manager, aber auch für den Verkäufer, ein großer Vorteil sein. Zuviele von uns sind eher passive als aktive Zuhörer. Wir schaden uns selbst, indem wir uns von oberflächlichen Signalen dazu verleiten lassen, voreilige Schlüsse zu ziehen, anstatt zur Beobachtung von Menschen oder Situationen all unsere Sinne einzusetzen. Auch ehrliche Zuversicht statt Rollenspiel kann zwischenmenschliche Beziehungen verbessern, weil man dadurch den Eindruck vermittelt, »man selbst« zu sein.

*6) Kreativeres Denken*

Der moderne Manager muß imstande sein, Entscheidungen zu treffen, sich mit Problemen herumzuschlagen, und immer komplexer werdende Sachverhalte zu verstehen.

Oft werden vernünftige Entscheidungen aber durch Fehlinterpretation von Erklärungen und Mitteilungen, oder durch auf Informationsmangel (der häufig auf das Unterlassen zweckdienlicher Fragen zurückzuführen ist) beruhenden Generalisierungen und Etikettierungen verhindert, so daß man, wie zwischen zwei Stühlen, zwischen zwei Alternativen oder Vorurteilen sitzt.

Für den modernen Manager wird es auch zunehmend wichtiger, neue Ideen zu entwickeln. Hierbei fühlt er sich oft durch seine Angst vor

Veränderungen, durch die geltenden Verhaltensregeln und auch durch seine eigene persönliche »Zensur« gehemmt.

Es sollte eine neue Methodologie entwickelt werden, die den Manager in seinen Entscheidungen freier macht und das Generieren neuer Ideen erleichtert.

Zuviel der wertvollen Zeit eines Managers geht durch Konventionen verloren – die Art wie sein Schreibtisch organisiert ist, seine Memoranden geschrieben und verteilt werden, die angeblich übliche Behandlung von Lieferanten und Kunden, die seiner Firma »gemäßen« Produkte und Absatzmethoden und das Ablagesystem seiner Sekretärin.

Darüber hinaus haben Manager oft nicht die Fähigkeit, genug Information rasch genug zu absorbieren, angefangen von ihren Tageszeitungen bis zu den Reden und Erklärungen ihrer Vorgesetzten. Neue Strategien im Umgang mit Menschen und auch Fakten sind erforderlich.

*7) Am allerwichtigsten aber ist richtige Motivation*

Motivation bedeutet Ermutigung zur persönlichen Entfaltung und zur Nutzung all unserer Fähigkeiten. Normalerweise nutzen wir nur 40–50% unserer Kapazität. Eine der wirkungsvollsten Motivationsmethoden ist es, uns selbst und andere zur Nutzung der restlichen 50% zu überreden.

# 6 Team-Arbeit

## 6.1 Wie gut arbeiten Sie in einem modernen Team?

In einem kürzlich von einer sowjetischen Management-Gesellschaft herausgebrachten Buch schreibt der sowjetische Autor Volgin, daß eines der wichtigsten Elemente bei Konferenzen der Humor ist und daß jeder Teilnehmer die Möglichkeit haben sollte, seine Meinung ohne Furcht, lächerlich gemacht zu werden, zu äußern. Was für ein Schritt nach vorn!

Diese Vorschläge gelten jedoch auch für »kapitalistische« Konferenzen. In seinem Buch, das den Titel »Geschäftskonferenzen« trägt, schreibt Volgin »bei vielen Besprechungen hat man den Eindruck größter Geschäftigkeit, während in Wirklichkeit überhaupt nichts passiert.« Er sagt auch »Eine Konferenz ist die Suche nach optimalen Lösungen.« Die Folgerung, die wir daraus ziehen sollten, ist, daß je mehr die Team-Arbeit zu einem Schlachtfeld von zueinander in Konflikt stehenden Meinungen wird, die besprochen und dann zu einer Lösung gebracht werden, desto erfolgreicher wird die Besprechung. Ob jemand ein guter Team-Arbeiter ist, hängt somit von seiner Fähigkeit ab, eine andere Meinung zu haben und auch auszudrücken, also fast das Gegenteil von dem, was man gemeinhin unter Team-Arbeit versteht.

Natürlich muß es auch einen Team-Führer, oder wie er jetzt genannt wird, einen Moderator, geben. Seine Aufgabe ist es, für soviel Reibung zu sorgen, daß jene Funken erzeugt werden, die für zündende Ideen und somit für eine produktive Konferenz gebraucht werden.

In manueller Hinsicht bedeutet Team-Arbeit, daß alle an einem Strang ziehen. Intellektuelle Team-Arbeit dagegen bedingt das Vorhandensein von Geistesblitzen, so daß ein »brain-storming« entstehen kann.

Versuchen Sie durch unsere Tests herauszufinden, wie gut Sie als Moderator oder Mitglied eines Teams sind. Einige dieser Tests sind auf den Moderator ausgerichtet und andere auf die Team-Mitglieder.

## Test

1. Eines der Team-Mitglieder hat eine neue Idee präsentiert. Diese hat große Ähnlichkeit mit einem Gedanken, den Sie selbst gerade äußern wollten. Sie hatten sich aber nicht getraut, damit herauszukommen. Wenn Sie an frühere, ähnliche Anlässe denken, was würden Sie wahrscheinlich dazu sagen?

   a) Das ist interessant, ich wollte gerade etwas Ähnliches sagen. ☐
   b) Das ist eine gute Idee. Aber so wie Bob (oder Lucy) sich das vorstellt, ist das nicht zu machen. Da muß noch viel Vorarbeit geleistet werden und das Ganze will gründlich überlegt sein. ☐
   c) Sie sagen nicht, daß Sie eine ähnliche Idee hatten, sondern gratulieren Bob (oder Lucy). ☐
   d) Sie schlagen der Gruppe vor, Bobs (oder Lucys) Idee aufzugreifen, bringen aber noch ein paar eigene Gedanken zum Ausdruck – möglicherweise konträre. ☐

2. Alle Kollegen bis auf einen beteiligen sich an einer Diskussion. Dieser verhält sich die meiste Zeit still. Wie ist Ihre Reaktion auf sein Verhalten?

   a) Am besten läßt man ihn in Ruhe. Er wird sich schon noch beteiligen. Nicht jeder redet gerne. ☐
   b) Sie stellen ihm eine direkte Frage, um sein Interesse zu wecken. ☐
   c) Einen Witz über seine Schweigsamkeit machen, etwa »John möchte seine genialen Einfälle wohl für sich behalten.« ☐
   d) John sagen, daß seine Vorschläge meistens sehr wertvoll sind und daß die Gruppe seine Ideen braucht, er soll sich nichts daraus machen, wenn sie verrückt klingen. ☐

3. Sie sind beauftragt, eine Sitzordnung für die nächste Konferenz aufzustellen. Von den Fenstern kommt ein grelles, blendendes Licht herein. Am Ecksitz muß dauernd jemand

vorbeigehen. Analysieren Sie Ihre Motive ehrlich. Welches erscheint Ihnen am zutreffendsten?

a) Ich werde sicherstellen, daß ich mit dem Rücken zu diesem grellen Licht sitze. ☐
b) Insgeheim kann ich Bill nicht leiden. Ich werde ihm einen Platz zuweisen, wo ihn das Licht blendet oder vielleicht den Ecksitz. ☐
c) Otto ist neu in der Firma und ein bißchen schüchtern. Ich werde ihm den günstigsten Platz zuteilen. ☐
d) Frank und Shirley pflichten meinen Vorschlägen immer bei, ich werde sie rechts und links von mir plazieren. ☐

4. Ihnen fällt unangenehm auf, daß es da einen Teilnehmer gibt, der ständig alle unterbricht, um seine eigenen Ideen an den Mann zu bringen. Wie sollte dieser behandelt werden?

a) Sie sagen ihm, er solle den Mund halten und andere Leute ausreden lassen. ☐
b) Sie greifen seine Vorschläge auf und fordern die anderen Teilnehmer heraus, indem Sie sie veranlassen, die Vorschläge entweder zu widerlegen oder anzunehmen. ☐
c) Sie fordern den Dreinredner auf, seine Vorschläge zu präzisieren und so zu erläutern, daß man sie als durchführungsreif ansehen kann. ☐
d) Sie limitieren die Redezeit aller. ☐

5. Wie sollte ein Arbeitsteam am besten zusammengesetzt sein?

a) Aus Leuten mit ähnlichen Interessen aus der gleichen Abteilung. ☐
b) Aus Leuten mit gänzlich unterschiedlichen Arbeitsgebieten aus anderen Firmen-Bereichen. ☐
c) Aus Antagonisten, Konservativen, Neuerern, Ellbogentypen, Träumern und Realisten. ☐
d) Sie teilen das Team auf – in einzelne Gruppen jeweils für Technik, Verkauf, Verwaltung und Planung. ☐

6. Sie haben den Auftrag erhalten, ein Team zusammenzustellen, das ein anstehendes Firmenproblem lösen soll. Sie können sich 5 Leute aussuchen. Welche würden Sie wählen?

a) Einen Techniker, der auf dem betreffenden Gebiet Experte ist. ☐
b) Einen Produktionsfachmann, der weiß, wie man so etwas ordentlich erledigt. ☐
c) Einen Menschen, der die Marktsituation und die Konkurrenz kennt. ☐
d) Einen kreativen Menschen, der manchmal die ungewöhnlichsten Ideen hat. ☐
e) Jemanden, der seine Zweifel an dem ganzen Unterfangen hat und der Meinung ist, die Firma sollte sich auf dieses Projekt gar nicht einlassen. ☐
f) Den Finanzbuchhalter der Firma. ☐
g) Den Firmen-Anwalt oder -Syndikus. ☐
h) Einen EDV-Spezialisten. ☐

Von diesen Personen können nur 5 teilnehmen, Sie selbst nicht mitgerechnet.

7. Ihre Firma eröffnet eine Niederlassung im Ausland. In einem Rundschreiben werden die Firmenangehörigen eingeladen, an einer Besprechung über dieses neue Auslandsbüro teilzunehmen. Wie reagieren Sie darauf?

a) Da hätte ich nichts beizutragen. Ich bin ja nicht an einer Versetzung interessiert. ☐
b) Da gehe ich hin. Wer weiß, vielleicht ergibt sich da für mich eine interessante Möglichkeit. ☐
c) Auch wenn ich selbst nicht daran interessiert bin, glaube ich, ein paar gute Ideen beisteuern zu können. ☐
d) Das wird wieder ein Gerede sein, bei dem nichts herauskommt. Wenn ich ausdrücklich aufgefordert werde, gehe ich hin, aber ungern. ☐
e) Ich möchte wissen, wer sonst noch zu dieser Besprechung geht. Ich werde erst herumfragen, bevor ich mich entscheide, ob ich hingehe oder nicht. ☐

**Auswertung**

| | | | | |
|---|---|---|---|---|
| 1. a) 1 | 2. d) 2 | 3. a) 1 | 4. a) 1 | 5. a) 1 |
| b) 3 | b) 3 | b) 2 | b) 4 | b) 3 |
| c) 4 | c) 1 | c) 4 | c) 3 | c) 4 |
| d) 2 | d) 4 | d) 3 | d) 2 | d) 2 |

| | |
|---|---|
| 6. a, b, c, d, e = 4 | 7. a) 1 |
| 6. c, d, e, g, h = 3 | b) 5 |
| 6. a, b, c, e, f = 2 | c) 4 |
| | d) 2 |
| | e) 3 |

Die Tests 1), 3), 6) und 7) sind zur Messung Ihrer Qualifikation als Team-Mitglied gedacht. Die höchste Punktzahl ist 16.
Die Tests 2), 4) und 5) beziehen sich auf Ihre Eignung als Team-Moderator. 12 ist die höchste Punktzahl.
Wir haben die Ergebnisse kombiniert, um den Test weniger offensichtlich zu machen. Sie können die beiden Gruppen trennen, um zu einer Einschätzung Ihrer Fähigkeiten auf jedem separaten Gebiet zu kommen. Die höchste Gesamtzahl ist 28, die niedrigste 8.
Eine Punktzahl zwischen 22 und 28 weist auf ausgezeichnete Fähigkeiten sowohl als Team-Angehöriger als auch als Team-Moderator hin: Fähigkeiten, die sich überlappen.
Häufig kommt auch eine niedrigere Punktzahl – zwischen 15 und 21 – vor, je nach Zusammensetzung. Wir gaben jenen Managern mehr Punkte, die eine kontroverse Teilnehmergruppe zusammenstellten und die mehr kreative Leute in einem Team arbeiten ließen. Auch die Bereitschaft, neuen und schüchternen Mitarbeitern Aufmerksamkeit zu schenken und sie zur Teilnahme einzuladen, sowie das weniger eigennützige Verhalten beim Arrangieren der Sitzordnung wurde mit mehr Punkten honoriert.

»Hochgeschwindigkeits-Management« wird immer notwendiger, um den rasch wechselnden Konsumentenwünschen und der Überalterung neuer Produkte Rechnung zu tragen.

Wir haben schon an anderer Stelle darauf hingewiesen (Fortune Magazine, 5. 3. 1984, »High Speed Management«), daß das Arbeitsteam von morgen lernen muß, mit Unordnung zu leben. Team-Angehörige und Team-Moderatoren müssen imstande sein, für die nötigen Reibungswerte zu sorgen.

Wahrscheinlich wäre es auch eine gute Idee, Ihre Kunden zu Ihren Vorstands- und Gruppensitzungen einzuladen. Die können Ihnen schon sagen, was gewünscht wird.

## 6.2 Wie beliebt sind Sie wirklich?

Ein Spitzenmanager ist mindestens ebenso empfänglich für Lob und Anerkennung, wie seine Untergebenen. Und dennoch wird er immer nur dazu angehalten, seine Mitarbeiter zu loben, so oft es nur geht, obgleich er selbst hin und wieder gern ein paar Blümchen bekäme.

Manche Chefs möchten lieber gefürchtet und respektiert, als geliebt werden. Letzteres scheint ihnen eher etwas für Schwächlinge zu sein, ein harter Chef hat natürlich den Vorteil, daß er dafür bekannt ist, »ordentlich aufzuräumen und den Laden in Schuß zu bringen«.

Bewunderung ist ein Mittelding zwischen Liebe und Furcht. Natürlich läßt sich die Zuneigung der Mitarbeiter auch erkaufen. Aber sie ist nicht viel wert, wenn sie nicht freiwillig gegeben wird.

Wir alle würden gerne in einen psychologischen Spiegel schauen, um zu sehen, was die Leute von uns halten.

Manchmal stellt ein strenger Chef in Wirklichkeit seine Leute nur auf die Probe. Er hat Angst davor, seine Gefühle oder seine Weichherzigkeit zu zeigen. Er ist wie die Sabra, eine israelische Frucht, außen hart und innen zart.

Wenn uns die Mitarbeiter mit Offenheit und Kritik gegenübertreten, ist das ein Zeichen, daß sie uns mögen. Sie wollen uns verbessern, denn sie sind ja diejenigen, die davon profitieren.

Geliebt oder gefürchtet zu werden, ist wie eine Vater- oder Mutter-Rolle. Wenn ein Jugendlicher vom rechten Weg abkommt, sind wir nur allzu schnell mit der Erklärung zur Hand, daß die Eltern, besonders der Vater, mit dem Stock gespart haben. Wäre das Kind strenger erzogen, der Stock entweder buchstäblich oder im übertragenen Sinne öfter gebraucht worden, wäre der Jugendliche sicher nicht entgleist.

Autorität kann man haben oder nicht haben. Ein Chef kann geliebt werden und trotzdem Autorität haben, vielleicht sogar mehr als einer, der gefürchtet wird. Man gehorcht ihm, weil man ihm Freude machen will und nicht, weil man Angst hat, von ihm bestraft zu werden.

Ein Spitzenmanager ist einem Verkäufer nicht unähnlich. Er muß sich selbst, und vor allem auch seinen Mitarbeitern, die Idee verkaufen, daß im Interesse der Firma und indirekt auch im eigenen Interesse – voller Einsatz erforderlich ist.

Im Guiness Buch der Rekorde steht, daß ein gewisser Mr. Girard der beste Autoverkäufer der Welt ist. Nach seinem Erfolgsrezept gefragt, sagte er: »Ich bringe die Leute dazu, mich zu mögen.«

Auch der Faktor der Wechselwirkung spielt bei dem Wunsch, gemocht zu werden, eine Rolle. Die Menschen – Manager inbegriffen – haben es gern, wenn man sie mag, weil ihnen das ein Gefühl der Gegenseitigkeit gibt. »Wenn ich dir sympathisch bin, bist du mir sympathisch«. Ein Schauspieler erzählte einmal im Scherz, durch welchen Trick ihn seine Frau vor den Traualtar brachte. »Sie sagte, sie mag mich.«

Nur wenige sind vorsätzlich darauf aus, sich unbeliebt zu machen.

Härte und Strenge weisen oft auf einen im Unterbewußtsein verankerten Wunsch nach Zuneigung hin.

Besonders Männer schrecken in unserer »Macho«-Kultur oft vor dem zurück, was sie als »Gefühlsduselei« bezeichnen.

Ein Ausspruch wie »es ist mir egal, ob sie mich hassen, solange sie ihre Arbeit tun« enthält ein bißchen zuviel Protest, um glaubhaft zu wirken.

Gemocht zu werden ist allemal besser als verhaßt zu sein.

Wenn ich meinen Chef mag, kann nicht nur er mir, sondern auch ich ihm vieles leichter verzeihen. Dann muß ich auch nicht ständig auf Vordermann sein, sondern kann mir auch einmal die Jacke ausziehen und entspannen.

**Test**

1. Versetzen Sie sich in die Tierwelt. Mit welchem der unten genannten Tiere würden Sie sich am ehesten vergleichen?

   Ameise, Biber, Löwe, Fuchs, Elefant, Adler, Maulwurf, Pferd, Hund, Chamäleon, Spinne, Katze, Maus, Albatros.

a) Unterstreichen Sie eines dieser Tiere nach Ihrer eigenen Einschätzung.

b) Unterstreichen Sie wieder eines dieser Tiere, aber jetzt eines, von dem Sie glauben, daß es Ihre Mitarbeiter für Sie wählen würden. Mit anderen Worten: Wenn Sie sich als Adler sehen, würden Ihre Mitarbeiter das auch tun, oder würden sie Sie mit einem anderen Tier vergleichen?
Bitte jeweils nur ein Tier unterstreichen.

c) Und jetzt schauen Sie nach, wie oft Ihre eigene Einschätzung mit der Ihrer Kollegen übereinstimmt.
1, 2, 3, 4, 5, 6, 7 × oder öfter.

2. Ihr Büro ist dabei, eine Party zu arrangieren. An welcher Stelle würden Sie, bei fünf Möglichkeiten, stehen?

An 1. Stelle ☐
An 2. Stelle ☐
An 3. Stelle ☐
An 4. Stelle ☐
An 5. Stelle ☐
An 6. Stelle ☐

3. Sie lesen verschiedene vertrauliche Personalbeschreibungen. Welche könnte die Ihre sein?

a) Sehr aggressiv, will um jeden Preis Karriere machen, wertvoll für die Firma, aber ein ziemlicher Einzelgänger. ☐

b) Scheint Gott und die Welt zu kennen, kommt gut mit Kollegen, Vorgesetzten und Untergebenen aus. Ist manchmal mehr menschen- als leistungsorientiert. ☐

c) Ist Stimmungen unterworfen, kann sehr liebenswürdig sein, aber auch unerwartet scharf reagieren. Arbeitet zufriedenstellend, aber routinemäßig. ☐

4. Sie sind ins Fettnäpfchen getreten. Sie haben einen Kollegen schlechtgemacht, dieser hat davon erfahren und Sie zur Rede gestellt. Wie würden Ihre anderen Kollegen darauf reagieren?

a) Die meisten würden mir die Leviten lesen. ☐

b) Zwei oder drei würden einiges auf sich nehmen, um mich zu verteidigen. ☐

c) Die meisten würden weiterhin oberflächlich freundlich zu mir sein, aber auf Distanz gehen. ☐

**Auswertung**

1. Wenn Ihre eigene Einschätzung mit der von Ihnen angenommenen Einschätzung durch Ihre Kollegen übereinstimmt:
   1 bis 3 mal: 3
   4 bis 5 mal: 2
   6 oder mehr: 1
   Wenn es sich um »sympathische« Tiere handelt, wie Biber, Fuchs, Löwe, Adler, bekommen Sie einen zusätzlichen Punkt.

2. Erste und zweite Stelle = 3 Punkte
   dritte und vierte Stelle = 2 Punkte
   fünfte, sechste oder siebte Stelle = 1 Punkt

3. a) 1 4. a) 2
   b) 3 b) 3
   c) 2 c) 1

Die höchste Punktzahl für Beliebtheit liegt zwischen 10–12. Man betrachtet Sie dann als netten Menschen und wahrscheinlich auch als guten Chef.
7–9 ist ein mittlerer Wert. Sie werden wahrscheinlich respektiert, aber nicht unbedingt geliebt.
Eine Punktzahl zwischen 4 und 6 bedeutet, daß die Person, die sich dem Test unterzogen hat (entweder Sie selbst oder ein Mitarbeiter) keinen Wert darauf legt, daß man sie gern hat, sondern hauptsächlich darauf achtet, daß die Arbeit getan wird, und dafür in Kauf nimmt, als harter Chef zu gelten.

Im allgemeinen geht die Tendenz in Richtung Kameradschaft und Fürsorge für die Mitarbeiter. Sogar beim Militär wird derjenige als guter Offizier angesehen, der von seinen Leuten gleichermaßen geliebt wie respektiert wird.

Man muß nicht ständig ein Lächeln auf den Lippen haben und seinen Charme spielen lassen. Was die Mitarbeiter schätzen, ist menschliche Anteilnahme.

Positive Einstellung funktioniert nach beiden Richtungen.

Man vergißt nur zu oft, daß auch ein Manager bisweilen für gute Arbeit gelobt werden möchte. Er findet es auch nicht unter seiner Würde, wenn man ihm hin und wieder Anerkennung zollt und ihm auf irgend eine Weise »ein paar Blumen« zukommen läßt.

An Geburtstage und Jubiläen zu denken, sich nach der Gesundheit zu erkundigen, ein gelegentlicher persönlicher Kontakt – all das ist kein Kunststück und macht sich gewöhnlich außerordentlich bezahlt.

## 6.3 Wieviel Bürokraten haben Sie im Unternehmen?

Wir machen uns lustig über sie und wir beneiden sie. Sie scheinen ein Symbol für Sicherheit und Dauerhaftigkeit zu sein. In einer Untersuchung, die wir für eine kanadische Gewerkschaft, die Public Service Alliance, durchgeführt haben, stellte sich heraus, daß die im öffentlichen Dienst stehenden Beamten selbst sich jedoch gar nicht so sicher fühlen. Sie können ja praktisch bei jedem Regierungswechsel gekündigt werden. Die ehrgeizigeren unter ihnen zeigten sich auch unangenehm berührt davon, daß ihre Beförderung davon abhängt, wieviel Dienstjahre sie haben.

In einem Vortrag, den ich einmal über Bürokraten hielt, schlug ich vor, daß man von Zeit zu Zeit die Schreibtische umstellen sollte, um den Beamten im wörtlichen und möglicherweise auch im psychologischen Sinn einen anderen Ausblick zu gewähren. Einer meiner Zuhörer protestierte entrüstet: »Wenn Sie meinen Schreibtisch auch nur zwei Zentimeter verrücken, kann ich nicht mehr arbeiten. Ich brauche Sicherheit und Dauerhaftigkeit.«

Beamte im öffentlichen Dienst glauben meist gern daran, daß sie der Öffentlichkeit wirklich dienen. Sie fühlen sich wichtig, weil sie eine Pflicht erfüllen, die sonst keiner gern tun würde, wie zum Beispiel als Zollbeamter, Polizist oder Arbeitsloseninspektor.

In Mexiko hielten wir einmal für die Regierung in Cuernavaca ein Seminar über »Die Pathologie der Bürokratie«. Mehrere der Teilnehmer hatten das Gefühl, daß sie mit einer Mutter zu vergleichen seien, ohne die die Kinder, die Staatsbürger, verloren wären.

Aber wir brauchen Bürokraten, sogar in der Privatwirtschaft – Leute, die die Routine-Arbeit erledigen. Und entgegen der allgemeinen Auffassung haben solche Jobs durchaus auch ihre Vorteile. Man kann, während man arbeitet, über andere Probleme nachdenken.

In manchen Firmen können Bürokraten jedoch ein ernstliches Hindernis für den Fortschritt sein. Es gibt da einen grundlegenden Faktor, nämlich den der Angst vor Unfähigkeit, vor Verantwortung und vor Minderwertigkeit.

Unsere Tests sind so angelegt, daß sie unter die Oberfläche gehen, um herauszufinden, welche Ihrer Mitarbeiter besser bei einer bürokratischen Arbeit aufgehoben wären und welche noch zum Leben erweckt werden können.

## Test

1. Sie leiten eine Versicherungsgesellschaft. Sie schlagen vor, daß Ihre Angestellten an einem Ethik-Kurs teilnehmen, den ein ausländischer Philosophie-Professor abhält. Was glauben Sie, wie die Mehrzahl Ihrer Leute reagieren würde?

   a) Eine verrückte Idee. Wir haben Besseres zu tun. ☐
   b) Wenn ich nicht hingehe, ist er wahrscheinlich böse auf mich. ☐
   c) Damit kann man ein bißchen Zeit totschlagen. Ich hoffe nur, es ist die Arbeitszeit. ☐
   d) Ausgezeichnete Idee. Wir sollten immer wieder einmal etwas Neues lernen. ☐

2. Ein junger Mann hat in Israel ein Motorrad gekauft. Er wollte es ausführen – das heißt auf eine Mittelmeerreise mitnehmen. Leider fehlte auf einem dazu nötigen Formular die Unterschrift jenes Mannes, von dem er es gekauft hatte. Er wurde von einer staatlichen Stelle zur anderen geschickt. Bis ihm am Ende einer der Beamten sagte: »Sie Idiot, warum unterschreiben Sie denn das Formular nicht selbst?« Das tat

er dann auch und der Mitnahme des gekauften Motorrades stand nichts mehr im Wege.
Wie ist Ihre Reaktion?

a) Das ist ja ungesetzlich. Stellen Sie sich einmal vor, jeder täte das! ☐
b) Herrlich, endlich einmal ein Unabhängiger! ☐
c) Wir bräuchten mehr solche Leute, die die Routine durchbrechen. ☐
d) Na gut, aber wenn das öfter passierte, gäbe es ein Chaos. ☐

3. Unter Umgehung seines unmittelbaren Vorgesetzten überreicht Ihnen ein Angestellter eine Beschwerde. Seine Beobachtungen sind zwar richtig, aber ...

a) Da hätten wir bald chaotische Zustände in der Organisation, wenn das zur Regel würde. ☐
b) Er hätte sich schon an den Dienstweg halten sollen, aber wenn er das Gefühl hatte, daß auf diese Weise seine Beschwerde in einer Schublade verschwinden würde, hatte er völlig recht. ☐
c) Es sollte für solche Fälle bestimmte Vorschriften geben. Es sollten Regeln aufgestellt werden, wie ein Angestellter solche Beschwerden ungestraft weiterleiten kann. ☐
d) Der Mann traut sich was! Ich würde ihn für eine Gehaltserhöhung vorschlagen. ☐

4. Sie geben die Anweisung, daß in Zukunft Bestellungen nach einem anderen System bearbeitet werden sollen. Wie reagieren Sie, wenn einer Ihrer Mitarbeiter darauf beharrt, daß

a) Sie ihm das schriftlich geben sollen. ☐
b) Sie ihm diese Änderung exakt und Schritt für Schritt erklären sollen. ☐
c) Ihnen für diese Änderung ein Kompliment macht. ☐
d) Ihrer Anweisung noch eigene Verbesserungsvorschläge hinzufügt. ☐

5. Sie kommen von einer längeren Reise zurück. Einer Ihrer Partner ist inzwischen initiativ geworden und hat verschiedene interne Abwicklungen geändert. Was wäre Ihre wahrscheinlichste Reaktion?

a) Ich bin froh, daß er initiativ wurde. ☐
b) Er hätte sich zumindest vorher mit mir beraten müssen. ☐
c) Ich bin eifersüchtig. Er ist mir überlegen. ☐
d) Ich mache ein paar Dinge rückgängig, akzeptiere aber den Rest. ☐

**Auswertung**

| 1. | 2. | 3. | 4. | 5. |
|---|---|---|---|---|
| a) 1 | a) 1 | a) 1 | a) 1 | a) 4 |
| b) 2 | b) 3 | b) 2 | b) 2 | b) 1 |
| c) 3 | c) 4 | c) 3 | c) 3 | c) 3 |
| d) 4 | d) 2 | d) 4 | d) 4 | d) 2 |

Fast jeder ist gegen Bürokraten. Sie sind die Prototypen der Untüchtigkeit. Und trotzdem umgeben sich Manager, sogar gute, bisweilen mit ihnen. Es gibt ihnen ein Gefühl der Beherrschung, ein Gefühl, daß alles nach ihren Anweisungen erledigt wird.
Am Anfang sieht es ja auch meist so aus, als wäre dies die beste Methode, Unordnung und Kontroversen zu vermeiden.
Wenn Ihre Punktzahl zwischen 16 und 20 liegt, lassen Sie Ihren Mitarbeitern genügend Freiraum.
Eine Punktzahl zwischen 10 und 15 verrät Sie:
Sie schaffen sich oft selbst Bürokratie, auch wenn Sie sie Disziplin nennen.
5 bis 9 Punkte bedeuten, daß Sie ein Diktator sind. Ihre Befehle haben ausgeführt zu werden, sonst fühlen Sie sich bedroht.

Viele Privatunternehmen beschäftigen Bürokraten, oder ziehen sich solche heran, ohne es zu merken. Während Bürokratie im Staatsdienst noch ihre Berechtigung haben mag, obwohl sich auch darüber streiten ließe, stellt sie ganz gewiß genau das Gegenteil von dem dar, was wir unter gutem, modernem Management verstehen.

Wenn Sie eine niedrige Punktzahl haben, sollten Sie lernen, mehr zu delegieren. Machen Sie sich das nicht nur zur gedankenlos nachgebeteten Regel, sondern zum Prinzip.

Wir haben für die Jewel Tea Company in Chicago ein Konzept ausgearbeitet, das wir zur Nachahmung empfehlen. Dort läßt man viele

Angestellte gleich nach Antritt Ihrer Stelle einfach »schwimmen«. Sie müssen sich ganz allein zurechtfinden und sich innerhalb eines sehr weit gesteckten Rahmens ihren eigenen unabhängigen Aufgabenbereich selbst erarbeiten. Fast die Hälfte der Neueingestellten, die gewöhnlich aus Betrieben mit starren Arbeitsordnungen und klar abgegrenzten Stellenbeschreibungen kamen, konnten mit einer solchen Freiheit nichts anfangen und verließen die Firma wieder.

Unabhängigkeit innerhalb einer großen Organisation scheint in sich selbst widersprüchlich zu sein. Und dennoch ist es genau das, was man, im wahrsten Sinne, unter »free enterprise« versteht.

Es ist eine neue Form demokratischer Disziplin, nicht eine, die von einer Hierarchie diktiert wird. Diese Art von Freiheit will gelernt sein.

Firmen und ihre Manager machen eine Art Umerziehung durch.

Wir fanden, daß sich jüdische Flüchtlinge, die aus kommunistischen Ländern kamen, in denen man überhaupt nicht bestehen kann, ohne ein perfekter Bürokrat zu sein, zum Beispiel in Israel, wo Initiative und individuelle Entscheidungen so nötig waren, völlig verloren fühlten. Sie beklagten sich bitter, daß sie sich wie Waisenkinder vorkamen. Niemand nahm sie, wie weiland Mütterchen Rußland, unter ihre Fittiche. Nicht nur, daß sie sich bei der Entscheidung, ob sie in einem Kibbuz oder lieber selbständig arbeiten wollten, überfordert fühlten, man mußte ihnen auch erst die persönlichen Vor- und Nachteile des einen oder anderen Entschlusses erklären.

Bei der nächsten Generation von Spitzenmanagern und ihren Kollegen wird sich das Management mit ähnlichen Erziehungsaufgaben konfrontiert sehen.

## 6.4 Wie moralisch sind Ihre Mitarbeiter?

Muß man bei der Wahl seiner Mitarbeiter auch ethische und moralische Aspekte berücksichtigen? Genügt es nicht, ihre Leistungsfähigkeit und ihre Nützlichkeit für die Firma festzustellen?

Wir führten einmal eine Untersuchung durch, die ermitteln sollte, welchen Einfluß der moralische Ruf einer Firma auf die Leistungen der Mitarbeiter hat. Einen erheblichen, wie sich herausstellen sollte.

Wenn eine Firma es mit der Moral nicht so genau nimmt, werden

Absentismus, kleinere oder größere Betrügereien, kleinere oder größere Trinkereien von den Angestellten als Kavaliersdelikte angesehen.

Man sagt sich: Wenn meine Firma keine Skrupel hat, mangelhafte Produkte auf den Markt zu bringen, überhöhte Preise zu verlangen, oder die Gutgläubigkeit ihrer Kunden auszunützen, warum sollte ausgerechnet ich päpstlicher als der Papst sein?

Eine solche Einstellung ist vergleichbar mit der Meinung, die viele Menschen von Versicherungsgesellschaften haben. Deren Integrität, Zuverlässigkeit und Glaubwürdigkeit stehen wahrscheinlich in der öffentlichen Meinung am Schlußpunkt der Skala. Es gibt Hunderttausende von Menschen, die glauben, irgendwann von einer Versicherung übervorteilt worden zu sein, obwohl ihre Ansprüche gerechtfertigt waren. Sie finden es daher völlig in Ordnung, überhöhte Ansprüche zu stellen.

In Pharma- oder Getränkehersteller-Firmen, die wegen unlauterer Geschäftsmethoden unter Beschuß geraten, sind Arbeitnehmervertreter oft der Auffassung, daß sie das dazu berechtigt, solche Firmen still und heimlich zu erpressen.

Natürlich muß man sich auch fragen, ob die Person, die man einzustellen oder zu befördern gedenkt, korruptionsanfällig ist.

Die meisten Ärzte denken sich nichts dabei, bei den Handelsspannen der Pharmakonzerne kräftig mitzunaschen. Sie verteidigen sich damit, daß sie diesen ja schließlich auch ein gutes Geschäft bringen.

Wie können Sie erfahren, wie es um die moralischen Prinzipien eines potentiellen Mitarbeiters bestellt ist, und wie gegebenenfalls die Auswirkungen auf die Firma wären?

Wir wollen versuchen, dies anhand der folgenden Tests zu klären, ohne daß wir dabei direkte Fragen stellen, was ohnehin nur zur Folge hätte, daß jegliche tatsächliche oder auch nur gedankliche Unlauterkeit rundweg abgestritten würde.

In einer kürzlich durchgeführten Gallup-Untersuchung mußten Geschäftsführer Fragebogen über Ethik ausfüllen. Wenn man ihren Antworten Glauben schenkte, wären sie wesentlich moralischer als der Rest der Bevölkerung. 75% von ihnen fanden es unethisch, Taxispesen zu verrechnen, wenn man in Wirklichkeit zu Fuß gegangen war. Zumindest sagten sie das.

Wir hoffen, mit unserem Test der Wahrheit näher zu kommen.

## Test

1. Sie hören, daß der Geschäftsführer einer Fluggesellschaft Leute erster Klasse fliegen läßt, obwohl sie nur Economy Class bezahlt haben. Er deklariert sie als Firmenangehörige. Was würden die meisten Leute dazu sagen?
   a) Ich trage genug zu seinem Geschäft bei, indem ich seine Fluglinie empfehle. Das ist nur fair. ☐
   b) Früher oder später fliegt das auf. Damit möchte ich nichts zu tun haben. ☐
   c) Ich danke ihm für sein Angebot, lehne es aber ab. Ich versichere ihm, daß ich es wirklich sehr zu schätzen weiß. ☐
   d) Das ist eine gute Sache. Ich werde das, so oft es geht, in Anspruch nehmen. Warum nicht? ☐
2. Ein Kollege erzählt Ihnen, daß seine Firma den Vertrieb eines fehlerhaften Produkts zuläßt (z. B. ein Auto mit defekten Bremsen). Die Firma behauptet, die Öffentlichkeit würde nie davon erfahren. Welcher der unten angeführten Aussagen würden Sie sich anschließen?
   a) Ich verpfeife diese Firma an die zuständige Behörde. Das ist nicht nur gefährlich, sondern auch höchst unmoralisch. ☐
   b) Dafür würde ich meine Stelle nicht riskieren. Früher oder später werden die Abnehmer bzw. die Autofahrer schon von selbst draufkommen. ☐
   c) Ich schicke meinem Vorgesetzten einen anonymen Brief, der ihn auf diese unmoralische Vorgangsweise aufmerksam macht. Ich überlasse es ihm, zu tun, was getan werden muß. ☐
   d) Ich weise darauf hin, wie leicht dieser Defekt ohne große Kosten für die Firma zu beheben ist. ☐
3. Ein Manager-Kollege, dessen Firma Vitamintabletten herstellt, erzählt Ihnen, daß neben sehr vielen ausgezeichneten Präparaten dieser Art auch viele völlig wertlose Tabletten vertrieben werden. Er fragt Sie um Ihren Rat. Welchen würden Sie ihm geben?
   a) Er soll Experten-Gutachten einholen und diese an die Unternehmensleitung schicken. ☐

b) Er soll der Presse eine vertrauliche Mitteilung zukommen lassen, um seine Schuldgefühle zu kompensieren. ☐

c) Er soll versuchen, seine Firma dazu zu bewegen, nur wirklich wirksame Vitamintabletten zu verkaufen, die »fads« fallenzulassen und diese Tatsache werbewirksam auszuschlachten. ☐

d) Wenn die Verbraucher im wahrsten Sinne des Wortes alles schlucken, ist dies ihre eigene Schuld. Warum für eine solche Sache Kopf und Kragen riskieren? Man ist ja nicht der »Hüter seines Bruders«. ☐

4. Jemand bietet Ihnen unter der Hand eine »Vermittlungsprovision« an, wenn sie seine Produkte empfehlen. Er habe dies auch bei Ärzten gemacht, indem er sie bat, ihren Patienten seine Herzschrittmacher zu empfehlen. Das Produkt ist gut und richtet keinen Schaden an. Wie reagieren Sie?

a) Das ist üblich, Man muß wettbewerbsfähig sein. ☐

b) Ich ziehe es vor, den Ärzten mit meinem Fachwissen unter die Arme zu greifen. Die haben oft keine Ahnung von technischen Dingen. ☐

c) Wenn etwas nötig ist, was ich schlichtweg Bestechung nennen würde, um den Verkauf von Produkten zu fördern, die möglicherweise kranke Menschen in Gefahr bringen, kann ich das nur entschieden ablehnen. ☐

d) Ich würde den Ärzten einen regulären, branchenüblichen Rabatt anbieten. ☐

5. Ihre Firma ist in finanziellen Schwierigkeiten. Ein Bekanntwerden dieser Tatsache hätte einen erheblichen Einfluß auf den Aktienkurs. Was würden die meisten Manager in einem solchen Falle tun?

a) Eine Erklärung abgeben, daß über eine neue Anleihe verhandelt wird, um die durch höhere Absätze gestiegenen Produktionskosten aufzufangen. ☐

b) Sagen, daß es sich nur um ein buchhalterisches Problem handelt. ☐

c) Die Aktienkurse in die Höhe treiben, indem Sie ankündigen, daß neue Produkte auf den Markt kommen werden, und dann einen Teil des Pakets gewinnbringend abstoßen. ☐

d) Die Situation teilweise zugeben, aber das Ganze als eine vorübergehende Fehlplanung in der Produktion hinstellen. ☐

**Auswertung**

| | | | | |
|---|---|---|---|---|
| 1. a) 2 | 2. a) 4 | 3. a) 4 | 4. a) 1 | 5. a) 3 |
| b) 4 | b) 1 | b) 3 | b) 2 | b) 2 |
| c) 3 | c) 2 | c) 2 | c) 4 | c) 1 |
| d) 1 | d) 3 | d) 1 | d) 3 | d) 4 |

Die höchste Punktzahl ist 20, die niedrigste 5.
Wenn Ihre Antworten also zwischen 16 und 20 Punkte ergeben haben, dann sind Sie und Ihre Partner, vorausgesetzt, daß Sie uns und sich selbst gegenüber ehrlich waren, in Ihrem Geschäftsgebaren sehr moralisch.
Eine Punktzahl von 11 bis 15 zeigt, daß Sie der Meinung sind, daß Ihre Partner in vielen Fällen es mit der Ethik nicht allzu genau nehmen.
Bei einer niedrigen Punktzahl von 5 bis 10 sollten Sie anfangen, sowohl über sich selbst, als auch über Ihre Partner nachzudenken.

Wir haben uns absichtlich mehr darauf konzentriert, Ihre Reaktionen auf das Verhalten Dritter festzustellen, ohne auf Ihre eigenen Einstellungen einzugehen. Das ist ein klassisches Beispiel für ein projektives Verfahren. Diese Methode wurde ursprünglich von Murray entwickelt, einem Psychologen an der Harvard-Universität. Professor Murray zeigte seinen Versuchspersonen Bilder, die sie interpretieren mußten. Ein klassisches Beispiel des »Thematischen Auffassungs-Tests« ist das Bild eines kleinen Jungen, der durch ein Schlüsselloch späht. Sie werden gefragt, was er sieht. Woher sollen Sie das wissen? Auf jeden Fall aber ist Ihre Antwort für einen Psychologen sehr aufschlußreich.

Wir sind zu der Ansicht gelangt, daß wenige Menschen hundertprozentig moralisch sind. Bei unseren Vor-Tests wählte die Mehrzahl der Getesteten eine Kompromißlösung. Wie zum Beispiel 1.d) (25%) und 1.c) (50%) oder 4.a) (30%).

Bei der Einstellung eines neuen Mitarbeiters würden wir daher jenem

Menschen mehr Glaubwürdigkeit zubilligen, der in diesen Tests eine Kombination von Ethik und Realismus gezeigt hat.

Wenn all seine Antworten auf eine makellose Moral hinweisen, versucht er nämlich, Ihnen, oder noch schlimmer, sich selbst etwas vorzumachen.

Kann man Menschen dazu erziehen, moralischer zu werden? Höchstwahrscheinlich nicht. Jeder kennt die zehn Gebote, aber kaum einer befolgt sie. Strafen – das In-die-Hölle-kommen mit eingeschlossen – haben kaum etwas bewirkt. Dem Management zuliebe begnügen wir uns daher mit einer indirekten Moral, mit dem Eingeständnis, daß keiner unfehlbar ist. Mit einem Menschen, der sich zu seinen Fehlern bekennt, kann man auch besser zusammenarbeiten – er hat mehr Verständnis für andere.

## 6.5 Haben Ihre Mitarbeiter die richtige Einstellung zum Unternehmen?

Im Auftrag einer großen Computerfirma haben wir einmal untersucht, welche Einstellung die Angestellten zu ihrem Unternehmen haben.

Die meisten Unternehmen sind sich der Wichtigkeit ihres äußeren Erscheinungsbildes bewußt und geben Unsummen für Öffentlichkeitsarbeit und Image-Pflege aus, aber nur wenige machen sich Gedanken über ihr inneres Image.

Eigentlich sollte es ganz klar sein, daß ein Arbeitnehmer, der immerhin drei Viertel seiner Zeit in einem Unternehmen verbringt, dieses nach außen hin kaum sehr enthusiastisch vertreten kann, wenn er nicht innerlich von seiner geschäftlichen und moralischen Integrität überzeugt ist.

Natürlich kann man die Mitarbeiter nicht direkt fragen, ob sie stolz auf ihre Firma sind. In einer Untersuchung, die General Motors einmal durchgeführt hat, wurde ein Cadillac als erster Preis für die beste Begründung, warum man gerne für dieses Unternehmen arbeitet, ausgesetzt. Wie zu erwarten war, fielen die Antworten so aus, daß sie für die Erreichung dieses begehrten Preises die besten Chancen boten. Daraufhin wurden wir eingeschaltet. Wir wurden gebeten, der Sache mit tiefenpsychologischen Methoden auf den Grund zu gehen.

Wir fragten die Arbeiter, was ihnen denn an der Firma am meisten gefalle. Und auch, was ihnen am meisten mißfalle. Dabei bedienten wir uns einer Art Spannungsmesser. Je größer der Ausschlag der Nadel zwischen dem positiven und dem negativen Aspekt war, desto wichtiger erschien uns die jeweilige Aussage. Während in der vorangegangenen Untersuchung die häufigste Antwort »Ich bin stolz, für die größte Firma der Welt zu arbeiten« war, erhielten wir bei unserem Test Antworten wie »Am meisten gefallen mir in dieser Firma die Schuhputzapparate« und »Am meisten mißfällt mir, daß es in den Waschräumen keine anständigen Seifen gibt, mit denen man Motoröl und andere Verschmutzungen wirklich wegkriegt.«

Das innere Image dieser Firma war also geprägt von emotionalen, persönlichen Reaktionen auf die Vorsorge der Firma für menschliche Bedürfnisse. Wir tauften dieses Phänomen »kreative Betreuung«.

Auch in den Beziehungen zwischen Arbeitgebern und Arbeitnehmern gibt es »fads«, Modeströmungen, die kommen und gehen. Aber die grundlegenden Inhalte menschlicher Bedürfnisse, wie Fürsorge, Betreuung und Aufmerksamkeit ändern sich nicht.

Der folgende Test soll dazu dienen, festzustellen, welches innere Image Ihre Firma für die Mitarbeiter hat.

Wir sind der Meinung, daß es für einen Manager sehr wichtig ist, über dieses »innere Bild« Bescheid zu wissen, weil er nur dann Maßnahmen treffen kann, die die Kooperation all seiner Mitarbeiter sicherstellen.

**Test**

1. Wenn das erste Quadrat Ihr Unternehmen darstellt, welches der folgenden Quadrate könnten Sie sein?

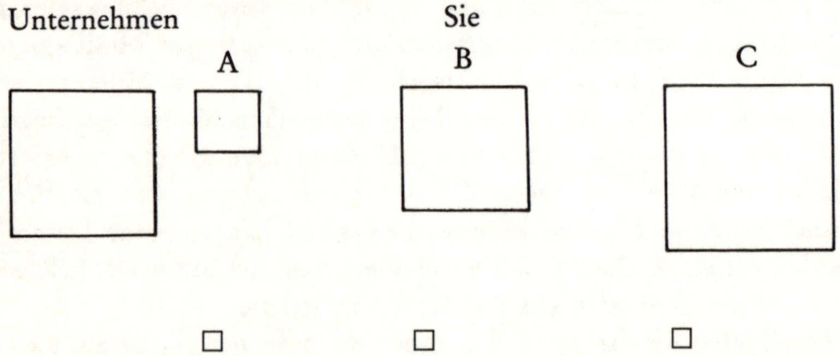

2. Auf welchem Weg befindet sich Ihre Firma Ihrem Gefühl nach?

A B C D

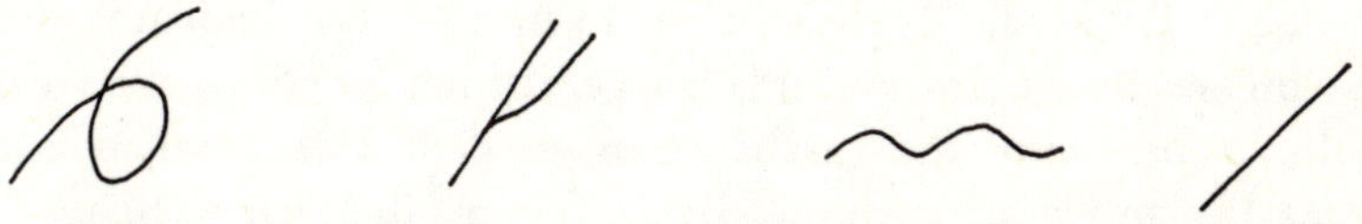

☐ ☐ ☐ ☐

3. Wenn Sie die Anerkennung, die Sie von Vorgesetzten oder Mitarbeitern in Ihrer Firma erhalten, symbolisch darstellen sollten, welcher Vergleich käme Ihnen in den Sinn?

a) Kalte Dusche ☐
b) Blumenstrauß ☐
c) Auf-die Schulter-klopfen ☐
d) Umarmung ☐

4. Welches Gefühl haben Sie, wenn Sie an Ihre Mitarbeiter denken?

a) Die meisten tragen eine Maske und verbergen ihre wirklichen Gefühle. ☐
b) Die meisten sind ehrlich und anständig. ☐
c) Die sind nur darauf aus, die Schuld einem anderen zuzuschieben. ☐
d) Die sind sich sowohl ihrer eigenen als auch meiner Verantwortung bewußt. ☐

5. Wenn Sie eines Tages krank oder behindert würden, wie lange glauben Sie, würden Ihre Mitarbeiter oder Kollegen Sie halten?

a) Nach einem angemessenen Zeitraum würden sie mich zu ersetzen suchen. ☐
b) Sie würden mir eine »leichtere« Arbeit geben. ☐
c) Sie würden mich länger als notwendig halten. ☐

**Auswertung**

| | | | | |
|---|---|---|---|---|
| 1. a) 1 | 2. a) 1 | 3. a) 1 | 4. a) 1 | 5. a) 1 |
| b) 3 | b) 2 | b) 2 | b) 3 | b) 2 |
| c) 2 | c) 3 | c) 3 | c) 2 | c) 3 |
| d) 4 | d) 4 | d) 4 | | |

Die beste Punktzahl liegt zwischen 13 und 18. Das bedeutet, daß das innere Image Ihrer Firma ausgezeichnet ist. Sie haben das Gefühl, anerkannt und geschätzt zu werden. Manchmal, wie in Frage 1, glauben Sie auch, größer zu sein als die Firma selbst.
Eine Punktzahl zwischen 9 und 12 bringt Sie in dieselbe Kategorie wie die meisten Angestellten, die wir getestet haben.
Die niedrigste Punktzahl ist 5 bis 8. Während eine solche bei einem gewöhnlichen Arbeiter noch annehmbar erscheint, ist sie bei einem leitenden Angestellten bereits ein bedenkliches Anzeichen. Sie sollten feststellen, woher diese Frustration kommt und was man dagegen tun kann.

Nicht alle Spitzenmanager sind sich wirklich bewußt, wie wichtig die Einstellung ihrer Untergebenen zur Firma ist, in der sie immerhin ein Gutteil ihres Lebens verbringen. Das Nahverhältnis zu den Untergebenen ist mindestens ebenso wichtig wie das Nahverhältnis zu den Kunden.

Manchmal hilft es schon, in die tägliche Routine ein paar Belohnungen einzubauen. Wenn den Mitarbeitern schon keiner auf die Schulter klopft, möchten sie wenigstens hin und wieder den täglichen Trott mit einer kleineren oder größeren Fete auflockern.

Die Verschönerung des Büroalltags durch Pflanzen, Privatbücher und Hobby-Symbole ist immer noch recht empfehlenswert.

Vielleicht wird es bald Spezialisten geben, die untersuchen, ob Spitzenmanager deswegen gestreßt sind, weil sie während des Arbeitstages keinerlei Möglichkeit zur Entspannung haben.

Im Grunde genommen ist es unsinnig, ohne Unterbrechung 7, 8 oder 10 Stunden zu arbeiten, und dann in den späten Abendstunden auf ein Nachlassen der Anspannung zu hoffen.

Entspannung mittels körperlicher Betätigung wäre angebracht, zumindest ein paar Mal am Tag.

Vielleicht wären Firmen gut beraten, Räumlichkeiten vorzusehen, in denen die Mitarbeiter einfach entspannen, private Kontakte pflegen, und die Arbeitsanspannung loswerden können.

Team-Arbeit sollte sich nicht auf bestimmte Stunden oder Konferenzen beschränken. Warum nicht ein ständiges Besprechungszimmer einrichten, in das man einfach so »hineinschneien« kann?

## 6.6 Wie Sie die Team-Arbeit verbessern können

Das Wort »Arbeit« ist eigentlich falsch. Denn eine Gruppe von Personen zu veranlassen, gemeinsame Entscheidungen zu treffen, ist weder Arbeit noch Zusammenarbeit. Team-Arbeit ist ein Verfahren, das dazu dient, die Intelligenz, die Ansichten und die Standpunkte verschiedener Personen auf einen gemeinsamen Nenner zu bringen. Ein Team ist sicher kein Komitee, sondern eher eine Zusammenkunft informierter Leute, nicht zum Zwecke der allgemeinen Übereinstimmung, sondern vielmehr dazu, ein Problem von allen Seiten und vom Blickwinkel der verschiedenen Unternehmensbereiche und Berufssparten auszuleuchten.

Für dieses multiprofessionelle Konzept verwenden wir den Begriff *»Synektik«*.

Mit dieser Methode kann ein technisches Problem von so unterschiedlichen Leuten wie Ingenieuren, Künstlern, Verkäufern, Medizinern und Handwerkern besprochen werden. Jeder bringt sein eigenes, ganz spezifisches, psychologisches Werkzeug in die Diskussion ein.

Ein Klempner denkt in Begriffen wie Leitungen, Pumpen und Ventilen. Ein Kardiologe benützt nahezu identische Termini. Aus einem solchen brainstorming entstand die sogenannte »Ballon-Technik«, ein Verfahren, mit dem man verkalkte Arterien ausräumt. Wie ein »Rotorwühler« wird ein Katheter eingepflanzt, der die angesammelten Ablagerungen ausräumt. Ein Verfahren, das jeder Installateur verstehen würde.

Ein Team funktioniert am besten, wenn seine Mitglieder aus so vielen verschiedenen Sparten wie möglich zusammengesetzt sind.

Je kontroverser die Ansichten sind, desto besser. Gleichschaltung und Ja-Sager machen ein Team zu einem Stempel-Komitee.

Der Spitzenmanager muß lernen, bei Besprechungen Meinungsunterschiede (den Faktor Zwietracht) ins Spiel zu bringen. Er muß jedem

Teilnehmer, sei er nun Zauberer oder Astronaut, ganzen Einsatz abverlangen.

Ein Dramaturgie-Kurs wäre für einen Teamleiter keine schlechte Idee. In gewisser Weise ist ein Team wie ein Bühnenstück: es muß inszeniert werden und basiert auf Konflikt und Läuterung. Ein Team sollte wie eine Miniatur-Schulklasse sein. Die Schüler lernen mehr, wenn sie Partner oder gar Kontrahenten bei der gemeinsamen Suche nach Lösungen sind, wobei es mehr auf die Methodologie des Antwortfindens als auf irgend etwas anderes ankommt.

Es könnte sogar wünschenswert sein, ein Team nur zu dem Zweck zusammenzustellen, um das Hervorbringen von Ideen, Einwendungen und Planungen zu perfektionieren.

Gegenwärtig wird zuviel Anstrengung auf das Problemlösen verwendet und nicht genug auf das Perfektionieren problemlösender Methoden.

Ein Team sollte so zusammengesetzt sein, daß das Ganze besser ist als die Summe seiner Teile. Der Moderator oder Teamleiter muß versuchen, aus allen Teilnehmern das Beste herauszuholen, ganz gleich, ob sie nun Gegner oder Verbündete sind.

In unseren Seminaren setzen wir einen Beobachter ein, der jeweils nach der Sitzung die Beiträge der einzelnen Mitglieder analysiert.

# 7. Kommunikation

## 7.1 Wie gut kennen Sie Ihre Mitarbeiter und wie gut sollten Sie sie kennen?

Die meisten der neueren Management-Bücher betonen, wie wünschenswert es sei, sein Personal so gut wie nur irgend möglich zu kennen. Das sei – heißt es – äußerst wichtig für einen Manager. Es versetze ihn in die Lage, zur rechten Zeit und am rechten Ort zu loben und zu tadeln.

Andere – und hauptsächlich die Manager selbst – sind der Auffassung, daß ein gewisser Abstand zu den Mitarbeitern schon aus Autoritätsgründen nötig sei.

Wir haben für die American Medical Association ein Experiment durchgeführt. Dabei wurden Patienten ermutigt, ihre Ärzte zu duzen. In vielen Fällen taten die Ärzte das bei ihren Patienten ohnehin schon. Ältere Ärzte meinten zwar, dies sei der Arzt-Patient-Beziehung abträglich, sie willigten aber ein, es für ein wissenschaftliches Experiment zu versuchen. Eine viel größere Anzahl als wir erwartet hatten, sagte uns hinterher, daß sie ihre Autorität nicht eingebüßt, sondern ganz im Gegenteil ein besseres, ehrlicheres und nicht nur auf Oberflächlichkeiten aufgebautes Vertrauensverhältnis aufgebaut hätten. Vieles hängt dabei natürlich von den jeweiligen Umständen ab.

Gewöhnlich erweisen sich persönliche Beziehungen als recht nützlich. Aber es erfordert viel Selbstsicherheit und Einfühlungsvermögen, zu wissen, wann man sie einsetzen kann und wann nicht.

Es gibt aber auch Umstände, die es verbieten, sich zu sehr um die privaten Angelegenheiten seiner Mitarbeiter zu kümmern. Wenn es Konflikte zwischen Untergebenen gibt, die mit der Arbeit nichts zu tun haben, sondern auf äußere Gründe zurückzuführen sind, ist es gewöhnlich besser, sich da herauszuhalten. Man setzt sich sonst nur allzuleicht dem Vorwurf aus, für die eine oder andere Seite Partei zu ergreifen. In solchen Fällen ist es viel besser, möglichst wenig über die privaten Angelegenheiten der Konfliktparteien zu wissen.

Wenn aber andererseits ein sonst äußerst tüchtiger Mitarbeiter plötzlich aus unerfindlichen Gründen einen starken Leistungsabfall zeigt und wenn alle Fragen, ob er hinsichtlich seiner Arbeit oder seiner Behandlung irgendwelche Klagen habe, nichts fruchten, dann ist es natürlich gut, wenn Sie aus vorangegangenen persönlichen Gesprächen wissen, daß z. B. seine Ehe in einer Krise steckt. Dieses Wissen, zu dem Sie durch Ihre Bemühungen um bessere Kontakte zu Ihren Mitarbeitern gelangt sind, hilft Ihnen in diesem Fall, den Grund für die schlechten Leistungen des Mitarbeiters besser zu verstehen.

## Test

1. Denken Sie an drei Ihrer Mitarbeiter.

| | ja | nein |
|---|---|---|
| a) Kennen Sie die Vornamen ihrer Frauen oder Freundinnen? | ☐ | ☐ |
| b) Waren Sie je bei ihnen zu Hause? | ☐ | ☐ |
| c) Haben Sie je einen oder mehrere zu sich nach Hause eingeladen? | ☐ | ☐ |

| | wenig | viel |
|---|---|---|
| d) Was wissen Sie über ihre Lebensgeschichte, z. B. ihren Geburtsort? | ☐ | ☐ |
| | ☐ | ☐ |
| | ein paar Daten | |
| | | ☐ |

2. Wie viele Ihrer Mitarbeiter würden Sie gern (nennen Sie einen, zwei, drei oder mehr)

   a) öfter privat treffen ..............................
   b) nur in der Firma sehen. ............................
   c) nur bei Weihnachtsfeiern zu Gesicht bekommen. .......
   d) gern mehr über sich selbst erzählen ................

3. Würde Ihnen einer Ihrer Mitarbeiter fehlen, wenn er die Firma verließe?

   a) Nur weil ich dann einen anderen anlernen müßte. ☐
   b) Ja. Er/sie hat die anderen Kollegen immer so aufgeheitert. ☐

c) Wenn er/sie wegginge, wäre es wohl meine Schuld. ☐
d) Laßt sie doch gehen, sie sind ersetzbar. ☐

4. Wie reagieren Sie, wenn Ihre Mitarbeiter mit einem privaten Problem zu Ihnen kommen?

a) Mit solchen Dingen möchte ich lieber nichts zu tun haben. ☐
b) Ich würde versuchen zu helfen, so gut ich kann. ☐
c) Also in solchen Angelegenheiten bin ich nicht sonderlich bewandert. ☐
d) Das könnte der Disziplin abträglich sein. ☐

5. Bill kommt in Ihr Büro und beschwert sich über John. Bills Verkaufszahlen sind abgefallen. Er behauptet, John wäre in sein Verkaufsgebiet eingedrungen. Was tun Sie?

a) Ich sage ihnen, sie sollen das untereinander ausmachen. ☐
b) Ich rufe sie beide in mein Büro und höre mir beide an. ☐
c) Ich sage meinem Verkaufsleiter, er soll erst mit John sprechen, dann treffe ich eine Entscheidung. ☐
d) Ich sage Bill, er soll in einer Woche wiederkommen, falls das noch einmal passiert. ☐

## Auswertung

| | a) | b) | c) | d) |
|---|---|---|---|---|
| 1. | ja = 1<br>nein = 1 | ja = 4<br>nein = 1 | ja = 3<br>nein = 1 | wenige = 2<br>ein paar = 3<br>viele = 4 |
| 2. | 1 = 2<br>2 = 3<br>3 oder mehr = 4 | 1 | 2 | 4 |
| 3. | 2 | 3 | 4 | 1 |
| 4. | 1 | 4 | 3 | 2 |
| 5. | 1 | 4 | 3 | 2 |

Wenn in Ihrer Firma die Kommunikation funktioniert und Sie Interesse an Ihren Mitarbeitern haben, sollte Ihre Punktzahl zwischen 16 und 20 liegen.
Wenn Sie sozusagen »über diesen Dingen« stehen und versuchen, persönliche Angelegenheiten von geschäftlichen zu trennen, müßte Ihre Punktzahl zwischen 10 und 15 liegen.

Wenn Sie überhaupt keine persönliche Beziehung zu Ihren Mitarbeitern haben, liegt Ihre Punktzahl wahrscheinlich zwischen 5 und 9.

Es gibt viele Gründe für eine nicht funktionierende Kommunikation zwischen der Geschäftsleitung und den Mitarbeitern. Beispielsweise könnte es daran liegen, daß der Manager keinerlei Interesse an den persönlichen Belangen seiner Mitarbeiter hat, oder auch daran, daß Arbeitsanweisungen oft unklar sind.

Hier sind einige erprobte Vorschläge, wie man die Kommunikation verbessern kann.

1) Sprechen Sie die Arbeitsanweisungen mit den Mitarbeitern durch. Gehen Sie Schritt für Schritt vor und vermeiden Sie einen Kommandoton.
2) Setzen Sie ein Beispiel, indem Sie vielleicht sagen »also ich würde das so machen, aber natürlich überlasse ich es Ihnen, wie Sie es erledigen«.
3) Machen Sie Ihre Mitarbeiter zu Ihren Partnern und die Aufgabe zu einer Gemeinschaftsarbeit, sagen Sie »packen wir es gemeinsam an. Sie können es dann weiterführen. Wenn Sie Hilfe brauchen, rufen Sie mich«.
4) Bitten Sie einen Dritten, den Mitarbeitern mit Rat und Tat zur Seite zu stehen. Möglicherweise kennt er sie besser als Sie.
5) Geben Sie Ihre Anweisungen nicht im Befehlston. Erlauben Sie Ihren Mitarbeitern ausdrücklich, Fragen zu stellen. Diese trauen sich unaufgefordert oft nicht zu fragen.
6) Erwarten Sie nicht, daß Ihre Mitarbeiter Gedanken lesen können. Seien Sie sich immer bewußt, daß zwischen Ihrem Verständnis und dem Ihrer Mitarbeiter eine Kluft bestehen kann.

## 7.2 Wie gut können Sie wirklich zuhören?

Wenn sich ein Mitarbeiter beklagt, daß er zu wenig Anerkennung findet, dann meint er meistens, daß ihm keiner richtig zuhört, daß weder seinen Leistungen noch seinen Ideen, ja noch nicht einmal seinen Fehlern genügend Aufmerksamkeit geschenkt wird.

Wir glauben immer, daß Zuhören lediglich darin besteht, daß wir dem Sprecher – zumindest psychologisch – unser Ohr leihen.

Wenn wir aber das, was wir hören, nicht vollständig in uns aufnehmen, wenn wir es nicht geistig verarbeiten, ja, falls nötig, sogar in unsere ganz persönlichen Sprachmuster übersetzen, dann ist unser Zuhören nur eine passive Aufnahme von Geräuschen, dann kann von Kommunikation nicht die Rede sein.

Der Mensch, der Ihnen etwas erzählt, erwartet von Ihnen, daß Sie ihm zuhören und ihn verstehen. Er möchte auch, wie bei einer Tonbandaufnahme, sicher sein, daß seine Stimme ankommt, und daß der Zeigerausschlag dies auch registriert. Nur daß beim persönlichen Zuhören der Zeigerausschlag eben darin besteht, daß Sie hin und wieder »aha« und »mhm« sagen, um anzudeuten, daß Sie noch wach sind.

Noch besser ist es natürlich, wenn Sie Ihre eigene Interpretation des Gehörten sozusagen als Playback wiedergeben – als Beweis dafür, daß Sie das Zuhören als einen Dialog mit dem Sprecher betrachten.

Als Manager sollten Sie wissen, ob Sie richtig zuhören können. Das Nicht-richtig-Hinhören wird von Ihrem Gesprächspartner völlig zurecht als Anzeichen dafür gewertet, daß er Ihnen egal ist und daß Sie das, was er Ihnen zu sagen hat, gänzlich unwichtig finden.

Die Fähigkeit zuzuhören ist ein wichtiger Indikator dafür, wie menschenorientiert Sie sind – eine Führungseigenschaft, die wir nicht oft genug betonen können.

Wir haben ein paar Tests entwickelt, die Ihnen zeigen sollen, wie es um Ihr Zuhör-Talent bestellt ist. Zuhören kann übrigens auch gelernt und perfektioniert werden. Es kann dazu beitragen, daß Sie mehr über Ihre Mitarbeiter erfahren, über ihre Arbeitseinstellung, ihre Wünsche und Hoffnungen, ihre Frustration und Ängste.

Wir würden sogar sagen, daß gutes Zuhören zur Verwirklichung vieler anderer Führungsziele beitragen kann.

## Test

1. Versuchen Sie sich zu erinnern, wann Sie das letzte Mal bei einer Präsentation oder einer Ansprache wirklich zugehört haben. Wenn Sie sich nicht erinnern können, benutzen Sie diesen Test, wenn Sie das nächste Mal jemandem zuhören. Dann nehmen Sie zu den untenstehenden Aussagen ehrlich Stellung.

   a) Ich lehne es ab, meine Zeit mit dem Anhören eines langweiligen Vortrages zu vergeuden. ☐
   b) Ich bin an sich ein recht guter Zuhörer. Sogar ein Langweiler hat bisweilen etwas Bemerkenswertes zu sagen. ☐
   c) Ich versuche, etwas anderes zu tun (eine Notiz zu verfassen, oder über andere Dinge nachzudenken), während ich vorgebe, zuzuhören. Außer es gibt wirklich etwas Aufregendes zu hören. ☐
   d) Ich bemühe mich um eine Zusammenfassung dessen, was der Redner auszudrücken versucht. Auf diese Weise zwinge ich mich dazu, ihm Aufmerksamkeit zu schenken. ☐

2. Wie würden Ihre Mitarbeiter, Ihre Frau oder Ihr Chef Ihre Fähigkeit zuzuhören, einstufen?

   a) Er ist gedanklich tausend Kilometer entfernt. ☐
   b) Ich werde wütend, wenn ich eine halbe Stunde rede und er mir dann sagt, ich solle das wiederholen, weil er es nicht verstanden habe. ☐
   c) Man glaubt, er habe nicht zugehört, aber nach ein paar Tagen wiederholt er ganz genau, was man gesagt hat. ☐
   d) Meistens ist er recht aufmerksam. ☐

3. Jemand spricht mit einem starken ausländischen Akzent. Er ist schwer zu verstehen. Was würden Sie in einem solchen Falle tun?

   a) Ihn bitten zu wiederholen, was er gesagt hat. ☐
   b) Einfach abschalten und nicht mehr hinhören. ☐
   c) Versuchen, wenigstens einen Teil zu verstehen und mir den Rest zusammenreimen. ☐

d) Sehr sorgfältig hinhören, mir vielleicht Notizen machen oder es auf Band aufnehmen, damit ich es mir nochmals anhören kann. ☐

4. Jemand macht im Verlauf eines Gesprächs folgende Aussagen. Welche würden Sie akzeptieren?

a) Ich habe keine Angst davor, in der Öffentlichkeit zu sprechen. Nur leider war ich bei den paar Gelegenheiten, in denen ich dazu aufgefordert wurde, gerade heiser. ☐
b) Ich finde, die Beförderung hätte keinen netteren Menschen treffen können. Wenn ich die Wahl gehabt hätte, hätte ich ihn auch genommen. Er hat es wirklich verdient. ☐
c) Also auf diese Frage weiß ich wirklich keine Antwort. Darüber habe ich mir nie Gedanken gemacht. ☐
d) Könnten Sie mir das bitte mit einfacheren Worten erklären? Ich bin nicht besonders helle. ☐

5. Jemand spricht mit sehr leiser Stimme. Was könnte das bedeuten?

a) Er will sich die Möglichkeit offen lassen, sich, falls nötig, zu korrigieren. ☐
b) Er ist schüchtern. ☐
c) Er hat eben eine leise Stimme. ☐
d) Die meisten Leute in seiner Umgebung sprechen sehr laut. Das ist eine Gegenreaktion. ☐

## Auswertung

| | | | | |
|---|---|---|---|---|
| 1. a) 1 | 2. a) 1 | 3. a) 2 | 4. a) 1 | 5. a) 3 |
| b) 3 | b) 2 | b) 1 | b) 2 | b) 2 |
| c) 2 | c) 3 | c) 3 | c) 3 | c) 1 |
| d) 4 | d) 4 | d) 4 | d) 4 | d) 4 |

Die höchste Punktzahl liegt zwischen 16 und 20. Sie schenken den wichtigen Dingen genug Aufmerksamkeit, und das auch im tieferen Sinne. Sie sind ein guter Zuhörer.
Eine Punktzahl von 10 bis 15 zeigt ein durchschnittliches Interesse daran an, was Ihnen Ihre Mitarbeiter erzählen, aber auch eine Tendenz, Ihre Zeit nicht mit unwichtigen Dingen zu vergeuden.

5 bis 9 Punkte weisen darauf hin, daß Sie ein schlechter Zuhörer sind. Sie und Ihre Kollegen wären gut beraten zu lernen, wie man besser zuhört. Mit einem bißchen Scharfsinn dürfte Ihnen das nicht allzu schwer fallen. Sie könnten beispielsweise einen Vortrag oder eine Ansprache auf Band aufnehmen und dann versuchen, das Gehörte aus dem Gedächtnis niederzuschreiben und mit dem Band zu vergleichen.

Natürlich ist Zuhören mehr als eine rein akustische Angelegenheit. Wirkliches Zuhören erfordert die Fähigkeit, das Gehörte zu verdauen und entsprechend darauf zu reagieren. Sogar beim Erlernen von Fremdsprachen kann richtiges Zuhören den Lernprozeß beschleunigen.

Auf jeden Fall sollten Sie vermeiden, Strichmännchen zu kritzeln, während Sie jemandem zuhören. Der andere faßt es mit Sicherheit und auch zu Recht als Beweis für mangelnde Aufmerksamkeit und vielleicht sogar auch als persönliche Beleidigung auf.

Fragen zu stellen und den Dialogpartner mit relevanten Bemerkungen zu unterbrechen, ist ebenfalls ein Zeichen, daß Sie zugehört haben.

Die Firma Sperry benützt den Slogan »Wir verstehen es zuzuhören« in der Werbung.

Zuhören können ist besonders dann wichtig, wenn Sie Ihre Mitarbeiter besser verstehen wollen.

Mit dem dritten Ohr zuzuhören kann Ihnen besonders dabei helfen, mancherlei Groll und Bauchschmerzen abzustellen, bevor sie für die Arbeitsmoral und die Produktivität gefährliche Ausmaße annehmen.

Augenkontakt suchen ermutigt den Partner, seine wahren Gefühle ohne Hemmungen zu zeigen.

Man kann das auch erreichen, indem man einen Satz des Gesprächspartners ergänzt oder ihn wissen läßt, daß man ähnliche Gedankengänge schon von einer anderen Person gehört hat.

Es hilft auch, dem Sprecher zwischendurch immer wieder zu verstehen zu geben, daß man ihn versteht. Auch wenn sich dies nur in einem »aha« oder »mhm« ausdrückt.

## 7.3 Wie gut fügen Sie und Ihre Mitarbeiter sich in die Unternehmenskultur ein?

Immer öfter stellt sich in Management-Analysen heraus, daß jede Firma ihre eigene »Kultur« hat. Der Hauptgrund für den Erfolg vieler japanischer Unternehmen liegt in der Firmentreue ihrer Mitarbeiter und deren Interesse an der Qualität ihrer Produkte.

Loyalität zur Firma ist aber nicht nur eine ethische oder moralische Frage. Die Mitarbeiter sind eher geneigt, loyal zu sein, wenn das Betriebsklima gut ist. Die Anthropologen reden von patriarchalischen und matriarchalischen Gesellschaftsformen. Eine Firma kann nach einer streng hierarchischen Ordnung von einer zentralen Vater-Figur aus geleitet werden oder aus gleichberechtigten Einheiten und Bereichen bestehen, die miteinander kooperieren. Das Betriebsklima kann von Scheinheiligkeit, Widersprüchlichkeiten, Konkurrenzstreben oder Wärme geprägt sein.

Man kann sich in einer »Firmenkultur« wohlfühlen, wenn man mit den Ritualen, Sitten und Gebräuchen vertraut ist.

Amerikanische Manager erleben in Europa oft gänzlich unerwartete Rückschläge, weil sie einem Gast nicht, wie dies zum Beispiel in Deutschland üblich ist, zweimal zuprosten, einmal, wenn sie das Glas auf ihn erheben und einmal, nachdem sie getrunken haben. Eine triviale Sache, aber befremdend, wenn man darüber nicht Bescheid weiß.

In seinem Buch »Die Anatomie der Abhängigkeit« erzählt Takeo Doi davon, wie unbehaglich er sich fühlte, als er von einem amerikanischen Geschäftsfreund zum Abendessen eingeladen und gefragt wurde, was er denn trinken wolle. Wie er sagt, gehört es in Japan zur Höflichkeit eines Gastgebers, dem Eingeladenen solcherlei Entscheidungen abzunehmen. Ein Gastgeber sollte wissen, welche Getränke seine Gäste bevorzugen.

Es gibt so etwas wie einen »häßlichen Manager«, einen, der sich nicht den ungeschriebenen Gesetzen entsprechend verhält.

In Europa beispielsweise hält man das Duzen immer noch für eine verbale Geste, die erst nach monatelanger, ja oft jahrelanger Bekanntschaft angebracht ist.

Takeo Doi beschreibt in seinem Buch auch das »amae«, das er mit »passiver Liebe« übersetzt, ein Phänomen, das japanische Arbeiter zu ihrer Firmentreue motiviert. Das scheint eher Abhängigkeit als Freiheit zu sein. Dort betrachtet man eine derartige Abhängigkeit aber als etwas ganz normales, während man eine solche Einstellung in den meisten westlichen Kulturen ablehnen würde, in denen großer Wert auf Individualität und Unabhängigkeit gelegt wird.

Das Führen einer Firma erfordert das Wissen um die dort herrschenden grundlegenden Wertvorstellungen. Oft muß man zuerst einmal herausfinden, ob das betreffende Unternehmen eine bestimmte Philosophie, ein Motto oder ein Credo hat. Wenn nicht, sollte ein solches geschaffen werden. Wenn man neue Mitarbeiter einstellt, sollte man ihnen helfen, sich zu akklimatisieren, ohne ihnen jedoch ihre eigene Identität zu nehmen.

Oft sind Identitätskrisen der wahre Grund für Produktivitätsprobleme trotz einer ansonsten gut funktionierenden Organisationsstruktur.

Bei den folgenden Fragen gibt es keine richtigen oder falschen Antworten. Sie sind mehr dahingehend konzipiert, die Art der Beziehung, die zwischen den Mitarbeitern und der Firma besteht, auszuleuchten.

**Test**

1. Nehmen Sie an, die Firma wäre ein Blutsverwandter. Was könnte sie sein?

   a) Sohn oder Tochter ☐
   b) Bruder oder Schwester ☐
   c) Vater oder Mutter ☐
   d) Onkel oder Tante ☐

2. Wenn Sie über Ihre Firma sprechen, mit welchem Gefühl (in bezug auf Wärme) tun Sie das?

   a) Sehr warm und angenehm. ☐
   b) Geschäftsmäßig. Interessiert. Aber nicht begeistert. ☐
   c) Ein Mißverständnis, nicht besonders emotionell. ☐
   d) Eher kühl. ☐

3. Welcher Werkzeuge müßten Sie sich bedienen, wenn Sie in der Verhaltensstruktur Ihrer Firma etwas ändern wollten?

   a) Eines Vorschlaghammers ☐
   b) Eines Preßluftbohrers ☐
   c) Eines Hobels ☐

d) Eines Ventilschlüssels ☐
e) Eines Meißels ☐

4. Wenn der psychologische Abstand, den Sie zu Ihrer Firma haben, auf einer Skala symbolisch dargestellt würde und das eine Ende Sie und das andere die Firma wäre, wie würde das aussehen? (Kennzeichnen Sie Ihre Stelle!)

10 9 8 7 6 5 4 3 2 1

Sie —|—|—|—|—|—|—|—|—|—|— Firma

5. Sie haben gehört, daß ein Angestellter Kritik an der Firma geübt hat. Als er zur Rede gestellt wurde, hatte er eine Menge Entschuldigungen dafür. Welche würden Sie am ehesten akzeptieren?

a) Ich habe Führungsstil erwartet, aber es gab keinen. ☐
b) Ich hätte klare Instruktionen hinsichtlich meines Aufgabenbereichs gebraucht, aber da kam nichts. ☐
c) Es hat mich nie jemand nach meiner Meinung gefragt. Es schien keiner daran interessiert zu sein. ☐
d) Ich wollte nur auf die Unzulänglichkeiten in der Firma hinweisen in der Hoffnung, daß man dies als konstruktive Kritik auffassen würde. ☐

6. Wenn Sie, bildlich gesprochen, Ihren Rhythmus, Ihren Stil und Ihre Melodie mit jenen der Firma vergleichen würden, was käme Ihnen in den Sinn? (Merken Sie eine Zahl für sich und für die Firma an und verbinden Sie sie)

| Ich bin wie ein | | Meine Firma ist wie ein |
|---|---|---|
| 1. | Walzer | 1. |
| 2. | Marsch | 2. |
| 3. | Tango | 3. |
| 4. | Jazzkonzert | 4. |

**Auswertung**

| | | |
|---|---|---|
| 1. a) 5 | 2. a) 4 | 3. a) 2 |
| b) 4 | b) 3 | b) 1 |
| c) 1 | c) 2 | c) 4 |
| d) 3 | d) 1 | d) 5 |
| e) 2 | | e) 3 |

4. Schreiben Sie die Zahl, die Sie für Ihren Abstand zur Firma angezeichnet haben, hin: 1, 2, 3, 4, 5 oder mehr.
   Abstand 1 bringt ihnen 5 Punkte, 2 = 4, 3 = 3, 4 = 2, 5 oder mehr = 1.

| | |
|---|---|
| 5. a) 2 | 6. 1–1 = 5 |
| b) 1 | 1–2 = 4 |
| c) 3 | 1–3 = 3 |
| d) 4 | 1–4 = 2 |

Die höchste Punktzahl ist 28. Bis zu 18 Punkte zeigen an, daß Sie sehr gut auf die »Kultur« Ihrer Firma eingestimmt sind. Sie sprechen psychologisch dieselbe Sprache.
12 bis 17 Punkte bedeuten, daß Sie sich in Ihrer Firma nur teilweise wie zu Hause fühlen. Das mag darauf zurückzuführen sein, daß Ihre Beziehung zur Firma nicht eng genug ist, oder darauf, daß Sie das Gefühl haben, Ihre Firma – im übertragenen Sinne – nur mit einem Vorschlaghammer ändern zu können.
7 bis 11 Punkte bedeuten schlechte Anpassung, möglicherweise in mehr als einer Hinsicht.

Der erste Schritt ist eine richtige Diagnose. Der zweite, entweder die Einstellung des Angestellten, oder, falls das nicht möglich ist, die der Firma zu ändern. Die Melodien müssen ja nicht notwendigerweise identisch sein. Auch eine Symphonie besteht aus verschiedenen Sätzen, die ein harmonisches Ganzes ergeben.

Der Grund, warum man Mitarbeiter entläßt oder eine Ehescheidung einreicht, wird oft mit »Unvereinbarkeit« bezeichnet. Gar nicht so weit hergeholt. Angestellte sind wie Botschafter in einem fremden Land.

Und oft hätten sie nicht in eine so unwirtliche Gegend, wie das betreffende Unternehmen, geschickt werden sollen.

Kulturen und Bekenntnisse können sich im Lauf der Zeit ändern, genau wie Firmenangehörige. Das Älterwerden und der Routine-Überdruß können Mißstimmung hervorrufen.

Es ist aber gut, ein Firmen-Motto zu haben und es für Neuankömmlinge in verständlicher Form darzustellen.

Beschreiben Sie dem Stellenbewerber die Philosophie Ihres Unternehmens. Zählen Sie die positiven wie auch die negativen Aspekte auf. Dadurch vermeiden Sie, daß Sie falsche Leute einstellen.

Manchmal ist auch ein Hinweis an höchster Stelle auf die Diskrepanz zwischen den angestrebten und den tatsächlichen Zielen geeignet, eine Klarstellung herbeizuführen und Enttäuschungen zu vermeiden.

Der Generaldirektor einer Versicherungsgesellschaft proklamierte immer das Motto »den Menschen helfen, sich selbst zu helfen«. Aber wenn die Rede auf seine Angestellten kam, verglich er sie mit Pferden, die man am besten mit Zuckerbrot und Peitsche motiviert. Es gelang uns, der Geschäftsleitung dieser Firma klarzumachen, daß sie sowohl ihre Prinzipien als auch ihre Metaphern entwirren sollte.

## 7.4 Wie selbstsicher sind Sie?

Hinter den Erfolgsgeschichten vieler Firmen steht oft die Selbstsicherheit ihres jeweiligen Entscheidungsträgers. Andererseits hat man mir einmal gesagt, daß die Ursache meines persönlichen Erfolges gerade in meiner mangelnden Selbstsicherheit liege. Dies versetze mich in die Lage, anderer Leute Einstellungen besser zu verstehen und gäbe mir auch den nötigen Antrieb.

Viele Schriftsteller versichern uns, daß sie ihre Romane noch einmal umgeschrieben hätten, wenn man ihnen die Gelegenheit dazu gegeben hätte. Und die meisten Schauspieler, auch die berühmten, geben zu, Lampenfieber zu haben, wenn sie auf der Bühne stehen.

Viel hängt hier natürlich auch vom Grad der Kompensation ab. War Hitler selbstsicher? Wahrscheinlich zweifelte er oft an sich selbst. Aber er überkompensierte und verhielt sich wie ein Fanatiker.

Wenn man Mitarbeiter einstellt oder befördert und dabei versucht, ihre

Selbstsicherheit festzustellen, sieht man sich oft mit Antworten wie »So bin ich eben, ob es Ihnen paßt oder nicht« konfrontiert. In Wirklichkeit ist das nicht mehr als eine faule Ausrede.

Bedauerlicherweise machen wir als Eltern, Freunde, ja sogar als Experten oft den Fehler, daß wir Menschen in Kategorien einteilen, anstatt uns über ihre Bereitschaft, sich zu ändern, Gedanken zu machen.

In diesem Test versuchen wir, Ihrer Selbstsicherheit auf den Grund zu gehen.

## Test

1. Nennen Sie soviele Ihrer guten und schlechten Eigenschaften wie Ihnen einfallen. Fragen Sie sich dann, welche guten und schlechten Eigenschaften Ihre Freunde und Bekannten an Ihnen finden würden. (Unter Eigenschaften verstehen wir liebevoll, ärgerlich, empfindlich, verläßlich, intelligent, fürsorglich, freundlich, kommunikativ, einsichtig, vernünftig, störrisch etc.)

   Verwenden Sie keine Checkliste. Es ist wichtig, welche Eigenschaften Sie spontan angeben.

   | Gute Eigenschaften | Schlechte Eigenschaften |
   |---|---|
   | Sie selbst / Freunde | Sie selbst / Freunde |

2. Sie machen bei einer Büroparty eine ungeschickte, für jeden hörbare Bemerkung. Zum Beispiel »Der hält sich ja nie lange in einer Stelle«.
   Wie, glauben Sie, würden die meisten Leute reagieren?

   a) Das ist typisch für X., der tritt immer ins Fettnäpfchen. ☐
   b) Etwas subtiler hätte er sich schon ausdrücken können, aber im Grunde genommen hat er recht. ☐
   c) Was für ein Mensch! Das ist bestimmt kein Scheinheiliger. ☐
   d) Das geht ihn doch gar nichts an. ☐

3. Welche Ihrer Eigenschaften glauben Sie, sollten Sie verbessern? Zählen Sie sie auf.

   a) 4–5 ☐
   b) keine ☐

c) fast alle ☐
d) eine Menge ☐

4. Versuchen Sie, ein sogenanntes Soziogramm zu zeichnen. Machen Sie eine Übersicht über Ihre Mitarbeiter, Freunde und Bekannten. Verbinden Sie diese verschiedenen Personen mit Linien. Wenn die Beziehung einseitig ist, machen Sie einen Pfeil in die betreffende Richtung, entweder von Ihnen zu der betreffenden Person (→) oder umgekehrt (←).
Wenn die Beziehung auf Gegenseitigkeit beruht, machen Sie einen Pfeil in beide Richtungen (↔).
Ein noch besseres Bild erlangen Sie, wenn Sie die Intimität der Beziehung durch die unterschiedliche Dicke der Pfeile kennzeichnen. Hier zum Beispiel:

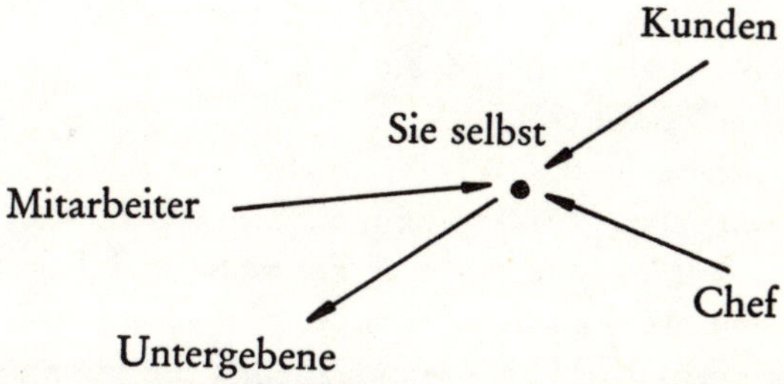


Auf diese Weise bekommen Sie eine grafische Darstellung Ihrer Beliebtheit, der Anzahl Ihrer sozialen Kontakte und der Frage, wie einseitig oder zweiseitig Ihre Beziehungen sind.

5. Wie würden Sie sich hinsichtlich emotioneller Wärme oder Kälte Ihren Mitarbeitern gegenüber einstufen? Geben Sie Grade an, zum Beispiel: + 30°

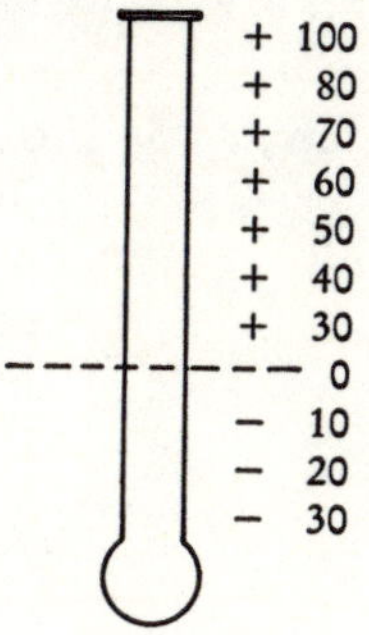

6. Sie treffen mit einem neuen Kollegen zum ersten Mal zusammen. Sie sind sich nicht sicher, welchen Eindruck Sie auf ihn gemacht haben. Dann treffen Sie ihn noch zweimal. Was glauben Sie, wird am ehesten geschehen?

   a) sein Eindruck von Ihnen wird besser

   b) sein Eindruck von Ihnen ändert sich nicht

   c) sein Eindruck von Ihnen wird schlechter

## Auswertung

1. Wenn Sie bei Ihren Eigenschaften mehr schlechte als gute hingeschrieben haben, geben Sie sich 4 Punkte. Sie sind ehrlich und selbstsicher.
   Wenn Sie sich andererseits selbst mehr gute als schlechte Eigenschaften gegeben haben, könnten Sie zwar auch selbstsicher sein, aber es ist etwas weniger wahrscheinlich. Wir würden Ihnen drei Punkte geben.
   Wenn Sie meinen, daß Ihre Freunde mehr schlechte als gute Eigenschaften an Ihnen finden, würden wir das als mangelndes Selbstbewußtsein ansehen und Ihnen hinsichtlich dieser Eigenschaft 2 Punkte geben.
   Wenn andererseits Ihre Freunde und Mitarbeiter Ihnen mehr gute Eigenschaften zugeschrieben haben als Sie sich selbst, würden wir Ihnen 4 Punkte geben. Sie sind trotz mancher Zweifel ziemlich selbstsicher.
   Wichtig ist auch die Art der Eigenschaften, die Sie angegeben haben.
   Gewöhnlich fanden wir unter den positiven Eigenschaften mehr kognitive und intellektuelle, und unter den negativen mehr emotionelle.

| | |
|---|---|
| 2. a) 1 | 3. a) 2 |
| b) 3 | b) 1 |
| c) 4 | c) 3 |
| d) 2 | d) 4 |

4. Je mehr Zweiwegpfeile Sie zeichnen konnten, desto besser. Geben Sie sich 4 Punkte, wenn Sie mehr als 4 Doppelpfeile haben. Für jeden Pfeil weniger und für jeden einseitigen ziehen Sie einen Punkt ab. Der Sinn dieses Tests liegt in dem Diagramm, das zeigt, wie die Kontakte zu Ihren Mitarbeitern sind.

| | |
|---|---|
| 5. bis 30 = 1 | 6. a) 3 |
| 30–50 = 2 | b) 2 |
| 50–70 = 3 | c) 1 |
| über 70 = 4 | |

Die höchste Gesamtpunktzahl liegt zwischen 15 und 19. Sie sind sich Ihrer selbst sehr sicher und akzeptieren auch negative Meinungen, die andere über Sie haben.
Eine Punktzahl zwischen 10 und 14 kann, je nach ihrer Zusammensetzung, durch eine gewisse Kühle in den Beziehungen zu Ihren Mitarbeitern oder durch mangelnden Kontakt mit ihnen zustandegekommen sein.
In unserem Vor-Test zum Beispiel hatten 50% der Teilnehmer das Gefühl, daß der Eindruck, den sie auf einen neuen Kollegen gemacht hatten, sich nach zwei weiteren Begegnungen verbessern würde.
Wenn Sie sich selbst schlechte Eigenschaften zugeschrieben haben oder wenn ein Stellenbewerber das tat, wurde das als positiv angesehen, weil es die Bereitschaft zu einer realistischen Selbsteinschätzung anzeigt.
Eine Punktzahl zwischen 6 und 9 werten wir als schlechtes Zeichen, weil das möglicherweise auf einen Mangel an Besserungswillen hinweist.

Beim Testen oder Einstellen eines neuen Mitarbeiters sollte diesem Faktor besondere Aufmerksamkeit geschenkt werden. Die Person, die Sie einzustellen gedenken, sollte ungeachtet ihres Alters nach der Bereitschaft, sich zu entwickeln, beurteilt werden.

Menschen, die mit ihren persönlichen Qualitäten zu einem Stillstand gekommen sind, befinden sich oft auch in beruflicher Hinsicht am Ende einer Einbahnstraße.

Nicht nur für die Entwicklung neuer Produkte, sondern auch für psychologische und berufliche Weiterentwicklung ihrer Mitarbeiter sollten Unternehmen Bildungskurse abhalten. Wenn sich jemand zu selbstsicher gibt, kann er damit Schwächen zu verbergen suchen.

Zuviel Selbstkritik andererseits kann aber auch darauf angelegt sein, Ihrer Kritik den Wind aus den Segeln zu nehmen.

Das wiederholte Betonen der eigenen »Dummheit« scheint uns in diesem Zusammenhang ein besonders gefährliches Indiz zu sein. Ein aggressiver Mensch, der sich überfreundlich gibt, hat es darauf angelegt, Sie zu täuschen!

Richtige Motivation bedeutet auch, daß man gegen falsche Schmeichelei immun ist und daß man sich von vorgetäuschter Hilflosigkeit nicht hereinlegen läßt.

Lassen Sie sich weder von einem Schmeichler täuschen, noch von einem Tyrannen einschüchtern!

## 7.5 Wie Sie die Kommunikation verbessern können

Jemanden als guten Kommunikator zu bezeichnen, bedeutet eigentlich gleichzeitig, ihn einen großen Führer oder einen guten Manager zu nennen.

Wir haben Ihnen eine lange Reihe von Tests vorgelegt, angefangen mit jenen, die ermitteln sollten, wie gut Sie zuhören können.

Ihre Mitarbeiter dazu zu bringen, daß sie sich mit dem Unternehmen (und vice versa) identifizieren, gehört ebenfalls zur Kommunikation. Wir nennen es ein Aha-Erlebnis, wenn ein Untergebener unsere Anordnungen tief innen begreift, anstatt sie nur blindlings auszuführen. Ihre Mitarbeiter sollten von Ihren Befehlen wirklich überzeugt sein, statt Ihnen nur nach dem Mund zu reden.

Eine der häufigsten Klagen, die man von Angestellten hört, ist die, daß sie nicht genug Anerkennung und Verständnis finden, daß ihnen keiner richtig zuhört und daß sie in dieser Firma ohnehin nur eine Null sind.

Um zu einem besseren Verständnis dieses Problems zu gelangen, um ein besserer Manager und Kommunikator zu werden, ist es erforderlich, sich erst einmal darüber klar zu werden, was Kommunikation wirklich bedeutet. Das erste Mißverständnis liegt schon darin, daß sie oft als Einbahnstraße angesehen wird.

Bei näherem Hinsehen erweist sie sich aber als Dialog, als Pfeil, der in zwei Richtungen geht. Man sollte sich nicht dem Glauben hingeben, man hätte schon kommuniziert, wenn man jemandem einen Befehl gibt und erwartet, daß er ausgeführt wird. Man muß sich auch Gedanken darüber machen, was im Kopf des Befehlsempfängers vorgeht. Dabei ist es noch das kleinere Übel, wenn er nur den Sinn der Information nicht verstanden hat. Viel öfter ist es so, daß er zwar zugehört, aber aus vielerlei psychologischen Gründen die Sache ganz falsch aufgefaßt hat.

Sie fragen mich, warum ich einen blauen Pullover habe. Das kleine Wort »warum« birgt schon mehrere Mißverständnisse in sich. Ich könnte es so aufgefaßt haben, daß Sie wissen wollen, was mich veranlaßt hat, den Pullover zu kaufen, oder ich könnte annehmen, daß Sie wissen wollen, wer mich dazu gebracht hat, ihn zu kaufen, und schließlich drittens könnten Sie vielleicht meinen, warum ich bei einem Pullover gerade die Farbe blau lieber mag als andere Farben.

Im Sinne richtiger Kommunikation müßte die Frage also in drei Teile zerlegt werden: Was an diesem Pullover veranlaßte Sie, ihn zu kaufen? Wie haben Sie von diesem Pullover erfahren, wer hat Sie darauf aufmerksam gemacht, war es die Werbung oder eine Empfehlung? Und drittens sollten Sie auch die Möglichkeit in Betracht ziehen, daß ich vielleicht immer schon solch einen Pullover haben wollte.

Wenn man Antworten einfach addiert, ohne sie in ihre verschiedenen Teile zu zerlegen, vermischt man Äpfel, Birnen und Pfirsiche.

Man macht Statistiken wertlos, wenn man sagt, 30% der Leute haben den Pullover gekauft, weil sie Blau mögen, 20%, weil man ihnen davon erzählt hat, und 40%, weil sie immer schon einen blauen Pullover haben wollten.

Eine sinnvollere Kommunikation wäre es gewesen, die Frage auf einen einzigen Aspekt zu beschränken und dann die Antwort zu registrieren. Dann nämlich hätte man eine präzisere Antwort auf das »Warum?« bekommen und alle Aspekte des Produkts wären klarer dargestellt.

Die beste Art sicherzugehen, daß Ihr Mitarbeiter eine Anweisung richtig verstanden hat, besteht darin, daß Sie ihn bitten, sie mit eigenen Worten zu wiederholen.

Eine weitere Sicherheitsmaßnahme wäre es, den Empfänger der Anweisung zu fragen, auf welche Art er sie auszuführen gedenkt.

Wenn sich Psychoanalytiker sogenannter »open-end«-Interview-Techniken und Verfahren mit indirekter Befragung bedienen, dann wiederholen sie oft einfach nur die Antworten, die sie auf ihre Fragen erhalten haben und bitten ihren Gesprächspartner, ihnen zu sagen, ob das die richtige Interpretation dessen sei, was er gemeint habe.

Es besteht ein großer Unterschied zwischen bloßem Zuhören und dem wirklichen Begreifen und In-sich-aufnehmen des Gesagten. Man kann einem Vortrag zuhören und sich darüber Notizen machen, aber trotzdem nicht verstanden haben, was der Vortragende gemeint hat.

Als Student oder als Teilnehmer an einem Management-Kurs ist es sehr gut, wenn man sichergeht, wirklich *zugehört* zu haben, indem man eine Zusammenfassung dessen macht, was der Vortragende zu vermitteln versucht hat. Dabei wird man oft feststellen, daß man nicht genug aufgepaßt hat oder daß man eigentlich nicht erfaßt hat, worauf es dem Vortragenden ankam.

Wenn Sie selbst der Vortragende sind, sollten Sie sichergehen, daß Ihre Zuhörer oder Partner Ihnen Aufmerksamkeit schenken und – was noch wichtiger ist – das Gesagte wirklich in sich aufnehmen. Sie sollten Ihren Vortrag immer wieder unterbrechen, um Ihre Zuhörer zu fragen, ob sie Ihren Ausführungen zustimmen oder nicht. Fragen Sie sie zum Beispiel auch, ob ihnen zu dem Gesagten Parallel-Fälle bekannt sind oder fordern Sie sie heraus, indem Sie sie fragen, ob sie das eben Gehörte in ihrem Unternehmen verwerten können.

Eines der unangenehmsten Dinge in bezug auf Kommunikation ist es, vor einer teilnahmslosen Zuhörerschaft zu sprechen. Es ist auch bedenklich, wenn sich ein Lehrer nur deswegen glücklich fühlt, weil die Studenten sich eifrig pausenlos Notizen machen.

Unglücklicherweise ist unser Schulsystem oft so, daß jedes Fach in numerierte Absätze eingeteilt ist. Mir ist es oft passiert, wenn ich ein Konzept entwickeln wollte und zu dessen Erläuterung eben eine Aufzählung von Punkten verwendete, daß zu meinem Bedauern die Studenten nur daran interessiert waren, ob sie deren Reihenfolge richtig hingekriegt und ob sie wohl Punkt fünf oder neun nicht ausgelassen hätten.

Ein guter Dozent sollte sich darauf konzentrieren, daß seine Studenten wirklich etwas lernen und nicht nur damit beschäftigt sind, belanglose Dinge auswendig zu lernen.

*Unterbewußte Aufnahme*

Die meisten Ärzte sind sich bewußt, daß ihre Patienten auch ihren belanglosesten Bemerkungen Aufmerksamkeit schenken und sie im Unterbewußtsein auf die unterschiedlichste Art interpretieren. Ein Arzt mag seinen Kopf schütteln oder »mhm« murmeln, und schon steigt der Blutdruck des Patienten auf alarmierende Weise an.

Das gleiche spielt sich auch ab, wenn in einer Organisation zwei Menschen aufeinandertreffen, von denen der eine Befehlsgewalt hat und der andere nicht. Einer kann ganz arglos eine Bemerkung machen und nicht im entferntesten daran denken, daß sie falsch aufgefaßt werden könnte. Es gibt viele Beispiele dafür, daß ein Spitzenmanager nicht gelernt hat, seine Äußerungen über andere sorgfältig genug zu überlegen.

In unseren Tests versuchten wir darzustellen, was es bedeutet, wenn man die Interpretation einer Bemerkung über andere immer wieder anders auslegt.

Wenn jemand sagt »Diese Beförderung könnte keinem Verdienteren passiert sein«, klingt es völlig harmlos. Mehrere Male wiederholt, kann es aber als das Gegenteil ausgelegt werden.

Ein guter Kommunikator muß lernen, die Bedeutung von Redewendungen wie »Ich hoffe, Sie verstehen mich nicht falsch« oder »Das habe ich damit ganz gewiß nicht andeuten wollen« oder »Was ich eigentlich meinte, war…« zu kennen, und mit ihnen sehr sorgfältig umzugehen.

In vielen Management-Kursen wird den Managern gesagt, daß sie ihre Untergebenen so oft wie möglich, ganz gewiß aber dann, wenn sie es verdient haben, loben sollen. Wenn dies aber gewohnheitsmäßig geschieht, kann das Lob seine Bedeutung verlieren.

Ein wichtiger Teil der Kommunikation ist der Versuch zu erraten, was im Kopf des Dialog-Partners vor sich geht.

Psychoanalytiker lernen, ihre Patienten oder Kunden dazu zu bringen, sich bei der ersten Sitzung zu entspannen, indem sie ihnen sagen, es sei ganz normal für einen Patienten, sich unbehaglich zu fühlen und am liebsten davonlaufen zu wollen, wenn er den Mut dazu aufbrächte. Damit schaffen sie beim Zuhörer ein Gefühl der Affinität, des Verstandenwerdens. Der Patient hat dann das Gefühl, der Analytiker versteht sein Geschäft und wird auch die Probleme seines Patienten verstehen.

Das Aha-Erlebnis ist ebenfalls ein wichtiges Element der Kommunikation, und ein sehr menschliches. Man kann Lebewesen beeinflussen, wenn man sich ihrer Instinkte bedient. Dies bezieht sich zwar hauptsächlich auf das Verhalten von Tieren, aber auch auf das von Menschen. Auch auf menschlicher Ebene kann man bessere Resultate erzielen, wenn man Belohnungen und Strafen für ein bestimmtes Verhalten aussetzt.

Aber das Entscheidendste bei menschlichen Lernprozessen ist das Aha-Erlebnis, wenn wir auf einer tieferen Erkenntnisebene des anderen eine Art Widerhall, ein Bewußtwerden oder eine Übereinstimmung feststellen. Es ist das Gefühl, daß das, was wir ihm mitzuteilen versuchen, wirklich ankam, integriert wurde und auch auf Dauer hängenbleiben wird. Der Topmanager sollte diese Art des Lehrens beherrschen.

Psychodrama ist auch eine solche Lernmethode. Sie wurde ursprünglich von einem gewissen Dr. Moreno, einem Wiener Psychiater, entwikkelt, um bei zwischenmenschlichen Konflikten Lösungsmöglichkeiten zu finden.

Er bat Berufsschauspieler, die Rollen des Gatten, der Gattin und der Kinder zu spielen und ihre verschiedenen Probleme auf der Bühne darzustellen. Auf diese Weise sah sich die wirkliche Familie in einer neuen und dynamischen Realität. Die Betroffenen konnten die Ursachen ihrer Konflikte besser verstehen und sie lernten dadurch, freier und offener miteinander umzugehen.

Ähnliche Methoden lassen sich auch in Führungssituationen anwenden. Sie tragen meist zu einem besseren Verständnis der Konfliktparteien und zu einem besseren Verhältnis zueinander bei. Die Konfliktparteien können sozusagen auf die Bühne gestellt und ihre Gegensätzlichkeiten von Ersatzpersonen dargestellt und ausgetragen werden.

## Schlußwort

Der Zweck der Tests in diesem Buch lag nicht so sehr darin, die tatsächlichen oder potentiellen Fähigkeiten eines Spitzenmanagers festzustellen. Wir hatten vielmehr die unterschwellige Absicht, dem Leser einen besseren Überblick über die wesentlichen Voraussetzungen guten Managements zu bieten. Eine Führungsrolle erfordert Sachkenntnis, Fachwissen und Geschick.

Management ist aber viel eher eine Kunst als eine Wissenschaft. Im Grunde genommen hat jeder von uns sein ganz ureigenes persönliches

Rezept, wie er an die Lösung seiner kurz- und langfristigen Probleme, Fragen und Entscheidungen herangeht. Dinge, die im Berufsleben genauso vielfältig wie im Privatleben sein können. Die Anforderungen, die an unsere Talente gestellt werden, variieren von Situation zu Situation und ändern sich mit den verschiedenen Stationen unserer Karriere.

Es gibt keinen eindeutigen wissenschaftlichen Beweis dafür, welcher Führungsstil der beste ist und auf welche Weise man bei seinen Mitarbeitern die besten Ergebnisse erzielt. Eines ist jedoch ziemlich sicher: wenn wir versuchen, eine uns nicht gemäße Rolle zu spielen, fühlen wir uns selbst ebenso unbehaglich wie unsere Mitarbeiter.

Gutes Management ist eine Gesamtphilosophie, die weit über die Seiten dieses Buches oder den Umfang eines ähnlichen hinausgeht. Wenn wir nicht an uns selbst glauben und nicht von unseren wahren Überzeugungen getragen werden, nützt uns angelernte Weisheit nicht viel.

Dieses Buch versucht, ein Inventar möglicher Führungsmethoden und -techniken aufzuzeigen und Ihnen einen Vergleich zwischen Ihrem eigenen Führungsstil und dem anderer Spitzenkräfte in vergleichbaren Situationen zu erlauben.

Wie sich der jeweilige Manager selbst einstuft, ist der wichtigste wirkliche Test seiner Führungseigenschaften.

Es bleibt jedem selbst überlassen, wie er sein Führungsinstrument entwickelt, schärft, einsetzt und seinem persönlichen Lebensstil und seiner eigenen Situation anpaßt.

Er sollte nur immer daran denken, daß Verständnis für seine Mitarbeiter und gute zwischenmenschliche Beziehungen die Grundlage erfolgreichen Unternehmertums bedeuten.

## Literaturverzeichnis


Adizes, Ichak: How To Solve The Mismanagement Crisis, Adizes Institute, 1983

Cialdini, Robert B.: Influence, William Morrow & Comp., 1984

Didato, Salvatore V.: Psychotechniques, Methuen, New York 1980

Drucker, Peter F.: Managing In Turbulent Times, Harper & Row, 1980

Esfandiary, F. M.: Optimism One, W. W. Norton & Comp., Inc., 1970

Furst, Sconey: Business Decisions, Random House, 1964

Kepner, Charles H./Tregoe, Benjamin B.: Entscheidungen vorbereiten und richtig treffen, 2. Aufl., Verlag Moderne Industrie, Landsberg 1984

Levitt, Theodore: Marketing Imagination, Verlag Moderne Industrie, Landsberg, 1984

Lunding, Franklin J.: Sharing a Business, The Updegraff Press, 1951

Marrow/Bowers/Seashore: Management By Participation, Harper & Row, 1967

Peters, Thomas J./Waterman, Robert H.: Auf der Suche nach Spitzenleistungen, 10. Aufl., Verlag Moderne Industrie, Landsberg 1984

Roper, Elmo: You and Your Leaders, Morrow, 1957

Solman, Paul/Friedman, Thomas: Gewinner, Verlierer, Überlebende, Verlag Moderne Industrie, Landsberg 1983

Uris, Auren: Mastery of Management, Dow Jones – Irwin, Homewood, 1968

Vough, Clair F.: Tapping the Human Resource, Amacon 1975

## Stichwortverzeichnis

Ernest Dichter

So führen Manager ihr Unternehmen zu Spitzenleistungen